公允价值计量

——评估方法与实践

刘 萍 主编　　杨 敏 主审

中国财政经济出版社

图书在版编目（CIP）数据

公允价值计量：评估方法与实践／刘萍主编．—北京：中国财政经济出版社，2014.3

ISBN 978－7－5095－5100－4

Ⅰ.①公…　Ⅱ.①刘…　Ⅲ.①会计计量－研究　Ⅳ.①F230.9

中国版本图书馆 CIP 数据核字（2014）第 031350 号

责任编辑：张若丹　　　　责任校对：黄亚青

封面设计：汪俊宇

中国财政经济出版社出版

URL：http：//www.cfeph.cn

E－mail：cfeph @ cfeph.cn

社址：北京市海淀区阜成路甲 28 号　邮政编码：100142

营销中心电话：88190406　北京财经书店电话：64033436　84041336

北京财经印刷厂印刷　各地新华书店经销

710×1000 毫米　16 开　16.5 印张　277 000 字

2014 年 1 月第 1 版　2014 年 1 月北京第 1 次印刷

定价：46.00 元

ISBN 978－7－5095－5100－4/F·4135

（图书出现印装问题，本社负责调换）

本社质量投诉电话：010－88190744

反盗版举报热线：010－88190492、88190446

本书编委会

前言

公允价值作为一种新的会计计量属性，是近10多年来会计领域运用越来越广泛的一个概念，它是随着社会经济发展的客观需要而产生的，其最大优势在于能极大地提高会计信息的决策有用性，为会计信息使用者提供更全面的信息。公允价值能够计量一些历史成本所无法计量的项目，如金融衍生工具；能够更合理、更准确地反映一些原本以历史成本计量的项目，如投资性房地产，因此更贴近企业经营决策的实际。可以说，公允价值是提高会计信息质量的重要途径，也是市场经济条件下维护产权秩序的必要手段，代表了会计计量体系变革的总体趋势。

正因为公允价值计量的独特优势，公允价值计量受到了国际和各国会计和财务报告组织的广泛重视。国际财务报告准则（International Financial Reporting Standards，IFRS）、美国公认会计原则（US Generally Accepted Accounting Principles ，US GAAP）等世界主要会计准则体系，对公允价值计量的定义、范围和方法作出了相应的规范和说明。随着我国外向型经济的发展和经济体制改革的不断深化，尤其是多层次金融市场的持续完善和发展，公允价值在我国会计准则中的运用也越来越广泛。目前，企业合并、资产减值、投资性房地产、金融工具确认与计量等多个国内会计准则中已采用或允许以公允价值进行计量。这些准则的实施增强了海外投资者对中国资本市场和财务报告的信心，也有利于国内企业利用国际市场资源提高企业境内外的竞争能力。2010年4月，财政部提出《中国企业会计准则与国际财务报告准则持续趋同路线图》，为实现我国会计准则体系与国际会计准则的趋同指明了方向。2012年5月，财政部起草制定了《企业会计准则——公允价值计量（征求意见稿）》，实现了与国际会计准则的趋同，为建立服务于我国实际的公允价值计量方法体系打下了良好基础，也为资产评估服务于我国公允价值计量提供了政策指引。

会计上的“公允价值”是有着一套严格规定程序和要求的会计计量的结果。公允价值计价的基础在于具备较完善的市场机制以及完备的会计理论体系。在发达的市场经济条件下，公允价值比较容易确认，但是在市场不充分的情况下，如何确认公允价值则是一个难题。另外，受专业技术、独立性及时间成本等所限，在公允价值的确定中，外部专业机构和评估师可以为会计和审计人员提供专业支持，公允价值计量评估成为客观要求。国外公允价值计量实务中，国际著名会计公司在对公允价值发表专业意见的时候，绝大多数情况下依赖于专业评估师的估值服务。从20世纪90年代后期开始，围绕公允价值计量的相关问题，国际评估准则理事会（IVSC）积极与国际会计准则理事会（IASB）等会计组织进行协调，就评估界在参与确定公允价值、提高财务报告质量方面如何发挥作用进行沟通，这些工作为促进会计与评估的融合以及资产评估服务公允价值计量工作奠定了良好的基础。

我国市场机制尚未健全，亟需资产评估等第三方机构为公允价值计量服务。通过研究来解决公允价值计量的规范应用问题，对公允价值估值技术的理论及方法进行创新，正是当前公允价值发展和应用的需要，也是探索建立我国公允价值估值体系的有益尝试。针对市场中可观察的输入值不足的问题，资产评估的专业能力将得以有效发挥，并以独立、客观、公正的评估专业服务增强会计信息的可靠性。为满足公允价值的计量需求，中国资产评估协会制定了《以财务报告为目的的评估指南（试行)》和《投资性房地产评估指导意见（试行)》等准则，开展了多期公允价值计量评估培训。在此基础上，国内评估师开展了大量评估实践，为公允反映财务报表提供了可靠的专业支持。

长期以来，财政部十分关注中国评估事业的发展，并不遗余力地推进会计与评估的融合。从改革开放初期的中外合资到后来的国企改制，资产评估的专业能力得到了广泛认可，评估结果也成为会计入账的法定依据。为配合公允价值计量准则体系的建立，更好地发挥资产评估在公允价值计量中的专业优势，财政部会计司将2009年重点科研课题《公允价值计量——评估方法与实践》委托中国资产评估协会承接。在财政部会计司和中国资产评估协会精心组织下，课题组成员认真调研，扎实开展研究，于2012年形成了课题研究成果，2013年度又对相关内容进行了更新和完善。

本书作为课题研究成果的集中展示，梳理了如何解决“估”与“计”关系的问题，重点解决了如何可靠地评估公允价值的问题。首次从评估视角研究我国会计领域的公允价值计量问题，运用国际视野与中国模式相结合的方式对国内外公允价值计量的历史演进和现状做了梳理，全面总结分析各种公允价值估值技术及计量不同资产负债项目公允价值的具体方法，研究探讨了符合我国国情的公允价值计量评估方法及体系，突出指导性和操作性。

本书共包括五章，详细剖析了国际公允价值计量发展历程、公允价值估值技术、国内公允价值评估实践成果以及完善公允价值计量及评估实践的对策建议，各章节主要内容概括如下：

第一章是概述，主要阐述了本书的选题背景，开展公允价值计量评估的目的与意义，并对国内外研究公允价值计量的主要文献进行了简要地综述分析，并提出本书的研究方法及研究框架。

第二章对公允价值计量准则的国际发展及总体框架进行了概述，首先介绍了美国公认会计原则和国际财务报告准则两大体系下关于公允价值计量准则的发展情况，详细阐述了美国证券交易委员会（Securities and Exchange Commission，SEC）为应对金融危机提供的关于公允价值计量的研究成果《市值会计研究报告》，并分析了美国财务会计准则委员会和国际会计准则理事会关于公允价值计量准则的趋同情况及其差异，最后在此基础上提出了公允价值计量准则的总体框架，为国内公允价值准则体系的建立和完善提供国际借鉴，也为资产评估服务于公允价值计量评估工作奠定了良好的基础。

第三章对公允价值计量框架下的估值技术及输入值选择进行了归纳。该章主要对公允价值估值技术应用的前提条件、估值技术方法与计量级次的比较进行了深入的分析，并重点探讨了评估输入值可获取性的限制及其解决对策，包括可观察输入值和不可观察输入值、含有可观察的输入数据的不同类型市场、识别非活跃市场和无序市场、对可观察输入值的调整以及评估可观察交易的价格等，为评估机构开展公允价值计量提供了重要的方法参考。

第四章对我国公允价值计量评估的实践及规范的最新成果进行了总结，主要阐述了我国公允价值计量评估的应用现状和我国公允价值计量评估的主要服务领域，介绍了我国公允价值计量评估的准则规范、我国公允价值计量评估的方法及输入值选择等。针对中国资本市场尚处于发展完善阶段，活跃市场价格较少的现状，本章重点介绍了国内运用公允价值估值技术的最新成果，对折现率的确定、流动性溢折价、控制权属性、市场法运用、无形资产评估方法以及金融工具计量中的一些关键问题进行了探讨和分析，为开展公允价值计量评估提供了重要的实践参考。

第五章提出完善我国公允价值计量及评估实践的对策建议，主要是在前述分析的基础上指出，应努力构建一个完整、统一、开放、充分竞争的市场，加强资产评估领域的法制建设，建立评估行业市场信息数据库，为公平交易和公允价值评估创造公平、公正、公开、透明的外部环境。与此同时，加强专业技能和职业道德培训，建立健全会计界与评估界联机互动机制，以共同提高会计准则和评估准则的质量和公信力。在此基础上，监管部门应建立定期检查制度，充分发挥财政、审计、证券监管等监督部门的协调配合，加强对重点企业、重点项目的监督检查。评估行业也应以此为契机，切实加强对评估机构执业质量、职业道德情况的监督检查，进一步完善行业自律制度，建立严格的监督和惩罚机制。这些建议为以后完善公允价值计量具有很好的方向指引。

另外，为更好地指导资产评估机构从事公允价值计量评估工作，展示资产评估行业的专业优势，本书附件中提供了金融衍生产品、投资性房地产、固定资产组减值测试、无形资产（组）减值测试、商誉减值测试、合并对价分摊等典型案例，可以有效地规范和引导评估机构进行实务操作。

刘　萍

2013年11月

目录

第一章 概 述

第一节 研究背景

20 世纪 80 年代美国爆发的“储蓄和贷款危机”导致其境内 2 000 多家金融机构因从事衍生产品金融交易而陷入财务困境，但此前的财务报告却显示公司的经营业绩健康。这一事件引发了广泛的争论，使建立在历史成本原则基础上的传统财务会计面临重大挑战。在全面分析这次储蓄和贷款危机的经验和教训之后，美国证券交易委员会（Securities and Exchange Commission，SEC）确定了在金融工具计量实务中逐渐用公允价值计量模式取代历史成本计量模式的政策。20 世纪 90 年代以来，金融衍生工具的大量产生以及随之而来的金融风险使得公允价值成为唯一能够被认可的计量属性。随着新经济形态的出现和发展以及科技进步和劳动生产率的持续快速提高，传统财务会计受到了严重冲击。为确保会计反映的真实性，合理进行分类计量并准确确定收益，公允价值计量逐步被社会广泛采用。

近年来，公允价值计量已经成为会计界关注的热点问题。美国财务会计准则委员会（Financial Accounting Standards Board，FASB）于 2006 年 9 月正式发布关于公允价值计量的财务会计准则公告第 157 号（SFAS157）[①]，国际会计准则理事会（International Accounting Standards Board，IASB）、英国、

---

① 从 2009 年 7 月 1 日起，SFAS157 被列为《美国公认会计原则会计准则编纂》（U. S. GAAP Codification of Accounting Standards，ASC）之“编纂专题 820：公允价值会计计量和披露”（Codification Topic 820：Fair Value Measurements and Disclosures，ASC 820）。

澳大利亚等在制定会计准则时也不同程度地采用公允价值作为计量基础，公允价值会计越来越受到各国会计界的重视和认可，成为发达国家的一种重要的会计计量模式。我国2006年颁布的新会计准则体系中，金融工具、投资性房地产、非同一控制下的企业合并、债务重组和非货币性资产交换等具体准则中已采用了公允价值会计计量属性，这是我国会计准则与国际财务报告准则趋同的重要标志之一。2012年5月17日，财政部会计准则委员会借鉴了《国际财务报告准则第13号》中的做法，起草制定了《企业会计准则——公允价值计量（征求意见稿）》，进一步规范我国企业会计准则中公允价值计量的相关会计处理规定。公允价值信息的披露，有利于维护资本市场的秩序，有利于监管部门加强监督控制，有利于投资主体更好地进行投资决策、规避风险。

金融工具高度不确定的特性以及投资者对会计信息决策有用性的日益重视，使得公允价值应用越来越广泛。但是由于公允价值在运用中的一些局限性，公允价值在2008年的金融危机中备受指责。美国证券交易委员会和美国财务会计准则委员会都表达了对现行会计准则中公允价值计量的支持态度，并将金融危机中要求修改公允价值计量讥讽为“体温不正常却要求修改温度计”的荒唐行为。2008年12月30日，美国证券交易委员会向国会提交了《市值会计研究报告》，经过对2008年商业银行、投资银行倒闭或者被收购案例的分析，美国证券交易委员会认为，公允价值在金融危机中并没有对金融企业的倒闭推波助澜，在2008年的多家银行倒闭案中，公允价值的负面作用并不明显，因此反对停止使用公允价值计量，建议改进现有的会计实务。在此之后，各机构基本形成共识：将公允价值的计量方式改回以成本计价的方式是历史的倒退，完善公允价值会计成为主流。此后美国财务会计准则委员会、国际会计准则理事会、各国准则制定机构以及理论界都对公允价值会计进行了积极的研究，纷纷提出完善公允价值会计的对策，尤其是非活跃、非流动市场条件下公允价值的计量。

第二节　研究内容及意义

随着我国经济发展及与世界经济联系的日趋紧密，我国会计准则国际趋同也走向纵深发展阶段。运用公允价值所编制的财务报告可以为会计信息使用者提供高质量和与其决策更为相关的会计信息，便于财务信息需求者更好地了解企业的财务状况、经营成果和现金流量，有利于投资者准确分析企业的实际情况，作出理性的经济决策，因而在新会计准则体系中被大量采用。在推行公允价值计量的大环境下，现阶段，加强对公允价值计量的评估方法探讨，保证公允价值计量的可靠性，研究我国公允价值计量的现状及发展趋势，并找出相应的解决对策以使公允价值会计正常、健康发展显得尤为重要，这也是会计界和评估界所共同关注的话题。为此，本书通过以下七个方面对公允价值计量进行了相关研究。

第一，通过对估值技术应用前提条件的分析、估值技术方法与计量级次的比较、评估输入值可获取性的限制的研究以及我国公允价值计量评估的方法及参数选择研究，探讨提高公允价值计量可靠性的解决对策。

第二，研究如何发挥独立公允价值评估的作用、如何合理运用公允价值评估、如何循序渐进地拓展公允价值评估的服务领域，以有效地约束限制决策层的自由裁量权、提高企业的科学管理能力、提高宏观经济管理水平和经济运行的效率。

第三，通过对不同市场环境下公允价值使用情况的研究以及美国公允价值计量准则与国际公允价值计量准则的对比分析，提出我国公允价值计量的改进方向。

第四，从公允价值计量的需求及资产评估的专业优势角度出发，阐述公允价值计量评估在合理评估资产的公允价值、维护投资者利益以及服务于政府部门对企业的监管工作方面的重要作用。

第五，结合我国公允价值实践发展过程中遇到的问题，研究在我国运用公允价值计量的挑战及相应的解决对策，并针对我国的具体情况，明确目前适宜推行公允价值计量的领域，指出未来公允价值逐步推广的方向。

第六，通过对国际评估准则与国际会计准则关系等的研究，分析评估与会计间的相互联系，指出如何更好地促进评估界与会计界的交流与合作。

第七，提出相关政策建议，使公允价值更加有效地发挥对资本市场运行的监控作用，帮助投资主体规避风险；同时，为评估行业协会制定完善我国公允价值相关准则提供有益的参考。

第三节 主要研究文献综述

美国会计学家坎宁（Canning）早在其1927年出版的《会计经济学》（The Economic of Accounting）一书中就提出了一些与历史成本计量理论与方法相对立的观点，认为资产是指可转换为货币形态的未来服务，其直接计量应该是以未来现金流量的贴现值来表示。1936年，斯威尼（H. W. Sweeny）在《稳定会计》（Stabilized Accounting）一书中建议在物价变动时可采用“一般水平”作为稳定的计量单位，以反映企业的真实收益。1939年，美国著名会计学家麦克尼尔（K. Macnel）在其《会计的真实性》（Truth in Accounting）中指出，一项资产的经济价值就在于它的交换能力，市场价格是计量企业资产价值最合理的基础。因此，他建议对于存货、有价证券等可销售资产，应当按照市价进行估价；对于可重置但非用于销售的资产，应当按照重置成本进行估价；而只有那些既不用于销售也不可重置的资产，才应当采用历史成本进行计量。1961年，爱德华兹和贝尔在其著作《企业收益理论和计量》中批评了传统会计实务和历史成本，坚定地主张推行现行成本（Current Cost）会计。他们认为会计必须反映企业所持有的资产按现行市场价格价值变动的信息，并提出了现行成本的计量属性。

我国对公允价值的研究起步较晚，但是已经有越来越多的学者对此问题开展了研究。主要形成以下几个主要观点：

首先，历史成本计量模式存在着很大的弊病，公允价值相对于传统的历史成本具有明显的优势，能够更准确地反映财务信息，将成为会计发展的主要方向。例如黄世忠（1997）认为公允价值计量模式极有可能在21世纪的上半叶成为主流。王开田、娄权（2000）认为，现行会计是历史成本/名义货币计量模式，采用权责发生制确认，以历史成本计量，对可能会实现或将要实现的交易或事项一般不予反映，这样衍生金融工具就得不到确认和反映。这种缺乏前瞻性的会计信息不能全面反映企业面临的风险与挑战，在理论上是错误的，在实践上亦是有害的。财务会计的发展趋势必是以公允价值为主导的多种计量属性并存。常勋（2004）认为使用高新技术和积极参与金融市场，特别是在资本市场上活动的大型企业将从混合计量模式走向以公允价值计量为主、辅以历史成本计量的单一计量模式。张荣武、伍中信

（2010）认为市场经济越发展，公允价值计量属性越重要。真实与公允并存、相关性优先兼具合理可靠性的公允价值，不仅不是金融危机爆发的根源，而且还是应对金融危机和改进会计准则的根本方向与契机。孟焰（2010）认为公允价值计量属性则具有潜在的高度相关性，能让金融监管机构以及其他财务报告使用者更早地获知金融机构所面临的财务困境，运用领域也从金融工具逐步扩展到传统的资产和负债项目。

其次，公允价值在未来会计发展中将占据越来越重要的地位。如葛家澍（1995）认为金融工具的创新以及金融资产和金融负债在企业资产和负债总额中的比重的提高，历史成本不可能也不应该是财务会计唯一的计量属性，今后可能的发展趋势是，在相当长的时间内历史成本和公允价值将同时并存。谢德仁（2001）认为，历史成本原则不断受到突破，开始是用稳健性原则来修订历史成本原则与实现原则，后来为提高信息相关性，在资产负债表日对某些资产与负债项目全面突破历史成本原则，实行公允价值计量。孙铮、刘浩（2006）认为中国市场化的快速发展，为公允价值的使用提供了客观的条件。杨小舟（2006）认为引入公允价值计量属性就是为了使财务报告提供的会计信息在满足可靠性的要求下，尽可能地提高相关性。姜国华、张然（2007）认为相对于分散的股权投资者，债权投资者实际上是拥有信息优势的，在这种情况下，稳健性的会计计量原则会给股权投资者带来损失，而在一定程度上引入公允价值计量方法则变得十分必要。刘玉廷（2009）认为美国金融危机爆发之初，公允价值会计被指责为具有经济顺周期性，但这不是问题的关键，公允价值的形成过程（即定价机制或报价系统）才是完善公允价值相关准则的核心问题。

再次，公允价值的本质是一种基于市场信息的评价，是市场而不是其他主体对资产或负债的认定。公允价值建立在市场完美性和完全性假设之上：当有活跃交易的市场报价时，市价就是公允价值；当不存在公允市价时，则需运用现值等技术进行估计。由于可靠性的限制，公允价值不能完全取代历史成本（李明辉，2001）。

最后，利用公允价值计量更能真实反映公司的真实市场价值。例如吴正奎（2008）通过对上市公司2007年中报分析，对金融工具确认和计量及投资性房地产准则的介绍、与原会计制度和国际财务报告准则比较，重点对新会计准则中的金融工具确认和计量及投资性房地产准则中公允价值变动对上市公司的影响的研究，认为利用公允价值计量更能真实反映公司的真实市场价值。刘永泽（2010）结合2007年、2008年我国上市公司年报对公允价值应用状况及相关问题进行深入分析，研究了公允价值在我国上市公司应用的总体情况、在上市公司应用中存在的问题、引发的会计实务问题等，认为公允价值的合理使用必定会提高我国会计信息的质量，提供更有价值的财务信息。徐经长、曾雪云（2013）通过手工收集2007～2010年可供出售金融资产的未实现损益数据，提供了公允价值与股票价格相关性的直接证据，丰富了价值相关性方面的研究。

第四节 研究方法及框架结构

本书从评估视角研究我国会计领域的公允价值计量定价问题，运用国际视野与中国模式相结合的思路，采用定性与定量相结合的方法对国内外公允价值计量的历史演进和现状做了梳理，全面总结分析运用各种公允价值估值技术，计量不同资产负债项目公允价值的具体方法，对提高我国会计计量的相关性、有效性具有重要的理论和现实意义。

通过对美国公允价值计量准则、国际公允价值计量准则以及国际评估准则与国际会计准则关系进行对比分析，理清了国际公允价值计量准则的发展趋势；在此基础上，进一步对不同市场环境下估值技术应用与挑战、估值技术方法与计量级次等进行了比较分析，为完善我国公允价值计量方法及实践提出了相应的建议。同时，通过对金融衍生产品公允价值评估、投资性房地产公允价值评估、固定资产（组）减值测试评估、无形资产（组）减值测试、商誉的减值测试、合并对价分摊等案例的分析，详细说明了我国现行准则中采用公允价值计量相关业务的计算方法及实务操作过程。

此外，通过模型设计与相关数据的收集整理，进行了相关定量分析；参照美国相关部门估算确定股权市场风险超额收益率ERP的思路，对中国的ERP进行了估算；利用回归分析等方法比较分析了在实务操作中被评估企业债权期望投资回报率的估算方法；收集并研究了2000～2009年800多个新股的发行价，分别与上市后第一个交易日收盘价、上市后30个交易日均价、60个交易日均价以及90个交易日均价之间的关系；研究了流动性折扣率与上证综合指数、深证成分指数和沪深300指数的变化关系。同时经过采用国内相关数据计算验证后证实缺乏流动性折扣率随着股权规模的增加有下降的趋势，也就是说规模大的股权，缺乏流动性折扣率小，反之，规模小的股权缺乏流动性折扣率大，这与美国评估研究人员研究发现相一致。

课题具体结构安排如图 1－1 所示。

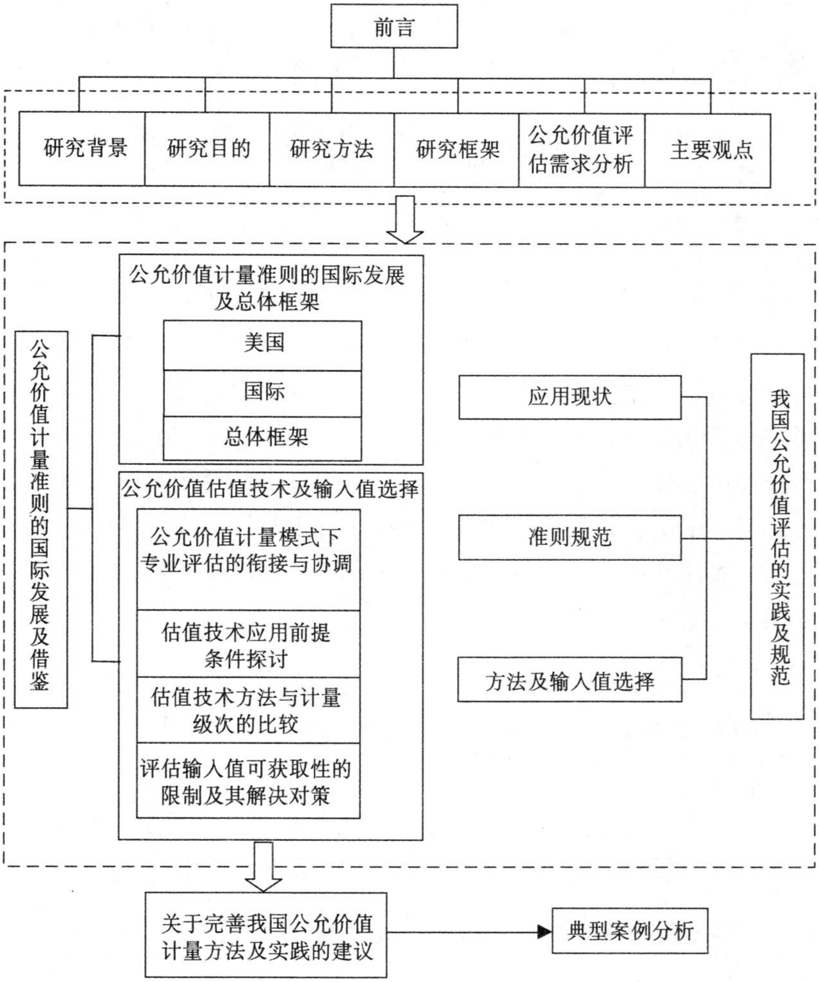

图 1－1　研究框架图

第二章 公允价值计量准则的国际发展及总体框架

公允价值计量作为国际会计和财务报告领域的主要发展方向，受到了国际和各国会计和财务报告组织的广泛重视。目前国际会计准则理事会和美国财务会计准则委员会均已发布了关于公允价值计量的会计准则，对公允价值计量的定义、范围、计量方法和披露进行了规范和说明。充分借鉴国际上的相关经验和做法，吸收国际最新研究成果，对于提高我国公允价值计量的理论和应用水平有着重要意义。

第一节 美国关于公允价值计量的沿革及最新进展

一、公允价值计量在美国公认会计原则体系下的发展

（一）SFAS157 发布前公允价值计量的发展

20 世纪 20 年代在美国发生的大萧条最终导致美国强制性会计准则的出台。在这之前，主体[①]在选择会计政策时有很大的灵活性。20 世纪早期，主体对资产普遍采用“现行价值”（Current Value）或“评估价值”进行核算和计量，因此对资产进行重估入账是相当普遍的做法。在大萧条之后，监管

① 在美国公认会计原则体系和国际财务报告准则体系下，财务报告的编制主体被称为“entity”，一般翻译为“主体”；而在我国会计准则体系下，财务报告的编制主体则称为“企业”。下文中，凡涉及美国公认会计原则和国际财务报告准则的相关介绍时，编制主体均称为“主体”。

者和投资者普遍倾向于更“谨慎”的会计原则，这包括放弃使用现行价值或评估价值来计量长期资产（如固定资产和无形资产等），转而采用历史成本计量原则对长期资产进行计量，这些措施得到了美国证券交易委员会首任首席会计师罗伯特·E. 希利（Robert E. Hilly）的大力支持，在其任期内美国证券交易委员会积极推行采用历史成本计量原则对长期资产进行会计核算。此外，美国证券交易委员会在美国资本市场公开交易文件的注册过程中也转向限制评估价值的应用。至20世纪40年代，对固定资产重估入账的做法在美国财务报告领域中几乎已经绝迹了。

一般认为，公允价值的概念是美国著名会计学家威廉·安德鲁·佩顿（William Andrew Paton）最先提出的，他在1946年3月期的《会计月刊》（Journal of Accountancy）中发表了一篇题为“会计中的成本和价值”的文章。他在该文中提出：“成本和价值不是相抵触和相排斥的概念。在购买日，成本和价值几乎是一样的，至少在大多数交易中如此。就支付媒介是非现金财产而言，购入资产的成本应按所转出资产的公允市场价值（Fair Market Value）确定。事实上，成本是重要的，因为其大致等于购买日的公允价值（Fair Value）。”这是理论界首次公开提出公允价值概念，它的基本内涵也被一直沿用并发展至今。

1967年12月，美国会计原则委员会（Accounting Principles Board，APB）发布的《1967年总括意见》要求主体对应付债务采用现值法进行摊销，这可能是美国现有会计文告中应用公允价值的最早记录。此后，APB在其公告第4号《企业财务报表中的基本概念和原则》（1970年）、意见书第16号《企业合并》（1970年）、意见书第18号《普通股投资核算方法中的权益法》（1971年）、意见书第21号《应收账款和应付账款的利息》（1971年）和意见书第29号《非货币性交易》（1973年）中都引入了公允价值的概念。

自美国财务会计准则委员会取代美国会计原则委员会成为美国新的会计准则制定组织后，美国财务会计准则委员会最早在其第5号财务会计概念公告《企业财务报表的确认和计量》（SFAC5，1984年）中列举了五种会计计量属性，即历史成本、现行成本、现行市价、可变现净值和现值。1990年9月，时任美国证券交易委员会主席布利登（Breeden）在美国参议院的银行、住宅及都市事务委员会上作证时指出：历史成本模式下的财务报告对于预防和化解金融风险于事无补，并首次提出了应当以公允价值作为金融工具的计量属性。这一讲话在一定程度上推动了公允价值在美国会计领域的发展。

在美国财务会计准则委员会发布的准则中，财务会计准则公告第 15 号《债权人和债务人对困难债务重组的会计处理》（SFAS15）最早正式采用了公允价值。继 SFAS15 之后，《长期资产减值和待处置长期资产的会计处理》（SFAS121）、《衍生工具和套期活动会计》（SFAS133）、《企业合并》（SFAS141）等，陆续采用公允价值作为会计计量基础。在涉及金融工具计量和披露的《金融工具公允价值的披露》（SFAS107）、《金融资产转让和服务以及债务消除的会计处理》（SFAS125）和《衍生工具和套期活动会计》（SFAS133）及与之相关的公告中，美国财务会计准则委员会解释说："公允价值反映了市场对直接或间接地隐含在金融工具中的未来现金流量净现值的估计。公允价值信息有助于会计信息使用者对未来作出合理的预测，并有利于验证其以前所作预测的合理性；有助于投资者、债权人和其他使用者对企业的投资和融资决策进行评价，从而有助于其作出正确的决策。"SFAS125 认为："公允价值是指在自愿交易者的当期交易中，资产买卖、债务清偿或结算的金额，而非强迫或清算的出售价格。"

2000 年 2 月 11 日，美国财务会计准则委员会正式发布的第 7 号财务会计概念公告《在会计计量中使用现金流量信息和现值》（SFAC7）为在初始确认或新起点计量（Fresh-start Measurement）时采用未来现金流量作为会计计量基础以及如何发挥现值法在会计摊配中的作用，提供了一个相对比较完整的指导框架，该框架为公允价值计量准则的制定奠定了理论基础。

（二）由 SFAS 157 到 ASC820 的演进

2004 年 6 月，美国财务会计准则委员会发布了关于"公允价值计量"准则的征求意见稿。对各界的反馈意见几经修改后，美国财务会计准则委员会于 2006 年 9 月 15 日正式发布了公允价值计量准则：《财务会计准则公告第 157 号——公允价值计量》（SFAS157），这在一定程度上统一了美国公认会计原则中原来存在的不同的公允价值定义以及关于公允价值计量的有限而又分散的指南。SFAS157 的发布统一了公允价值计量的概念框架，提高了公允价值计量披露的透明度，从而使财务报表能更好地为会计信息使用者进行决策提供依据。

与此同时，为了更好地发现和解决公允价值计量在实践过程中遇到的计量难题、探讨公允价值计量领域的相关热点课题，美国财务会计准则委员会于 2007 年 6 月成立了由来自国际主要评估机构和跨国公司财务部门的代表所组成的评估资源小组（Valuation Resource Group，VRG）。该小组自成立以来，在针对包括公允价值计量时计量单元的确定、流动性因素在公允价值计量时的考量、活跃市场定义、主要市场定义、最高最佳使用假设前提、负债计量、公允价值计量级次辨析、公允价值计量中交易费用的处理、客户关系的计量、并购中市场参与者所能享有的协同效应的识别与计量、非控制属性股权和非上市股权公允价值计量和或有对价计量等公允价值计量的热点和难点课题与美国财务会计准则委员会进行了持续有益地对话，从而推动了公允价值计量准则的完善和进一步发展。

然而，就在 SFAS 157 正式实施后不久爆发的全球金融危机，对公允价值会计产生了强烈冲击。金融风暴过后，G20 峰会、金融稳定理事会（Financial Stability Board，FSB）等组织纷纷倡导建立全球统一的高质量会计和审计准则。对此，美国财务会计准则委员会立即发布一系列旨在修订和完善公允价值计量准则的立场公告（FASB Staff Position，FSP），以应对金融危机后各方对公允价值会计的质疑和指责。2008 年 2 月，美国财务会计准则委员会发布了《应用第 157 号、第 13 号财务会计准则和其他有关租赁分类目的的公允价值计量的通告》（FSP－FAS157－1），宣布撤销 SFAS157 中涉及租赁的内容。同月，美国财务会计准则委员会又发布了《财务会计准则第 157 号的有效日期》（FSP－FAS157－2），推迟了非金融资产和负债适用 SFAS157 的时间，使美国财务会计准则委员会有更多的时间来考虑实施 SFAS157 可能带来的各种影响。

2008 年 10 月，美国财务会计准则委员会发布了《非活跃市场条件下确定金融资产的公允价值》（FSP－FAS157－3），强调了在确定公允价值时不能简单依赖市场交易价格，主体需要更多地通过对价格下跌时间长短、跌幅以及市场流动性的综合判断，借助内部估值模型和假定条件来确定金融资产的公允价值。2009 年 4 月 9 日，美国财务会计准则委员会发布了《在交易量/交易额急剧萎缩和非正常交易秩序情况下公允价值的确定》（FSP－FAS157－4）以取代 FSP－FAS157－3，该立场公告一定程度上对 SFAS 157 原来的市值会计（Mark to Market）原则进行了调整，对在资产和负债交易活动水平显著下降以及非有序交易情况下如何进行公允价值计量和披露提供进一步指导，允许金融机构在市场流动性不足、交易价格扭曲的前提下，用其他合理的价格估算方法来计量资产价格。这意味着当市场不再活跃时，一些资产或负债的公允价值计量可以由第一或第二层次转至第三层次，转而采用估值技术而非市价来计量。这正是美国财务会计准则委员会针对金融危机中出现的许多金融资产失去活跃市场的情况，修改公允价值计量准则所迈出的一大步。FSP - FAS157 - 4 在相当大的程度上，弥补和修正了原 SFAS157 以活跃市场前提作为该准则适用前提的缺陷。

从 2009 年 7 月 1 日起，SFAS157 及上述有关的 FSP 均被编入《美国公认会计原则会计准则编纂》（U. S. GAAP Codification of Accounting Standards, ASC）之“编纂专题 820：公允价值计量和披露”（Codification Topic 820: Fair Value Measurements and Disclosures, ASC 820）。该编纂专题截至本书出版之时仍在不断更新中，此后美国财务会计准则委员会有关公允价值研究的文献和规范都被归入 ASC820 中。

在 ASC820 问世后，美国财务会计准则委员会继续通过发布会计准则更新（Accounting Standards Update, ASU）的方式对公允价值计量进行规范。2009 年 8 月，美国财务会计准则委员会发布的《关于负债的公允价值计量》（ASU2009 - 05）中指出，在许多情况下负债可能由于合同条款和法规的限制而缺乏可观察的市场信息，因此在计量其公允价值时，主体既可以使用相同或类似负债的公开报价，也可以使用未来现金流量的现值。2009 年 9 月，美国财务会计准则委员会发布《对计算每股净资产（或等值指标）的某些主体的投资》（ASU2009 - 12），对满足特定前提的金融服务类投资公司，允许其根据被投资公司每股净资产来计量其投资。2010 年 1 月，美国财务会计准则委员会发布《改进公允价值计量的披露》（ASU2010 - 06），要求主体对公允价值计量事项披露以下内容：对第三层次输入值进行合理调整所产生的重大影响，应披露相关调整的原因和对公允价值计量的合计影响；基于第一层次和第二层次输入值对同一会计事项进行计量所做的转换，并披露进行转换的原因和相关的影响金额；第三层次的重大不可观察输入值，包括假设前提、估值技术和重要输入值等。

二、《市值会计研究报告》的出台及主要内容

（一）《市值会计研究报告》的出台

2008 年美国次贷危机引发的全球金融风暴，令世界经济遭受重创。在这场金融风暴中，有人对公允价值这一计量属性运用的合理性提出质疑。华尔街的银行家们纷纷指责公允价值的会计标准加速了金融危机的发展进程，美国联邦存款保险公司（Federal Deposit Insurance Corp.）前主席威廉·伊

萨克（William Issac）公开宣称，正是由于公允价值计量会计导致众多银行不得不过多和不合理地减计资产，从而压缩了银行的放贷，加剧经济震荡。这些反对采用公允价值计量属性的人认为，公允价值计量具有明显的“顺周期”特征，是一把双刃剑。在市场向好时，以公允价值计量的金融资产在利润表上显示大量浮动收益，金融机构损益表上体现出大量的利润。这时，比较容易让资产管理者和交易人员滋生盲目的乐观情绪，促使股东产生多分配红利的冲动，这些行动不利于增强金融机构的抗风险能力。一旦经济下行，市场看空的时候，相关金融资产价值被低估，按会计准则要求，金融机构将被要求按照不同的资产属性计提准备或者减少所有者权益，这势必影响金融机构的盈利水平和资本充足率水平。为了应对危机，金融机构只好加大交易性金融资产的抛售力度。于是，市场陷入了“交易价格下跌—提取高额减值准备—核减股东权益—非理性抛售—价格继续下跌—继续加大减值准备计提和继续核减权益”的恶性循环，直到资本充足率杠杆和流动性杠杆断裂，金融机构崩盘。

为此，代表金融机构利益的美国银行家协会（American Bankers Association，ABA）于2008年9月中旬，就先后致信相关监管层要求修改公允价值会计。此外，欧元区国家政府在2008年9月制定并通过的援助计划的四个内容之一，就是敦促改变现行“按市值计价”的会计规则，表明了欧洲各国政府采纳了反对公允价值计量会计准则方面建议的倾向。平时并不关心会计专业问题的政治家们也开始关注会计准则问题，当时美国众议院一些议员将暂停公允价值计量与金融救助方案联系起来，要求停止公允价值计量规则。2008年10月3日，美国国会众议院投票通过修改后的7 000亿美元金融救援计划，即《2008年紧急经济稳定法案》（Emergency Economic Stabilization Act of 2008），其中第133节要求美国证券交易委员会在咨询联邦储备委员会和财政部的基础上，对SFAS157中的市值会计准则进行研究，并在90天内，即2009年1月20日前，就是否暂停公允价值会计进行调查，并明确其研究至少应考虑以下几方面：（1）市值会计准则对金融机构资产负债表的影响；（2）市值会计对2008年银行营业失败的影响；（3）市值会计准则对投资者可获取的财务信息质量的影响；（4）美国财务会计准则委员会的会计准则制定程序；（5）修订市值会计准则的合理性与可行性；（6）可以替代SFAS157相关要求的会计准则。然后由国会根据调查报告投票决定是否中止公允价值会计运用。

引发该研究的大背景是2008年美国金融危机中人们对公允价值会计的指责，直接诱因是2008年10月10日发布的FSP－FAS157－3号立场公告。该立场公告针对不活跃市场下确定金融资产的公允价值计量进行了修订，但没有放弃公允价值计量的目标。在该公告发布之后，对于是暂停采用公允价值会计，还是按照FSP－FAS157－3号立场公告对失效市场状态下公允价值计量方法进行修订的基础上继续采用公允价值，美国各方的争论达到了白热化程度。美国银行家协会强烈要求美国证券交易委员会搁置FSP－FAS157－3号公告，并要求暂停会计准则制定机构涉及公允价值会计准则项目的一切制定工作；而美国审计质量中心（Center for Audit Quality）、注册金融分析师协会（Institute of Chartered Financial Analyst）、美国消费者联盟（Consumers Union）和机构投资者委员会（Council of Institutional Investor，CII）四个机构督促美国证券交易委员会采纳FSP－FAS157－3号公告，强烈要求不能暂停使用公允价值会计。在各方争得不可开交时，美国国会采取迂回措施，成立研究小组对公允价值运用进行调查。2008年12月30日，美国证券交易委员会向国会递交报告：《按照（紧急稳定经济法案）（2008）第133节的建议和报告：市值会计的研究》（Report and Recommendations Pursuant to Section 133 of the Emergency Economic Stabilization Act of 2008：Study on Mark-to-Market Accounting，简称《市值会计研究报告》）。

（二）《市值会计研究报告》的主要内容

美国证券交易委员会的《市值会计研究报告》指出公允价值会计在金融危机中并没有对金融企业的倒闭推波助澜，而是旨在维护SFAS157的权威性和美国财务会计准则委员会制定公认会计原则的独立性。该报告主要关注了以下方面的内容①：

首先，厘清SFAS157与公允价值会计之间的关系。

在金融危机发生与演进过程中，有人坚持认为，公允价值会计与按SFAS157计量公允价值的相应指南导致了金融市场的不稳定，特别是此类减计发生于非活跃、非流动性或非理性市场之时，由此确认的账面价值将不能如实反映证券的经济内涵。这一观点强调，如果不能取得充足的额外资本以抵消前述投资减计，便可能导致金融机构的营业失败，由此引起连续的减值

① 节录自葛家澍、陈秧秧："美国SEC'关于调到市价会计的研究'报告评介（一）——'执行摘要'与问题的提出"，《财会通讯》，2009年第3期。

与金融的不稳定。

在正面阐述金融危机尤其是金融机构营业失败中公允价值会计的实际影响之前，美国证券交易委员会对其所授权的准则制定机构美国财务会计准则委员会发布的 SFAS157 与当前公允价值会计的关系进行了初步界定。美国证券交易委员会在摘要中认为："SFAS157 本身并未要求采用市值会计或公允价值会计（Mark-to-Market or Fair Value Accounting）。相反，其他会计准则以不同方式要求采用已广为人知的公允价值会计。其中，市值会计是公允价值会计的一项特定内容。FAS157 只是定义了公允价值，确立了在美国公认会计原则范围内计量公允价值的框架，并仅要求拓展关于公允价值计量的披露而已。"

其次，公允价值会计对投资者可获取财务信息质量的影响。

根据美国证券交易委员会的广泛调查，与前述"公允价值会计促成金融危机"论者持相反观点的其他市场参与者，特别是一般投资者认为，公允价值会计有助于增进向公众提供的财务信息透明度。据此，美国证券交易委员会得出结论，"投资者广泛支持以下观点：公允价值信息是有用的，增进了其可获取财务信息的质量……公允价值会计较为透明地反映了当前经济条件下被投资公司资产与负债的价值。中止公允价值会计将导致信息与投资者信心的丧失"。

第三，公允价值会计准则对金融机构资产负债表的影响。

在针对公允价值会计的争论中，美国有些业界人士坚称，要求采用公允价值会计的会计准则可能不恰当地影响了金融机构的资产负债表。针对指责，美国证券交易委员会从市场中广泛基础上的金融机构总体抽取了 50 家作为样本，研究公允价值会计准则对每一金融机构的影响，具体考察其资产负债表上以公允价值计量的资产与负债比重以及这些项目采用市值会计的情况。美国证券交易委员会发现，样本金融机构的资产负债表中，只有少数资产（45%）和负债（15%）采用了公允价值计量；公允价值会计准则，包括 SFAS157 与《公允价值选择权》（SFAS159），对金融机构财务状况（对资产负债表的考察）与报告收益（对收益表的考察）的影响似乎有限。据此认为，公允价值会计并未在金融机构失败中扮演重要角色。

第四，公允价值会计对 2008 年银行（营业）失败的影响。

针对有人指责"公允价值会计导致 2008 年一家或更多家金融机构失败"的观点，美国证券交易委员会对失败银行公允价值计量的应用情况

（2006～2008 年）进行了评估，对直接导致银行破产的丧失充分资本化能力的关键影响因素作了分析，并评价公允价值计量相对于其他因素对资本充足性的影响。其基本结论是："公允价值会计并未表现出在2008 年发生的银行失败中扮演重要角色或者是银行失败的一个主要基本成因。相反，美国银行的失败表现为以下因素的结果：不断增长的很可能发生的信用损失、（投资者）对资产质量的担忧以及在某些例子中不断销蚀的贷款人与投资者的信心。对于确认大规模公允价值损失的失败银行而言，并未验证上述损失的报告是银行失败的原因。"

第五，会计准则制定中的应循程序（due process）。

美国证券交易委员会评估美国财务会计准则委员会准则制定效果的基本结论是"运行良好，但可以采取一些措施来改进当前的程序，包括可能增进程序及时性和透明度的措施"。对此，美国证券交易委员会重点推荐了2008 年 8 月由其所属"改进财务报告咨询委员会"（SEC Advisory Committee on Improvements to Financial Reporting，CIFIR）提出的若干建议。据此，在美国财务会计准则委员会目前的应循程序中很可能增加一项"准则应用后审阅"程序，以评估准则的实施效果。

最后，公允价值会计准则的备选方法。

美国证券交易委员会分析了近期提出的公允价值计量替代方法，包括对特定金融工具回归历史成本基础计量、使用"滚动平均"（rolling average）而非当前特定时点的公允价值法以及基础价值法（fundamental value，有时又称使用价值，以未来现金流量的现值为基础）。

美国证券交易委员会通过两个渠道来捍卫其"不应中止 SFAS157"的观点。第一，探讨中止 SFAS157 指南的具体后果，认为"中止该准则本身将不会改变公允价值会计要求，但可能删除当前运作的执行指南……只会带来实务的倒退，导致公允价值计量指南的不一致以及某些场合的相互矛盾"。第二，评价可获取的替代方法（如历史成本基础的计量），认为"尽管存在此类替代性的计量基础，但每一替代属性均有其优缺点与实施问题。结合考虑公允价值信息对投资者有用性的证据，中止公允价值会计、回归历史成本基础的计量很可能增加投资者的不确定性"。当然，美国证券交易委员会重申"采取改进公允价值条款应用与理解的额外行动是明智的"，包括"非活跃市场中确定公允价值的补充指南（包括检验非流动性的影响）、评估负债的公允价值计量中考虑信用风险是否向投资者提供了有用信息以及加强当前的列报与披露要求”。

通过对上述内容的详细讨论，美国证券交易委员会的《市值会计研究报告》在其正文的最后部分详细阐述了其关于公允价值计量的建议①：第一，改进而非中止 SFAS157。第二，不应中止现行公允价值与市值会计要求。第三，采取更多措施改进现行的公允价值会计要求，包括：（1）如何确定市场何时已变得不活跃；（2）如何确定某项交易或一组交易是被迫的或受到压制的；（3）如何确定何时市场中的非流动性应在资产或负债的估值中进行考虑；（4）如何估计信用风险的变动对资产或负债价值的影响；（5）可观察的市场信息应于何时由管理层估计这一形式的不可观察信息来补充或者依赖于后者；（6）如何确定所使用的假设是市场参与者而非仅仅是特定主体所采用的。第四，重新考虑金融资产减值的会计处理。美国证券交易委员会建议美国财务会计准则委员会对当前金融工具的减值会计模型进行重新评价，建议开发单一的减值会计模型，以降低财务报表的复杂性、增加信息可比性。美国财务会计准则委员会应对修订（或消除）现行会计指南、提供一套更为统一的金融工具减值测试准则的必要性进行评价。第五，实施更多指南以促进合理判断的使用。美国证券交易委员会认为，应联合公众公司会计监督委员会（Public Company Accounting Oversight Board，PCAOB）对公允价值计量过程中应用判断相关的政策是否恰当进行评价。第六，继续制定会计准则以满足投资者的需求。第七，确立其他正式措施，解决实务中现行会计准则的操作性问题。美国证券交易委员会建议采取其他正式的措施，包括：（1）实施改进财务报告咨询委员会关于组建财务报告论坛（FRF）的建议；（2）在准则制定的应循程序中增设准则应用后进行审阅的程序；（3）制定在必须作出及时反应的特定环境中准则制定的正式政策。第八，进一步简化金融资产投资会计要求。美国证券交易委员会建议理事会开展工作以简化金融工具投资的会计处理，包括继续探讨以公允价值计量所有金融工具的可行性。

---

① 节录自葛家澍、陈秧秧：“美国 SEC‘关于调到市价会计的研究报告’报告评介（八）——修订公允价值会计准则的合理性与可行性”，《财会通讯》，2009 年第 10 期。

第二节　国际财务报告准则体系下公允价值计量准则的发展

一、国际会计准则理事会关于公允价值计量的实务应用

国际会计准则理事会从 1982 年的《国际会计准则第 16 号——不动产、厂房和设备》（IAS16）开始，先后发布了一系列将公允价值计量运用到不动产、租赁、养老金和企业合并等非金融工具项目的会计准则，如《国际会计准则第 17 号——租赁》（IAS17）、《国际会计准则第 19 号——雇员福利》（IAS19）和《国际财务报告准则第 3 号——企业合并》（IFRS3）、《国际会计准则第 41 号——农业》（IAS41）等。其中，IAS41 把公允价值会计运用到农业领域，比美国财务会计准则委员会更进了一步。

20 世纪 90 年代以来，金融创新带来的金融工具的迅速发展，对金融工具，尤其是衍生金融工具进行确认和计量的要求变得十分迫切。1990 年，国际会计准则委员会金融工具项目筹委会批准发布了《原则公告草案（DSOP）》，要求经营性（或交易性）金融资产和负债应以公允价值计量，但不包括投资和筹资项目（汪祥耀等，2004）。1992 年的《国际会计准则第 30 号——银行和类似金融机构财务报表中的披露》（IAS30）规定银行至少应披露包括企业源生的贷款和应收款项、持有至到期投资、交易性金融资产以及可供出售的金融资产等在内的金融资产的公允价值。1995 年国际会计准则委员会在国际证监会组织（International Organization of Securities Commissions，IOSCO）支持下启动了“核心准则”项目。1995 年的《国际会计准则第 32 号——金融工具：披露和列报》（IAS32），要求企业对每一类已确认和未确认的金融资产和金融负债披露公允价值信息，标志着公允价值在金融工具和衍生金融工具上的应用。1997 年，国际会计准则委员会和加拿大特许会计师协会（CICA）共同发布了《金融资产和负债会计》讨论稿，表明了所有金融工具都要以公允价值计量的立场。1999 年的《国际会计准则第 39 号——金融工具：确认和计量》（IAS39）取代了 IAS32 的部分披露条款，完整地规定了以公允价值对金融工具进行确认、计量的具体做法。1998 年的《国际会计准则第 36 号——资产减值》（IAS36）规定，如果资产

的账面金额超过可收回金额，该资产应视为已经减值，企业应确认资产减值损失。

2001年1月，国际会计准则理事会发布的IAS41中要求以公允价值减生物资产预计至销售将发生的费用，来计量从初始确认时点到收获时点的所有生物资产；2004年2月份发布的《国际财务报告准则第2号——以股份为基础的支付》（IFRS2），也要求对用权益结算的以股份为基础的支付交易，主体应当直接以所获得的商品或服务的公允价值计量所获得的商品或服务，以及权益的相应增加；其他如IFRS3、IAS32、《国际财务报告准则第5号——持有待售的非流动资产和终止经营》（IFRS5）等准则也多处使用到公允价值。2004年修订的IAS16更是直接明确规定了主体进行后续计量时可选择成本模式和重估价模式；《国际会计准则第40号——投资性房地产》（IAS40）也规定主体可以选择以成本减去折旧或者公允价值（退出价格）进行后续计量，公允价值的变化应立即在损益表中确认。

截至2004年底，在国际会计准则理事会发布的36项准则中，有25项直接或间接要求公允价值计量①，占69.4%。概括而言，IFRS/IAS中关于公允价值计量的准则可以分为三大类：第一类，明确要求必须采用公允价值计量的相关国际会计准则，包括IAS41规定的生物性的资产、IAS39规定的金融工具、IFRS2中以股份支付的报酬；第二类，要求以公允价值或与公允价值概念接近的计量属性（如可变现净值）进行减值测试的情形，包括《国际会计准则第2号——存货》（IAS2）、《国际会计准则第36号——资产减值》（IAS36R）、《国际会计准则第38号——无形资产》（IAS38R）、IFRS5等准则；第三类，主体对是否采用可选择采用公允价值计量具有选择权的情形，包括IAS16、IAS38R、IAS40等准则。

二、国际会计准则理事会关于公允价值计量准则的最新进展

尽管公允价值计量已经在国际会计准则中广泛应用，但是，缺乏全面、统一的公允价值计量指南已经成为国际财务报告准则的一大缺陷，并且随着公允价值在更多新准则中的应用，该问题变得愈加突出。在《国际财务报告准则第13号——公允价值计量》（IFRS13）发布前，关于公允价值计量的指南散见于各个准则之中。这种统一和一致的指南的缺乏，已经导致了公

① IASB. December 2005. Fair Value Measurements Project—Session Overview (Agenda Paper6).

允价值计量上的不一致（David Tweedie，2005）。为解决这一问题，2005 年 9 月，国际会计准则理事会在工作计划中增加了公允价值计量项目。这个项目也包含在国际会计准则理事会同美国财务会计准则委员会签订的谅解备忘录中。该项目的目的是制定一套适用于国际财务报告准则（IFRSs）所要求的所有公允价值计量的指南。同时国际会计准则理事会和美国财务会计准则委员会还在有关财务会计概念框架的联合项目中，继续深入地研究公允价值计量及其对概念框架的影响问题。

2005 年 11 月，国际会计准则理事会发布《财务会计计量基础——初始计量》讨论稿，从概念上对资产和负债初始计量时的各种可选计量基础进行论述，其核心问题也是公允价值计量。2006 年 11 月底，国际会计准则理事会发布了《公允价值计量（讨论稿）》。在该讨论稿中，国际会计准则理事会分析了 13 项议题，提出了 27 个问题，并就这些问题向全世界征求意见。讨论稿在国际上引起了极大反响，各相关国际机构和组织以及各国的会计准则制定机构的意见和建议纷至沓来，使国际会计准则理事会不得不花费更多的时间来对相关问题进行研究。而不久之后，由美国次贷风潮引起的全球金融危机爆发，公允价值计量问题更被推至风口浪尖，一度成为此轮金融危机的替罪羊。为响应金融危机中公允价值会计在运用时出现的实际问题和国际组织的倡议，国际会计准则理事会和美国财务会计准则委员会共同展开旨在最终统一公允价值计量准则的对话，并尽可能保持一致立场。继美国财务会计准则委员会发布 FSP - FAS157 - 3 公告后，2008 年 10 月国际会计准则理事会也发布了关于市场不再活跃前提下金融工具公允价值的计量和披露的报告，旨在提高当市场不再活跃时准则对金融工具估计的指导性，更好地披露估值方法及相关的不确定性。2009 年 5 月，在借鉴 FSP - FAS157 - 4 号修订公告后，国际会计准则理事会发布了《公允价值计量（征求意见稿)》。

与此同时，国际会计准则理事会还利用专家组的工作成功解决了金融稳定论坛（Financial Stability Forum，FSF，金融稳定理事会前身）要求解决的与公允价值计量以及资产负债表外核算披露相关的问题。专家组的反馈意见连同提议修订的《国际财务报告准则第 7 号——金融工具：披露（征求意见稿)》（IFRS7）一起于 2008 年 10 月 15 日发布。2009 年 3 月国际会计准则理事会又正式发布了《金融危机背景下关于改进公允价值计量和流动性风险披露带来的挑战》的报告。2009 年 11 月，国际会计准则理事会发布了旨在降低金融工具会计准则复杂性的《国际财务报告准则第 9 号——金融工具》（IFRS9），完成了IAS39替换工程的第一阶段工作。由于考虑到2009年5月的公允价值计量准则征求意见稿中并没有明确主体是否应披露第三层次输入值及它们之间的相互关系，2010年7月，国际会计准则理事会就“公允价值计量第三层次的公允价值计量不确定性分析的披露”公开征求意见，并与美国公认会计原则趋同后，于2011年5月12日，国际会计准则理事会发布了《国际财务报告准则第13号——公允价值计量》（IFRS13）（生效日期均为2013年1月1日，允许提前采用），该项目旨在为公允价值计量建立统一的指南来源，以减少复杂性并提高应用的一致性。

第三节　美国财务会计准则委员会和国际会计准则理事会关于公允价值计量准则的趋同及差异分析

一、美国公认会计原则和国际财务报告准则体系下公允价值计量准则的趋同分析

为响应2009年9月匹兹堡G20峰会敦促国际会计机构在2011年6月前建立全球统一的高质量会计准则的倡议，从2009年10月下旬开始，国际会计准则理事会与美国财务会计准则委员会决定建立每月定期会晤机制，对包括公允价值计量在内的多项准则进行修订，以使相关会计计量要求在两套会计准则体系下尽量趋同。2011年5月12日，国际会计准则理事会正式发布了《国际财务报告准则第13号——公允价值计量》（IFRS13）[①]。同日，美国财务会计准则委员会也发布了对ASC820进行修订的《为统一US GAAP和IFRS下关于公允价值计量和披露所作的修改》（ASU2011－04），在该修订稿中，美国财务会计准则委员会对原ASC820作出了以下澄清或修改：

1. 最高最佳使用原则和评估前提的应用

原ASC820在确定资产的最高最佳使用时，引入了在用前提（in-use premise）和交换前提（in-exchange premise）的概念。在用前提是指市场参

---

① 旨在保持与国际财务报告准则的持续趋同，财政部于2012年5月17日发布了《企业会计准则——公允价值计量》的征求意见稿。

与者将该单项资产与其他资产结合使用，从而使该资产效益最大化；而交换前提是指市场参与者从该单项资产本身的角度使该资产效益最大化。在修订稿中，取消了关于这两种假设前提分类的表述，并明确了最高最佳使用前提只与非金融资产的公允价值计量相关，而与金融资产或负债的公允价值计量无关。

2. 对报告主体所有者权益工具的公允价值计量

修订主要明确了计量权益工具公允价值的具体要求，如在企业合并中作为对价发行的权证的公允价值计量要求。此外，还明确了主体应从市场参与者的角度将其自身权益工具视为一项资产来计量其公允价值。

3. 公允价值计量的披露

修订稿澄清了主体应披露在公允价值计量中归为第三层次的不可观察输入值的量化信息。

4. 投资组合管理下的金融工具公允价值计量

持有金融资产和金融负债的主体往往暴露于诸如市场风险（即利率风险、汇率风险，或其他价格风险）以及交易对手的信用风险等各种风险中。修订稿提出一项特例，即在遵循 ASC820 对公允价值计量事宜进行披露时，允许主体使用净头寸敞口（net exposure），而不是用总头寸敞口来披露金融工具的公允价值。此项特例允许主体对此类金融资产和金融负债可以使用市场参与者在特定风险下的有序交易中收到的净资产或转移的负债净头寸于计量日的价格进行公允价值计量。

5. 公允价值计量中的溢价及折扣应用

修订稿澄清了公允价值计量中溢价及折扣的应用是针对应用资产或负债的计量单元而言的。修订稿明确了在缺乏第一层次输入值时，主体使用溢价或折扣的情形应与市场参与者依据 ASC820 的要求或准则允许采用的公允价值计量单元对相关资产或负债进行定价时的实际情况相一致。

6. 公允价值计量的附加披露

修订稿扩大了公允价值计量的披露范围，包括：

（1）对于被归为公允价值第三层次的公允价值计量：①主体的估值过程；②针对公允价值计量中不可观察输入值的敏感性分析以及不可观察输入值之间的相关性分析。

（2）如报告主体对非金融资产的使用并未满足最高最佳使用原则，但该资产在财务报表中却以公允价值计量或基于最高最佳使用原则对公允价值计量事项进行披露。

（3）不需以公允价值进行计量，但其公允价值却需要进行披露的情形（如，采用摊余成本计量的金融工具，但其公允价值已按照 ASC825 金融工具披露的）。

准则会计更新 ASU2011－04 号发布当日，国际会计准则理事会发布了 IFRS 13 。这份准则统一了公允价值在国际财务报告准则中的定义，建立了国际财务报告准则下公允价值计量的框架，并要求对公允价值计量进行相应的披露；统一了原本分散于国际财务报告准则体系中各单项准则中关于公允价值计量方法级次的规范。在 IFRS13 发布前，有关单项准则中存在着不完全一致的关于公允价值计量方法级次的相关规范：

原 IAS36《资产减值》第 25～27 段，在确定公允价值扣减处置费用时考虑的计量方法优先顺序首先是约束性销售协议所规定的价格；然后是基于活跃市场的报价；再次是考虑同行业类似资产最近的交易结果。[IFRS13 附录 D 第 83 段删除]

原 IAS39《金融工具：确认和计量》实施指南第 69～81 段，在确定金融资产公允价值时考虑的计量方法级次首先是基于活跃市场的交易价格；若不存在活跃市场，则可采用估值技术进行计量；最后若相关权益工具不存在活跃市场，则可按成本确认该金融资产的公允价值。[IFRS13 附录 D 第 106～110 段删除或修改]

原 IAS40《投资性房地产》第 45～47 段，在确定投资性房地产公允价值时考虑的计量方法级次首先是活跃市场中对同一地理位置和相同状况并具有类似的租赁和其他合同的类似房地产的现时价格；若不存在上述参考资料，则可基于①活跃市场性质、状况或地理位置不同的房地产现时价格；②类似房地产在不太活跃市场的近期价格进行相应调整；③基于对未来现金流量的可靠估计所作的收益法估值。[IFRS13 附录 D 第 117 段删除]

原 IAS41《农业》第 17～21 段，在确认生物资产公允价值时考虑的计量方法级次首先是基于活跃市场的交易价格；其次是基于最近的市场交易价格或类似资产的市场价格或行业标准，甚至是采用该生物资产预期现金流净现值。准则在第 24 段也提出，在满足特定条件的前提下（如预期栽培期为 30 年的松树在最初生长的几年中，预期生物转化对价格的影响不重要），其成本有时可能接近于其公允价值。[IFRS13 附录 D 第 127 段删除]

IFRS13 的发布对上述段落进行了删除或重大修改，从而统一了国际财务报告准则体系下关于公允价值计量方法级次的不同表述。

至此，除了极少数差异外，美国公认会计原则和国际财务报告准则在公允价值计量准则方面基本趋同。

为了发现和解决新兴市场国家在遵循国际财务报告准则或与国际财务报告准则趋同的会计准则时所面临的实际特殊问题，国际财务报告准则基金会（IFRS Foundation）① 管委会于 2011 年成立了新兴市场工作小组（Emerging Economics Group）。2011 年 7 月，该小组在北京召开了第一次工作会议，该次会议的讨论主题即是针对刚颁布不久的公允价值计量准则，专题研究新兴市场国家适用公允价值计量准则所面临的实际问题，会上总结了以下课题供进一步研讨：

①无序交易的识别；

②投资性房地产的公允价值计量；

③生产性生物资产的公允价值计量；

④非上市权益类资产的公允价值计量；

⑤基于出价和要价的公允价值计量；

⑥交易受限的权益类资产的公允价值计量；

⑦第三方报价在公允价值计量中的运用；

⑧资产管理公司不良资产的公允价值计量；

⑨金融工具的信用风险调整；

⑩嵌有选择权的债券的公允价值计量。

此外，由于采用公允价值进行会计计量必然涉及较多的评估概念和技术，在评估专家们的协助和美国财务会计准则委员会工作人员的参与下，国际财务报告准则基金会目前正在编制具体适用 IFRS13 的教育材料（Educational Material），该材料会以章节的形式陆续发布。其第一章“IFRS9 范围内的无公开报价的权益性工具的公允价值计量”已经于 2012 年年底正式发布。

表 2-1 归纳了 SFAS157 发布以来，国际会计准则理事会和美国财务会计准则委员会发布的关于公允价值计量的主要文件。

---

① 从 2010 年 7 月 1 日起，国际会计准则委员会基金会正式更名为国际财务报告准则基金会（IFRS Foundation）。

表 2-1　　国际会计准则理事会和美国财务会计准则委员会关于公允价值计量的主要文件

日　期	FASB 发布	IASB 发布
2004 年 6 月	公允价值计量（征求意见稿）	
2006 年 9 月 15 日	公允价值计量（SFAS157）	
2006 年 11 月		公允价值计量（讨论稿）
2008 年 2 月	FSP-FAS157-1	
2008 年 2 月	FSP-FAS157-2	
2008 年 10 月	FSP-FAS157-3	《非活跃市场条件下确定金融资产的公允价值》报告
2009 年 3 月		《金融危机背景下关于改进公允价值计量和流动性风险披露带来的挑战》报告
2009 年 4 月	FSP-FAS157-4	
2009 年 5 月		公允价值计量（征求意见稿）
2009 年 8 月	ASU2009-05	
2009 年 9 月	ASU2009-12	
2010 年 1 月	ASU2010-06	
2010 年 6 月 29 日		对“公允价值计量（征求意见稿）”提出的公允价值计量第三级次披露要求重新征求意见；同时发布“公允价值计量中计量不确定性分析的披露（征求意见稿）”
2010 年 7 月 30 日	FASB 和 IASB 召开联合研讨会介绍新的公允价值计量准则（征求意见稿）	
2011 年 3 月 15 日	FASB 和 IASB 对于新的公允价值计量准则达成一致	
2011 年 5 月 12 日	ASU2011-04	公允价值计量准则（IFRS13）
2012 年 10 月		IFRS13 教育材料第一章“IFRS9 范围内的无公开报价的权益性工具的公允价值计量”（讨论稿）发布
2012 年 12 月		IFRS13 教育材料第一章“IFRS9 范围内的无公开报价的权益性工具的公允价值计量”正式发布

二、美国公认会计原则和国际财务报告准则体系下公允价值计量的差异分析

得益于国际会计准则理事会与美国财务会计准则委员会共同促进公允价值计量准则趋同的努力，IFRS13 颁布后的国际财务报告准则体系和美国公认会计原则体系中关于公允价值计量的规定已近乎相同，只在以下方面存在细微差异。需要指出的是，这些差异并非由公允价值计量准则本身引起，而是由两套准则体系下关于是否存在专门规范某些特殊行业或业务的规定之间的差异而引起的。以下是公允价值计量在美国公认会计原则体系和国际财务报告准则体系下实务应用方面存在的差异：

1. 初始计量日的公允价值损益（day one gains or losses）

根据 ASC820，即使输入值无法直接从市场上观察，在进行公允价值计量时如存在初始计量日公允价值损益也必须予以确认。同时，ASC820－10－30－6 进一步规定了如其他单项准则要求或允许主体以公允价值进行初始计量，而初始计量日公允价值又与交易价格存在差异，那么相关的差异需要进行确认，而无论涉及的是哪项单项准则。虽然 IFRS13 也有类似的规定，但其并未排除其他单项准则所要求的不确认初始计量日的公允价值损益的情形，如，IAS39《金融工具：确认和计量》，IFRS9《金融工具》等。如果输入值无法直接从市场上观察，上述两项国际财务报告准则中的单项准则均不允许确认初始计量日的公允价值损益。

2. 对于公允价值计量的敏感性分析的披露要求

国际财务报告准则要求对以公允价值计量的金融工具和属于第三层次的公允价值进行定量敏感性分析（该披露要求原先是在 IFRS7《金融工具：披露》中提出的），而美国公认会计原则中并没有此项披露要求。为促进公允价值准则的国际趋同，国际会计准则理事会和美国财务会计准则委员会将对此进行深入讨论，尤其是对不可观察输入值的变化和这些输入值之间的相互关系的变化进行敏感性分析是否可行等问题。国际会计准则理事会已在 2010 年 6 月底发布了主要涉及公允价值计量敏感性分析的征求意见稿。

3. 准则生效日和过渡期安排

对于遵循美国公认会计原则的主体而言，对于上市主体，ASU 2011－04 中关于公允价值计量的修订和澄清要求适用于其 2011 年 12 月 15 日后编制

的中期或年度财务报告；对于其中的非上市主体，ASU 2011－04 的相关要求强制适用于2011 年 12 月 15 日或之后开始的财务报告年度。允许主体提前适用 ASU 2011－04。

对于遵循国际财务报告准则的主体而言，IFRS13 适用于 2013 年 1 月 1 日或之后开始的财务报告年度，也允许提前适用。

第四节　公允价值计量准则的总体框架

一、公允价值计量准则的适用范围

根据 ASC820 和 IFRS13，公允价值计量准则适用于除以下例外的所有其他单项准则所要求或允许的公允价值计量或披露：

（一）不适用于以下各项的公允价值计量和披露要求

（1）股份支付（share-based payments）；

（2）租赁；

（3）与公允价值类似但又不是公允价值的计量事项，如对存货可变现净值的估计等。

（二）不适用于以下各项的公允价值披露

（1）雇员福利中规定的以公允价值计量的计划资产；

（2）退休福利计划中规定以公允价值计量的计划资产；

（3）规定可收回金额为公允价值减处置成本的资产。

在其他准则要求或允许公允价值计量的情况下，公允价值计量准则所规定的公允价值计量框架，既适用于初始计量，也适用于后续计量。

二、公允价值的内涵

（一）公允价值的定义

ASC820 和 IFRS13 将公允价值定义为“在计量日的市场交易中，市场参与者之间出售一项资产所能收到的价格或转移一项负债所需支付的价格”。本质而言，公允价值是一种市场评价，是市场参与者充分考虑了市场信息后所达成共识的市场交易价格，是市场而非特定主体对资产或负债的认定。该定义主要有三层涵义：

（1）必须基于有序交易；

（2）是对特定资产或负债而言的，而且必须站在市场参与者角度考虑公允价值，即公允价值是一种基于市场的计量方式，而并不基于个别主体；

（3）公允价值强调了退出价格的概念，即卖出资产所能收到的价格或转移负债所需支付的价格（退出价格），而非收购资产所付的价格或是承担负债所收到的价格（进入价格），即使采用不可观察输入值估价，退出价计量目标仍保持不变。

（二）公允价值计量的内涵

1. 资产或负债

公允价值计量是针对特定的资产或负债。因此，计量公允价值时，对于市场参与者在计量日对资产或负债进行估价时考虑的有关资产或负债特征，主体应予以考虑。例如，这些特征包括：①资产状况和所处位置；②对资产出售和使用的限制（如有）。

市场参与者如何考虑资产或负债的特征，对计量的影响很大。以公允价值计量的资产或负债可能是：①单项资产或负债（例如，一项金融工具或者一项非金融工具）；②一组资产、一组负债或者一组资产和负债（例如，一个现金产出单元或者一项业务）。

从确认或披露角度看，资产或负债到底是单项资产或单项负债，还是一组资产、一组负债或者一组资产和负债，取决于它们的计量单元（unit of account）。

2. 市场

公允价值计量假定：资产或负债是市场参与者在计量日现行市场条件下出售资产或转移负债的有序交易中进行交换。公允价值计量假定出售资产或者转移负债的交易发生在：

（1）资产或负债的主要市场（Principal Market）。主要市场是指具有资产或负债最大交易量和最高活跃度的市场，即使其他市场上的价格更具优势。要确定主要市场，管理层需要评价各种不同市场的活跃度。

（2）在没有主要市场时，资产或负债的最有利市场（Most Advantage Market）。最有利市场是指在考虑交易费用和运输成本之后，能够使得出售资产所收取的金额最大化或转移负债所支付的金额最小化的市场。但是需要注意的是，在对资产的公允价值计量时，如果地点是其计量单元的特征的话，运输成本是需要反映在公允价值中的，而交易费用则必须从价格中扣除。因此，在缺乏主要市场而采用最有利市场决定公允价值时，可能会出现以下情形：

假定一台设备，既可在零售市场也可在批发市场被出售，而对主体而言该设备并不存在主要市场，因此其公允价值只能根据最有利市场的价格信息确定。目前从零售和批发市场获取的处置收益如表 2－2 所示。

表 2－2 单位：元

项　目	零售市场	批发市场
设备价格	100	97
运输费用	(2)	(3)
公允价值	98	94
交易费用	(5)	—
处置收益	93	94

在表 2－2 中，由于批发市场的处置收益最大，在进行公允价值计量时，应被认定为是最有利市场，该设备的公允价值为 94 元。

但是如果因为处置收益发生变化而导致对最有利市场的认定相应发生变化，那么公允价值可能也会发生变化，见表 2－3。

表 2－3 单位：元

项　目	零售市场	批发市场
设备价格	100	97
运输费用	(2)	(3)
公允价值	98	94
交易费用	(3)	—
处置收益	95	94

在表 2－3 下，由于零售市场的交易费用减少了，导致其处置收益超过了基于批发市场的处置收益，最有利市场的认定也相应发生了变化，由此公允价值变成了 98 元。

要确定最有利市场，管理层需要评价其合理预计能出售该资产或转移该负债的所有潜在市场。对于非金融资产，需要从市场参与者的角度，基于“最高最佳使用”这一估值前提，识别潜在市场。

主体认定主要市场（或最有利市场）时，无须详尽搜罗所有可能的市场，但应考虑可供合理运用的所有信息。如果没有相反的证据，主体出售资产或转移负债的交易通常进入的市场就是主要市场或者最有利市场。

如果资产或负债存在主要市场，公允价值计量就应反映该市场的价格（不管该价格是直接可观察的价格还是运用其他估值技术估计得到的价格），即使不同于主要市场的市场在计量日的价格潜在地更为有利也应如此。

主体在计量日必须已经进入主要市场（或最有利市场）。因为每一主体（或主体内的业务部门）可能从事不同的活动，而不同的主体（或主体内的业务部门）又可能进入不同的市场。因此，对于不同的主体（或这些主体内的业务部门），即使是相同的资产或负债，主要市场（或最有利市场）也可能不同。所以，必须站在主体的角度来确定主要市场（或最有利市场）及市场参与者。因此，对于从事不同活动的主体，允许不同主体之间、不同活动之间的主要市场（或最有利市场）存在差异。

尽管主体必须进入市场，但基于该市场的价格计量公允价值，并不需要在计量日具备能够出售特定的资产或者转移特定的负债的能力。

即使在计量日出售一项资产或者转移一项负债没有可观察的市场从而无法提供估价信息，公允价值计量也应该假定计量日发生了交易，并从持有资产或负有债务的市场参与者角度来考虑。假定的交易为估计出售资产或转移负债的价格提供了基础。

3. 市场参与者

市场参与者是公允价值计量体系中非常重要的概念之一。准则通过列举的方式描述了市场参与者的主要特点。市场参与者是主要市场（或最有利市场）上资产或债务的购买者和出售者，他们的特点是：

（1）独立于主体，即他们不是关联方；

（2）有丰富的知识，对资产或负债以及基于所有可获得信息的交易有合理的理解，这些信息包括通过平常习惯性的不懈努力所获得的信息；

（3）有能力进行资产或负债交易；

（4）自愿进行资产或负债的交易，也就是说，他们有交易的动机而非被迫或强迫进行交易。

首先，市场参与者来自于主要市场（或最有利市场）；其次，市场参与者应具备独立、自愿的地位和相应的意愿、能力。

资产或负债的公允价值确定的基础应当是市场参与者在为资产或负债定价时所使用的假定。在进行假定的过程中，主体没有必要通过识别特定的市场参与者来确定这些假定，而是应该识别不同市场参与者的一般特征，考虑下列所有特定的因素：①资产或负债；②资产或负债的主要市场（或最有利市场）；③该市场中，主体将与之交易的市场参与者。

4. 价格

公允价值是在计量日主要市场（或最有利市场）的当前市场条件下进行的有序交易中，出售一项资产所能收到的价格或者转移一项负债将会支付的价格（即退出价格），而不管该价格是直接可观察的价格还是运用其他估值技术所估计的价格。在理解公允价值定义中“价格”的内涵时，需要注意以下两点：

（1）公允价值是退出价格。在理解公允价值是退出价格这一概念时，交易费用容易引起混淆。交易费用是指在一项资产或一项负债的主要市场（或最有利市场）上出售该资产或转移该负债的成本，该成本直接归因于该资产的处置或该负债的转移，并且要同时满足以下两个标准：一是该成本直接由该交易引起；二是如果主体不作出出售该资产或转移该负债的决定，就不会发生该成本。

交易费用不应用来调整计量资产或负债公允价值的主要市场（或最有利市场）上的价格，而应根据其他适用的相关单项准则进行会计处理。交易费用不是资产或负债的特征，它与特定交易相关。资产或负债的交易方式不同，交易费用也不相同。由于交易费用被准则排除在了公允价值计量范畴之外，因此，无论从退出价格（exit price）亦或是进入价格（entry price）的角度来看，其实两者在数量上与交易金额（exchange amount）都是相同的。

另外，需要注意的是交易费用并不包括运输成本。如果地理位置属于资产（例如，商品）的特征，在进行公允价值计量时，对于从当前地点到市场的运输成本，是需要调整主要市场（或最有利市场）上获取的价格。为便于加深理解，可参考上述关于“市场”部分的相关举例。

（2）公允价值与现时价值（Current Value）。当公允价值计量采用的是第一层次的输入值，即采集自活跃市场未经调整的同类资产的成交价格时，该价格就等于公允价值（图 2－1 中输入值点 A），也即所谓的盯住市场（mark-to-market）。当公允价值计量采用的是第二层次或第三层次的输入值时，由于评估固有的不确定性因素，实际上往往无法精确地对市场价格进行调整从而达到以点估计的形式来估计公允价值。因此，在应用第二层次或第三层次输入值估计公允价值时，公允价值的估计值往往会落在一个预期的可能估计区间内（图 2 - 1 中输入值区域 B）。为更好地理解下文，我们暂且将上述公允价值计量属性定义为“狭义”的公允价值，即准则中定义的公允价值概念。但是，实际上在现行会计和财务报告准则中还有类似于公允价值的某些“现时价值”概念的计量属性，如关于存货的可变现净值（net realizable value）、国际财务报告准则体系中关于“减值测试”的在用价值（value-in-use）等，我们暂且定义为“广义”的公允价值。对于在财务报告中这些“广义”公允价值的计量，上述关于价格和价值关系的思路也可借鉴。

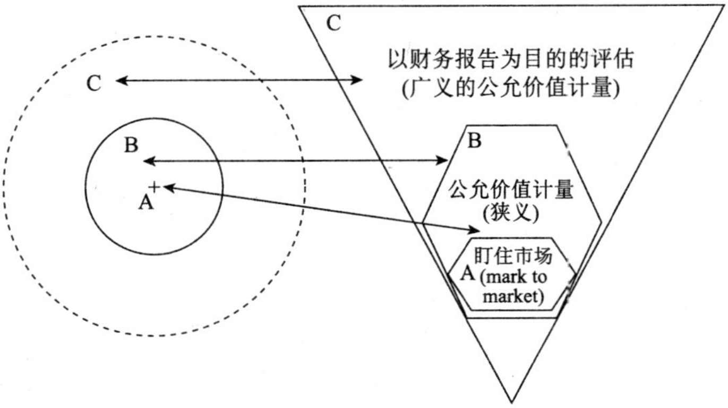

图 2 - 1　公允价值与现时价值的关系

5. 计量单元

在理解公允价值概念时，不应忽视公允价值计量的计量单元的问题①。根据准则的说明，公允价值计量应当与一项特殊的资产或负债相关，因此在计量时必须考虑该资产或负债于计量日在出售或使用时诸如条件、地点和限制等相关特征。在某些情况下，公允价值计量涉及的计量对象可能是单项资产或负债（如一份远期外汇交易合同），也可能是一组相关的资产/负债组合（如一个报告单元或一项业务）。公允价值计量对象由会计计量单元决定。

计量单元取决于会计准则中关于该资产或负债在计量时所适用准则对该

① 财政部 2012 年 5 月发布的《公允价值计量》准则征求意见稿的起草说明中，也提出了我国会计准则中是否需要引入计量单元的问题。

等资产或负债组合（aggregation）和分解（disaggregation）程度的要求，因此，可能需要作出溢价和折价等估值调整。比如控制权溢价和缺乏控制权折价。采用这些调整手段时，需要注意以下方面：

（1）不允许对与所计量资产或负债的计量单元不一致的溢价或折价作出调整；

（2）只允许作出反映资产或负债特征的调整（比如控制权溢价）。不允许对主体所持资产或负债的规模特征作为溢价或折价调整。具体而言，禁止因为市场正常日交易量不足以吸收主体持有的数量，而针对该大宗交易折扣因素对资产或负债报价作出调整。

（3）无论何种情况，若资产或负债有在活跃市场上的报价（即第一层次输入值），应当在计量公允价值时采用该价格，无须调整。

图 2－2 阐明了上述要求。

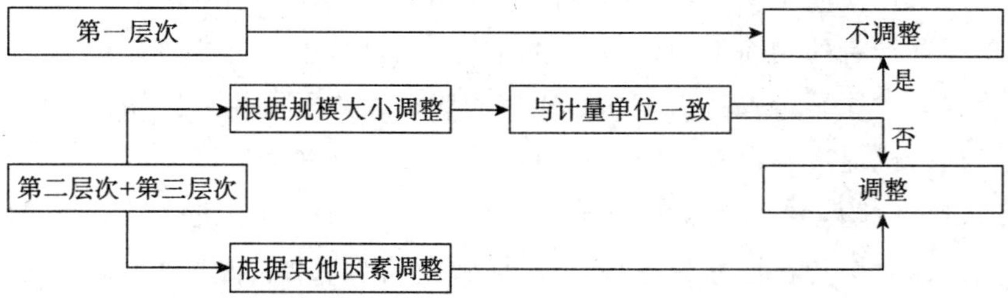

图 2－2　公允价值计量的级次要求

此外，需要强调的是，进行公允价值计量时所采用的计量单元并不是公允价值计量准则所规定的范畴，而是由相关的单项准则（如企业合并、金融工具等）所界定的。

三、非金融资产的公允价值计量

关于非金融资产的公允价值计量，准则明确了应符合最高最佳使用前提。

最高最佳使用是利用估值技术进行资产估值的重要前提，主要运用于非金融资产（例如不动产）价值的评估中，它规定了资产的使用状况、使用方式和使用条件。该前提不适用于金融工具、负债或权益的计量。最高最佳使用是指能使市场参与者使用的资产或其所在的资产组公允价值最大化的使用方法。

非金融资产的公允价值计量，应考虑市场参与者通过资产的最高最佳使用获取经济利益的能力，或者是出售给能够最高最佳使用该资产的其他市场参与者而获取经济利益的能力。

非金融资产的最高最佳使用，应当考虑资产运用在实物上可能、法律上允许以及财务上可行等因素，例如：

①实物上可能的使用——考虑市场参与者在定价时考虑的资产实物特征（比如房地产所在地或规模）；

②法律上允许的使用——考虑市场参与者在定价时考虑的资产使用在法律上的限制（比如区域规划法规）；

③财务上可行的使用——考虑资产的使用能否产生足够的收入或现金流量，以带来市场参与者要求的投资回报。这应当包括将资产转变到该用途的成本。

最高最佳使用是从市场参与者的角度确定的。即使主体对资产的使用意图与市场参与者的用途不同，最高最佳使用也要基于市场参与者对资产的使用来确定。主体是否打算以不同方式使用该资产并不重要。比如，主体可能会为了维持或促进其自有品牌的竞争地位，而对其并不打算使用的竞争品牌做出防御性收购。不管其意图如何，主体应在市场参与者进行最高最佳使用的假设下，对该竞争性品牌进行会计计量。再比如，如果一块土地当前被用作耕地，则其公允价值（假定最高最佳使用是继续将其用作耕地）应当反映继续将这块土地作为耕地使用所带来的利益，包括市场参与者可能获得的任何税款抵减。但是，如果确定市场参与者将考虑把土地的另一种使用作为最高最佳使用（如商业用地或住宅用地），其公允价值应当包括将土地进行重新规划以符合市场参与者的预期用途所相关的所有成本（如法律成本、生存力分析、交通研究等）。此外，为另一不同用途所做的土地准备工作涉及的拆除成本及其他成本，也应当纳入公允价值估计中。土地重新规划工作包括与所提议的重新规划是否获得批准相关的不确定性因素，因此，土地的公允价值应当反映这一不确定性。如果不具可行性或者不可能成功，则不应当考虑重新规划。

非金融资产最高最佳使用可以是单独使用的情况下，也可以是与其他资产和/或负债组合使用时。在后一种情况下：

公允价值以该资产在此类资产/负债组合中的使月为基础。假定该资产将在此类组合中使用且市场参与者可以获得其他资产和负债。

资产/负债组合不能包括用来为该资产/负债组合以外的资产提供资金支持的负债。

对此类资产/负债组合中的所有非金融资产的最高最佳使用的假设应当一致。

对此类资产/负债的组合不必与其他国际财务报告准则所规定的组合或分解程度一致，因为假定市场参与者已经拥有其他资产。

当最高最佳使用是指在资产/负债组合中使用时，与资产/负债组合相关的协同效应根据情况可以通过多种方式纳入单项资产的公允价值。

可能适合直接调整公允价值的情况。比如，资产是一台机器，其公允价值计量采用观察到的类似机器（未安装或配置使用）价格并根据运输和安装成本作出调整后确定，以使该机器的公允价值反映机器的现有条件和所在地。

可能适合调整市场参与者假设的情况。比如，资产为独特的在制品存货，市场参与者将把这些存货转化为成品，存货的公允价值将假定市场参与者已经获得或者将会获得把存货转化为成品所需要的任何专门设备。

在采用多期超额收益法计量一项无形资产的公允价值时，可能适合通过估值技术对其作出调整，因为该估值技术特别考虑任何配套资产和相关负债在使用此类无形资产的组合中的影响。

可能适合对各单项资产作出公允价值分配调整的情况。在更为有限的情况下，当主体使用一组资产中的某项资产时，主体可能会再将资产组合公允价值分配给组合内各单项资产，以近似于其公允价值的金额计量该资产。这可能出现在估值涉及房地产并且将已装修的房地产（资产组合）公允价值分配给其组成部分资产时的情况。

四、负债和权益特定考虑事项

（一）负债的转移

公允价值计量假定，金融负债、非金融负债或主体自身权益工具（例如在企业合并中作为对价发行的权益）在计量日转移给市场参与者。转移一项负债或主体自身权益工具基于以下假设：

（1）负债尚未偿付，要求接受债务的市场参与者履行偿债义务。在计量日，负债既未与对方结算，也未灭失。

（2）主体自身权益工具依然发行在外，接受权益工具的市场参与者将行使权利并承担与该工具相关的义务。在计量日，工具既未作废，也未灭失。

负债转移概念澄清了以往会计准则中公允价值的定义。以 IAS32 和 IAS41 为例，其中规定负债的公允价值应为“能够在知情自愿当事方之间结算负债的金额……”由于负债可以通过清偿或向另一方转移的方式“结算”，因此，不明确结算价值是指转让价值还是清偿价值。ASC820 和 IFRS13 均明确了公允价值是转让价值，而不是清偿价值。

从实务的角度看，清偿价值不一定等于转让价值。在某些情况下，由于负债最终金额的不确定性（比如，环境污染伤害债务和履约保函），可能需要支付高于预期支出的额外风险溢价。向第三方支付的风险溢价可能与直接交易对手愿意接受的结算（或清偿）价值不同。此外，承担负债的交易方可能会因管理负债产生一定的费用，或者可能要求一定的利润。在实务中，结算价值与转让价值之间可能存在重大差异，这些差异包括信用风险的影响，而信用风险的影响通常在负债结算中不予考虑。

（二）其他方作为资产持有的负债和权益工具

与资产相比，由于对负债和权益转让的合同和法律限制，负债和权益的可观察活跃市场不太可能存在。即使对于有报价的债务或权益证券，市场也是作为证券持有人而非发行人的退出渠道。

因此，报价反映的是投资者而非发行人的退出价格。因此，准则将这些情况与负债或权益工具存在直接退出市场的情况区分开来。在不具备可供发行人使用的转让报价且负债或权益工具由另一投资者作为资产持有时，主体管理层应当从投资者角度计量公允价值。

五、金融工具特定考虑事项

（一）基于出价和要价的输入值进行计量

出价和要价在证券、金融工具和大宗商品市场上是很普遍的。在这些市场上，交易商随时准备以出价购买，以要价出售。如果公允价值级次内的一个输入值以出价和要价为基础，则应采用在具体情况下买卖价差范围内最能代表公允价值的价格计量公允价值。此外，准则并不排除采用市场参与者作为实务操作上的简便方法而使用中间价或其他定价惯例作为公允价值。一旦主体的管理层确定采用何种惯例，就应当一致贯彻其会计政策。

（二）市场风险或交易对手信用风险的净头寸

在对金融工具进行公允价值计量时，准则引入了如下的“组合例外规则”。如果主体基于其市场风险或交易对手风险的净敞口管理一组金融资产和金融负债，则可选择以净头寸为基础计量该组资产和负债的公允价值（也就是说，以净头寸为公允价值计量的计量单元，而不是以各单项金融资产和负债）。

即如果主体拥有的金融资产和负债组合在应用公允价值计量准则对金融工具进行计量时，符合“组合例外规则”，其计量单元即为资产和负债组合，即净风险头寸。这就是用于确定市场参与者将支付多少金额的计量单元。

六、公允价值的估值技术

公允价值是根据主要市场（或最有利市场）上市场参与者之间出售资产或转移负债的有序交易的价格来确定的。从持有资产或者承担负债的市场参与者角度来考虑，在计量日出售资产或转移负债的交易是一项假定的交易。因此，公允价值计量的目的就是确定在计量日出售资产能收到的或转移负债将支付的价格（退出价格）。因为退出价格目标适用于所有以公允价值计量的资产和负债，任何公允价值计量都要求报告主体确定：

（1）特定的资产或负债，即计量的对象（与其计量单元一致）；

（2）对于一项资产，与计量相符合的估值前提（与其最高最佳使用一致）；

（3）资产或负债（资产要与其最高最佳使用一致）的主要市场（或最有利市场）；

（4）与计量相符合的估值方法，该方法要考虑用于显示数据资料的有效性，该数据表现出市场参与者在定价资产和负债时所使用的前提，还要考虑该数据属于公允价值级次的哪个层次。

根据美国公认会计原则和国际财务报告准则中关于公允价值计量的讨论，估值技术主要包括市场法、收益法和成本法。

（一）市场法

IFRS13 将市场法定义为“一种采用从涉及相同或可比（即类似）资产、负债或资产负债组合（比如业务）的市场交易中得出的价格及其他相关信息的估值技术”。例如，与市场法相一致的估值技术通常使用的市场倍数源自一系列可比资产或负债。与市场法相一致的估值技术包括矩阵定价。矩阵定价是一种主要用于给某些类型的金融工具（比如债务证券）估值的数学技术，它并不单纯依赖特定证券的报价，而是依赖证券与其他基准报价证券的关系。

（二）收益法

IFRS13 将收益法定义为“将多项未来金额（比如：现金流量或收入和支出）换算成一项当前金额（即折现）的估值技术”。即收益法公允价值计量基于对这些未来金额的当前市场预期所表明的价值确定。这些估值技术包括现值技术（使用费节省法、现金流折现法、增量现金流折现法）、期权定价模型［例如包括现值技术的布莱克－斯科尔斯模型、二项式模型（网格模型）］、多期超额收益法（Multiperiod Excess Earnings Method，MPEEM）。

其中，多期超额收益法是一种主要应用于无形资产现金流量的折现分析方法。在应用这一分析方法时，收入与支出的现金流是与某一项无形资产相关联的。在某些情形下，从企业运营一开始，由所评估无形资产决定的收益与费用即是整体企业的收入与支出（如所评估无形资产是企业当前的客户关系时，无论是在哪一个渠道，当前的客户都是与企业产生的单位收入相关联的）。然而，企业全部的收入与现金流，尤其在企业的整个经营期间，不是仅来自于该项无形资产的贡献。企业的所有资产都对企业的收入与现金流的产生作出了贡献。在多期超额收益法中，属于某一无形资产的收入与现金流需要通过识别、扣减整个现金流中由其他资产所贡献的部分，才能被分离出来。换句话说，无形资产需要使用其他的资产，才能产生与其相关联的现金流。通过在预计的未来现金流中，对无形资产所需要的全部其他资产的“回报”以及在某些情形下的“补偿”的扣减，与所评估无形资产关联的净现金流才能被分离出来，然后才能以一个适当的报酬率进行折现，得出无形资产的公允价值。

该方法在《美国注册公共会计师协会应用指南（AICPA）——研发活动中使用的企业合并资产：对软件、电子设备、医药行业的特别关注》中有详细描述。图 2－3 说明了多期超额收益法的具体应用步骤。

（三）成本法

IFRS13 将成本法定义为“一项反映当前重置资产服务能力所需要的金额（通常称为‘现行重置成本’）的估值技术”。这种方法假定公允价值为收购或建造具有可比效用的替代资产所需的成本，并根据损耗程度［包括物理损耗、功能（技术）损耗以及经济（外部）损耗］作出调整，即成本法基于当前替代资产服务能力所需要的金额（经常被称为现行重置成本）。从一个市场参与者（卖方）的角度来说，资产的可接受价格基于另一市场

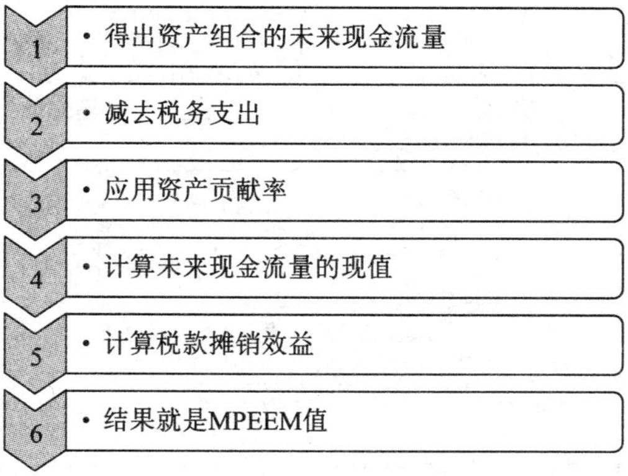

图 2－3　多期超额收益法的具体应用步骤

参与者（买方）获得或构建可比效用替代资产的成本，并调整资产陈旧贬值而决定。贬值包括实体性损耗，功能性（技术）贬值以及经济性（外部）贬值，这种贬值要比财务报告目的（历史成本的分配）或纳税目的（基于特定的服务使用期限）的折旧范围更广。

准则认为为了准确获取资产或负债的公允价值，有时选用单一的估值技术已足够恰当（如使用活跃市场上相同资产或负债的报价对该资产或负债进行估值）；有时则需多种估值方法一起使用（如对一个报告单位进行估值时）。若使用多种估值方法进行公允价值估算时，应当对各估值办法所计量的公允价值结果进行评估，适当的情况下还应根据这些结果所指范围的合理性对其赋予不同的权重，并予以进行加权计算，得出最终结果（例如，如果主体认为利用市场法得到的价格比利用收益法得到的价格更能够代表所计项目的公允价值，则可将市场法赋予较高的权重）。就某一具体情况而言，最终估算的公允价值应当是这一特定情况下公允价值范围内最能代表资产或负债公允价值的一个数值。

准则还强调公允价值的估值技术前后的应用应保持一致。但是，若因出现了新市场、新信息致使之前信息不再适用等情况，使得主体对估值技术及其应用的变更在计量上能够取得同等效果或更能够代表资产或负债的公允价值，那么这种变更就是适当的，并作为会计估计变更进行处理。

七、归纳与小结

ASC820 和 IFRS13 已为公允价值计量提供了一个总体框架，见图 2－4。根据该框架，主体应当采用结构性的方法来计量公允价值。

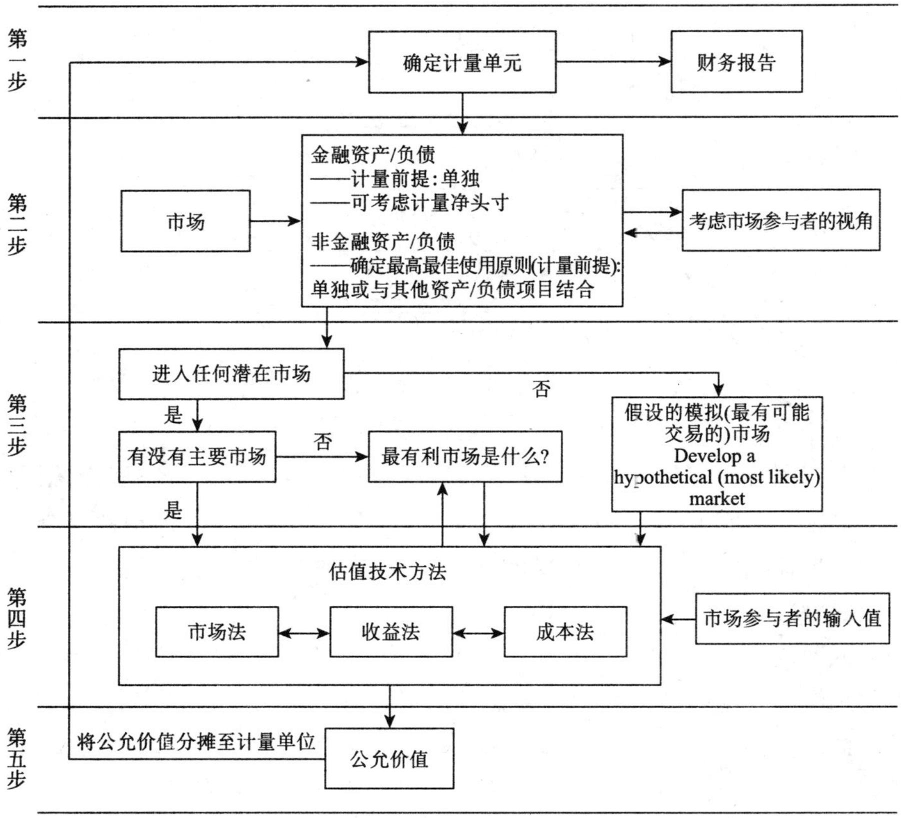

图 2－4　公允价值计量总体框架

资料来源：Guide to Accounting for Fair Value Measurments Incorporating ASU 2011－04 普华永道，2012。

第三章　公允价值计量框架下的估值技术及输入值选择

第一节　公允价值计量模式下专业评估的衔接与协调

一、专业评估能够为公允价值计量提供强力支持

公允价值计价的基础是市场机制以及完备的会计理论体系。如市场不活跃、不健全，缺乏公平价格的形成机制，对公允价值的判断就难以进行。在发达的市场经济条件下，公允价值比较容易确认，但是在市场不充分的情况下，如何确认公允价值则是一个难题。现实生活中在很多情况下企业会计人员必须要在公允价值的确定方面有基本的定位，明确哪些公允价值的计量可以自己做，而哪些应由外部专业评估人员承担等。许多资产或负债并无活跃的市场，会计人员往往很难观察到由市场机制决定、双方均可接受的金额，从而不能直接用来计量。例如交易双方签订一项合同，一方有权收取金融资产，另一方有义务在未来支付金融负债，其偿付的金额、时间安排均不确定。而且要可靠计量诸如房地产、无形资产等项目公允价值，需要具有一定的专业技术，另外独立性及时间等也限制会计人员自己承担公允价值计量的责任。因此，在公允价值的确定中，必须进行会计和评估的合理分工，评估解决如何可靠地评估公允价值。借助外部第三方专业机构的力量可以提高公允价值计量的可靠性和可信性，大大提高时间效率。由上，评估师的介入以

及介入的领域，是各种要素综合作用的结果，因而是一种客观的要求。

（一）专业评估的专业属性能够为会计计量的客观真实奠定基础

资产评估是一种专业人员的活动，评估机构及其评估人员对资产价值的估计判断都是建立在专业技术知识和经验的基础之上。因而这种估计是一种专业判断，它是按照一定准则和程序所揭示的现实价值最可能的值或值域区间。虽然市场上同一物品在同一时点、不同地点，对于不同的买家或卖家，其现实价值可能是不同的。只要在一定范围内，就属于正常的现象，这也是市场均衡的客观形式。而且这种差别一般并不会影响到相关经济行为的当事人依据评估结果对经济行为作出取舍安排。如果因会计上反映过去事项的唯一性而否定评估现实价值的客观性，认为评估是主观随意，具有不可验证性，则是犯了方法论的错误。因为会计的“真实”并非“绝对真实”，而只能是相对真实，绝对真实只是一种理想状态。即使严格按准则行事，对相同的会计原始资料进行处理，不同的会计人员也会得出不同的结果。资产评估作为一种专业中介性服务活动，它对客户和社会提供的服务是一种专家意见及专业咨询。由于注册资产评估师对宏观经济状况、行业及标的资产均有比较透彻的了解，因此在评估过程中能够比较客观地分析企业的财务状况、经营状况等，聘请提供资产评估的专业机构从事相关的服务，对企业来说可以节约一定的沟通成本，并能客观地反映企业的真实资产状况，保证会计信息的可靠性。

（二）专业评估的独立属性提高了评估意见的公正性

独立性是资产评估的基本特征，也是资产评估的灵魂。注册资产评估师的独立性应包含两方面——实质上的独立和形式上的独立。实质上的独立是指注册资产评估师在发表意见时其专业判断不受影响，公正执业，保持客观和专业怀疑；形式上的独立，是指评估机构或鉴证小组与利益相关方不发生各种形式上的利益关联，避免公正性、客观性或专业怀疑受到拥有充分相当信息的理性第三方推断其质疑。独立性原则的要旨是使注册资产评估师免于利益冲突，从而奠定正直与客观的执业基础。利益冲突的发生，一般认为有两种情况：一是某人的自我利益与其作为特定角色应尽的义务冲突；二是某人身兼双重角色时相对应的两种义务发生冲突（Beauchamp and Bowie，1988）。资产评估是按照公允、法定的准则和规程进行，评估人员是专职执业且与资产评估业务没有利害关系的第三者。因此，资产评估活动服务于资产评估业务的需要，而不服务于资产评估业务当事人的任何一方的需要。在市场经济条件下，由独立的专业评估机构依据相关评估法规、准则、规范和行业惯例，提供现时价值尺度，对于政府、产权交易各方、债权人和社会公众是一种具有较强公信力的专业咨询。这种独立的专业咨询有利于客观、公正披露相关经济行为所涉及的资产价值的相关信息，是经济行为各方据以决策的重要依据。这种独立性的专业评估，是建立市场经济秩序、维护债权人和公众利益的重要手段。

IFRS/IAS 也已承认重估可以替代历史成本，并指出“在给定的价格变动影响下账目净值通常称为重估净值，重估净值是通过历史成本指标或者对资产评估值或者某个时期资产的重估值建立起来的，当资产的价值是以资产的评估或某一时期资产的重估值为基础时，国际资产评估标准可以作为评估的基础”。这一理念已在相关的具体会计准则中有所体现。例如 IAS40 第 33 条指出：初始确认后，选择公允价值模式的主体应按照公允价值计量其全部投资性房地产（但不包括第 53 段所描述的情形）。一旦评估的结果被认可为公允价值，评估的基础、评估的次数和是否有外聘的评估人员参与都应在会计报表和会计公布的信息中予以披露。如果由于厂房和设备的特殊性，缺乏市场证据支持，可以运用收益和重置成本估计公允价值。除此之外，投资性房地产、租赁、资产减值、存货、企业合并、持有待售的非流动资产和终止经营等会计准则中也都要求或允许对有形资产进行评估。安然事件等会计丑闻的发生也促进了美国会计准则体系积极借助于外部评估机构来确定资产的公允价值，以提高财务报告信息的可靠性和公正性。

以前国际评估准则也是更多地着眼于不动产领域。随着评估行业在经济中作用的发挥，以及会计行业对评估结论依赖程度的加大，公允价值计量评估业务正快速增长。在国际资产评估准则委员会（The International Assets Valuation Standards Committee，TIAVSC）[①] 公布的《以财务报告及会计事项为目的的资产评估》中再次说明了资产评估本身可以为会计提供技术服务和专业支持。根据国际评估准则理事会的规划，为保证国际评估准则能从评估角度满足会计领域中公允价值计量的新问题和新挑战，国际评估准则理事会会适时对国际评估准则进行检讨与修订。因此，公允价值计量目的的评估业务的不断发展，已经改变了传统上评估业主要为税收、交易、抵押贷款和

---

① 国际资产评估准则委员会（TIAVSC）于 1981 年创立，并于 1994 年更名为国际评估准则委员会（IVSC），2008 年国际评估准则委员会（IVSC）更名为国际评估准则理事会（IVSC）。

法律诉讼等服务的局面。

二、国际评估准则对公允价值计量的应对与协调

20 世纪 90 年代后期，围绕公允价值计量的相关问题，当时的国际评估准则委员会（International Valuation Standards Committee ，IVSC）及国际评估实务界积极与包括国际会计准则委员会/国际会计准则理事会在内的会计界进行协调，就评估界在参与确定公允价值、提高财务报告质量方面如何发挥作用进行沟通。这些沟通增进了会计界对评估界的了解，对在会计准则中确立评估行业的作用起到了积极的促进作用；这些沟通也促进了国际评估准则的综合化发展和质量的提高，推进了世界范围内统一评估准则的发展进程。从国际评估准则的演进历程来看，国际评估准则受国际财务报告准则的影响较大，国际评估准则委员会在制定国际评估准则中，对国际财务报告准则的变动，特别是公允价值的引入作出了及时的反映，相关内容也随之作了实质性调整。

2005 年 2 月，国际评估准则委员会出版了第七版国际评估准则。与上一版本相比，第七版国际评估准则的一项重要变动就是适应 2004 年国际财务报告准则的修订，对相关国际评估准则，主要是国际评估应用指南 1《以财务报告为目的的评估》和评估指南 8《以财务报告为目的的评估业务中的成本法》作出了修订。2007 年 7 月，国际评估准则委员会出版了第八版国际评估准则，前述相关部分与第七版内容基本相近；同时，发布了《以财务报告为目的的无形资产评估指南》讨论文件。2008 年下半年国际评估准则委员会基本完成了改组工作，更名为国际评估准则理事会（International Valuation Standards Council，IVSC）。国际评估准则理事会下属的国际评估准则委员会（International Valuation Standards Board，IVSB）在《以财务报告为目的的无形资产评估指南》讨论文件的基础下，对国际评估准则中的《无形资产评估指南》进行修订，并于 2010 年 3 月发布修订稿。此外，由于目前在以财务报告目的的评估中越来越多地涉及对无形资产的评估事宜，国际评估准则理事会在 2009 年初发布了第 16 号评估指南：《以财务报告为目的的无形资产评估指南（征求意见稿）》。对于投资性房地产在建项目评估的问题，国际评估准则理事会也非常重视，于 2009 年初发布了第 17 号评估指南：《投资性房地产中在建项目评估问题的评估指南》的征求意见稿，其正式稿于 2010 年 2 月正式发布。

特别需要指出的是，二十国集团（G20）在2009年4月的伦敦峰会后发布的《关于加强金融体系稳定性的声明》中，倡导“国际评估准则应用的透明性和一致性”这一原则，国际评估准则理事会为进一步完善国际评估准则做了大量工作，并于2010年6月发布了新版《国际评估准则》的征求意见稿，2011年7月《国际评估准则2011》正式出版。新版《国际评估准则》主要由以下部分构成：

- IVS定义以及IVS框架；
- 100系列——通用准则；
- 200系列——资产类准则；
- 300系列——应用类准则。

新版准则体现了国际财务报告准则领域的最新进展，强化了对与会计准则相关的资产和负债的公允价值计量需求（如金融工具）的回应。[①] 其中，100系列——通用准则，这个系列包含普遍适用于大多数评估目的下对各种类型的资产或负债进行评估所需遵循的评估准则。当通用准则的应用有所改变时，将在适用于特定的资产类型的准则（200系列）或适用于特定评估的应用指南（300系列）中加以说明。200系列——资产类准则，这个系列包含适用于不同资产类别的评估准则。这些准则提供了其涵盖的各类资产的基本描述和对价值产生特定影响的特征，并且对通用准则中设定的原则该如何应用于相关资产类别这一问题给出了一定的指导意见。这一系列准则与通用准则和应用类准则的区别主要在于：它们所提供的解释性注释是针对准则该如何被应用而非具体操作指引。资产类准则辨识并简单解释了普遍接受的评估法则和评估不同类型资产所用的方法的性质，但并没有就如何评估给出详尽的方法论或者具体指引。300系列——应用类准则，这个系列包含为特定目的而进行评估时所适用的准则，该系列目前只包括了以财务报告为目的的评估和以担保贷款为目的的不动产权益评估两个准则。其中，IVS300《以财务报告为目的的评估》，主要分为准则部分和应用指南部分：准则部分细化了以财务报告为目的的评估，根据IVS100系列所要满足的要求，主要涵盖了工作范围、实施和报告等内容；而在应用指南部分，着重提醒评估人员

---

① 为了便于会计和评估领域更好地沟通，国际会计准则理事会和国际评估准则理事会也尝试着更进一步密切的合作。2012年1月，原国际评估准则理事会主席 Micahel Prada 先生正式担任了国际会计准则理事会管委会主席；而2012年10月，原国际会计准则理事会主席 David Tweedie 爵士担任了国际评估准则理事会管委会的新任主席。

关注会计准则中公允价值的定义、资产组合、输入值及其级次以及公允价值在负债计量等方面的重点和难点问题，同时对公允价值计量在折旧、租赁、企业合并和减值测试等方面的具体运用也进行了阐释。应用类准则应当与通用准则相结合，这些应用类准则旨在阐明特定目的下对运用通用准则的特殊考虑。它们也涵盖了在制定工作范围和报告时应考虑的额外要求。另外，国际评估准则理事会还于2012年6月发布了《审计过程中评估师的作用》指南的征求意见稿，为财务报告目的评估中作为管理层聘请的评估专家和审计机构内部评估专家的职责和工作范围分工提出了指导。

此外，为响应金融管理当局的要求，在评估实务中更好地识别评估的不确定性并对之进行更充分的交流，国际评估准则理事会于2010年9月发布了《评估不确定性》的讨论文件，对评估不确定性的本质、成因、计量以及披露进行讨论。对于国际会计准则理事会于2010年6月颁布的《公允价值计量中计量不确定性分析的披露（征求意见稿）》，国际评估准则理事会在评估界经多方征集，形成了反馈意见提交给国际会计准则理事会。在2012年10月召开的国际评估准则理事会会议上，理事会原则上批准将评估复核相关的要求纳入国际评估准则100系列通用准则中，相关修订完成后，将对评估复核业务的规范开展提供更多指引。

第二节　估值技术应用前提条件：兼顾相关性和可靠性

公允价值本质上是一种基于市场信息的会计评价，是市场而不是其他主体对资产或负债价值的认定。从会计准则制定机构角度，以反映当前经济条件与对未来及时预期的方式来计量资产与负债，能为商业决策提供更为有用的信息是财务报告的主要目标。对会计信息相关性与可靠性的判断，直接影响到会计计量属性的选择和财务报告模式的演变。因此，探讨公允价值的应用前提，离不开对公允价值计量的相关性和可靠性问题的讨论。

一、公允价值计量信息的相关性

相较其他的计量属性，基于公允价值的财务报告信息与利益关系人面向未来的商业决策更为相关。相关性的提高则通过反映的及时性、信息的预测价值与可比性以及其他相关特征来体现。

第一，相对于历史成本基础的计量，公允价值信息更好地体现了及时性。公允价值反映市场在当前经济条件下对被计量项目影响的现时评估，公允价值的变动则体现经济条件发生变动的影响。

第二，关于预测价值。公允价值往往体现被计量资产或业务以及负债预期的现金流量按照当前的市场风险报酬率折现得到的一种现行价值。该价值蕴含了市场对该工具在未来期间公允价值增减变动的预期。个别投资者在公允价值信息以及相关合同条款的基础上，可自行调整得到与其特定决策及自身偏好相关的信息。

第三，关于信息的可比性。公允价值是以市场为基础的现时计量，不会受被计量项目的"历史拖累"（譬如取得资产或承担负债当时的特定情况影响），也不受持有资产或承担负债的特定企业的影响（从市场而非企业出发的估计与预期）。因此，在公允价值计量下，从特定时点（计量日）出发，同一企业在不同时期以及不同企业在相同时期的信息将更为可比。

第四，关于财务报告目标的受托责任观。公允价值计量模式下，以公允价值计量的资产或业务以及负债在计量期间的价值变动计入当期损益或者权益，一定程度上，企业管理层的胜任能力能直接通过当期财务报表体现出来。财务报表使用者可据此对管理层的经营业绩作出适时评价。

因此，从相关性角度看，公允价值计量对于实现这一目标有特定信息优势。公允价值作为一种计量属性，在会计信息于决策相关性、可比性、企业管理当局受托责任评估等方面的效果明显。

二、公允价值计量信息的可靠性

在公允价值计量过程中，涉及诸多主观判断、估计与假设，譬如关于市场交易情况的预期，关于输入值对特定企业条件适用性的预期。这就决定许多公允价值信息只能是近似而非精确的计量。因而，相比会计信息的相关性这一质量特征，公允价值计量的可靠性受到较多质疑。

虽然，理论界与实务界对于活跃市场中的公开标价作为确定公允价值的最佳证据并无异议，但是，反对公允价值计量的人士认为，当不能获得可观察的市场价格时，运用估值技术得到的公允价值估计是不可靠的；当估值技术构建于不可观察的输入值基础之上时，可靠性更令人质疑。此外，他们认为，即使公允价值计量的可靠性在技术上可以被信赖，也会因为管理层操控、可获得信息的及时性以及公允价值计量的高成本而使得在实践上存在诸多困难。

针对上述批评，美国财务会计准则委员会和国际会计准则理事会等准则制定机构反复强调，在公开市场报价不可获得的情况下，以现值为核心的估值技术已广泛运用于市场定价过程，并且，当估值技术充分结合市场参与者在定价时可能会考虑的主要因素后，将能合理保证可靠性。支持公允价值计量的理论依据更多地倚重于对会计估计的理解与使用。国际会计准则理事会在《财务报表的编报框架》中讨论确认的第二个标准时指出：在许多场合，成本或价值必须进行估计；使用合理的估计是编制财务报表的重要组成部分，并且不削弱其可靠性。在成本基础的计量下（如摊余成本或可收回成本），同样会遇到类似的估计问题。评价公允价值信息是否可靠，应与其他会计领域中被广泛接受的估计范围相对照，如在历史成本（如摊余成本或可收回成本）计量模式下估计可靠性问题，才显得公允。

纵观美国公认会计原则、国际财务报告准则和中国企业会计准则，出于对公允价值计量属性在会计信息相关性方面的优势，这些准则都认可公允价值计量在会计和财务报告中的应用。但由于以上准则适用于不同的经济发展阶段，准则制定机构对公允价值计量可靠性的估计也不尽相同，因此各准则在公允价值具体运用前提条件的规定上，还存在明显的差异。以下通过对国际财务报告准则和中国企业会计准则比较为例，解读两者在公允价值运用前提条件上的差异。

2009年底，在国际会计准则理事会发布关于公允价值计量的讨论稿之前，公允价值计量的规范早已散见于各项准则中，涉及的准则主要有IAS16《固定资产》；IAS36《减值测试》；IAS38《无形资产》；IAS39《金融工具：确认与计量》；IAS40《投资性房地产》；IAS41《农业》；IFRS2《股份支付》；IFRS3《企业合并》；IFRS5《持有待售的非流动资产和终止经营》等。在上述涉及公允价值计量属性的准则中，国际会计准则理事会对公允价值计量的应用前提条件，实际上采用了“将适用公允价值作为一般情况，将排除公允价值作为特殊处理”的导向，即鼓励运用公允价值计量，也就是说如果准则允许采用公允价值计量，那么主体应当优先使用公允价值计量。只有在特别情况下，当公允价值准则适用的经济环境使得其计量可靠性存在疑问时，才排除公允价值的使用。以IAS40为例，准则允许主体在成本模式与公允价值模式之间作出选择。IAS40采用公允价值模式以企业能够持续获得公允价值为条件，并鼓励企业优先采用此计量模式。这一优先选择性在

2003 年修订的 IAS40 结论基础（Basis of Conclusion，BC）第 12 段中可见一斑。第 12 段指出，国际会计准则理事会保留了对投资性房地产采用公允价值模式或成本模式核算的选择，一方面是给编制者和使用者时间以获得使用公允价值模式的经验，另一方面也是给房地产市场和评估行业不发达的国家留出时间以发展成熟。基于同样理由，在 IAS41 中，准则也同样提供了成本模式，为无法适用公允价值模式时，作为可接受的替代计量属性。

同样的，在 IAS39 中，对于金融负债和金融权益的计量问题，IAS39 的第 46（c）和 47 段规定，原则上要采用公允价值对金融负债和金融权益进行后续计量，对于金融权益或者价值与某金融权益相关联的金融负债，在计量时，除非在市场不活跃的情况下，采用估值技术无法可靠计量相关金融权益的公允价值时，计量才能采用历史成本基础。在 IAS39 的应用指南（Application Guidance，AG）第 81 段，进一步澄清：只有当估值获得的合理公允价值估计值区间过大且这些估计值的分布概率无法可靠估计时，才被视为无法可靠计量。2010 年 11 月，国际会计准则理事会发布了旨在替代 IAS39 的 IFRS9，删除了关于在市场报价不活跃前提下，上述金融资产公允价值无法可靠计量时按成本计量的豁免规定。但是，IFRS9 在 B5.5 段中却澄清了“在有限的情形下，成本可能是公允价值的最好估计值。这些情形可能是由于近期决定该金融资产公允价值的信息不充分或者是存在的公允价值估计值区间过大，而成本体现了公允价值在此区间内的最佳估计”。

通过以上例子，大致可以看出，在国际财务报告准则体系下，对公允价值计量的运用是采取鼓励的姿态，并未以计量可靠性作为公允价值计量应用的明确前置条件。进一步的，国际会计准则理事会对于采用估值技术引起的公允价值计量评估不确定性问题，主张以披露评估不确定性来缓和对公允价值可靠性的质疑，并于 2010 年 7 月，发布了主要涉及公允价值计量敏感性分析的征求意见稿。

反观中国企业会计准则（China Accounting Standards ，CAS），虽然在投资性房地产、生物资产、金融工具、企业合并、减值测试、股份支付、租赁、债务重组和非货币性资产交换等准则中都引入了公允价值计量概念，但与国际会计准则理事会鼓励公允价值运用的政策不同，中国企业会计准则对公允价值计量保持比较谨慎的态度。比如，在 CAS3《投资性房地产》和 CAS5《生物资产》中，中国企业会计准则将运用成本模式计量作为一般规定，只有在活跃市场和企业可以获得市场报价的运用前提下，才适用公允价值计量作为特殊规定。再比如，在 CAS20《企业合并》中，对于收购方在合并中取得的无形资产，只有当这些无形资产的公允价值能够可靠地计量时，才单独确认为无形资产并按照公允价值计量。通过上述例子，实际上中国企业会计准则采取了将计量可靠性作为公允价值计量运用前置条件的态度，在一定程度上限制公允价值在实务中的运用。

由美国等主要工业化国家会计准则制定者和国际会计准则理事会的代表所组成的金融工具联合工作组曾指出，公允价值计量难度不会比财务报告其他领域的现有准则中已被解决的许多问题的难度大。公允价值计量经历了极其深入细致的规范研究，并得到了实证研究的检验，证明了合理计量的技术规范是可行的。公允价值计量和利润操纵之间并无必然的联系。有人认为，由于会计准则有经济后果，上市公司利用公允价值操纵利润会损害投资者的利益，为了保护投资者利益，就要回避公允价值。但公司管理层蓄意造假、会计与审计人员失去职业道德及市场监管失灵，是共同决定公允价值成为操纵利润的工具的必要条件。如果这三个条件同时具备，任何制度也不能有效发挥防护作用，再好的准则也无能为力。因此，利润操纵的产生根源不在于公允价值本身，而在于政策的执行运用。公允价值是利润操纵的手段而不是根源，只有消除根源才能杜绝利润操纵，这是公允价值能合理运用的必要前提。公允价值作为一项技术，既可以用来提高会计信息的质量，也可以用来扭曲会计信息，而这取决于公司管理层的道德素质和社会诚信水平。公允价值的波动性无损其可靠性，因为价格是市场参与者根据所获得的信息所作的理性预期，由于市场参与者会不断获得新的信息，预期就会随之不断变化。此外，披露这种波动性也是很有必要的，公允价值就能将企业的这些潜在风险及时揭示出来，便于公司利害关系人作出恰当的决策。否则，一旦风险爆发，将会给投资者和债权人造成严重的损失。

第三节　公允价值级次与估值技术的选择

一、公允价值级次及输入值选取

SFAS157 根据估值技术所采用输入值的优先次序对公允价值计量划分了不同层次，这一层次的划分不仅改善了公允价值计量在实务操作上的可靠性，同时也提高了公允价值计量与相关披露的一致性及可比性。

根据估值技术中为计量公允价值所采用的输入值的优先次序，SFAS157对公允价值计量划分为三个层次，并认为在活跃市场中未经调整的、相同资产或负债的报价应当最优先使用（第一层次），而不可观察输入值则应最后使用（第三层次）。在某些情况下，计量公允价值的输入值也许会落于不同的公允价值级次之内。但整个公允价值计量属于公允价值哪个级次，取决于对公允价值计量整体而言具有重要意义的最低级次的输入值。评价公允价值计量整体中某个特定输入值的重要性时，需要考虑与资产和负债相关的特定因素。

与资产或负债相关的输入值的有效性和相对可靠性可能会影响对适当估值技术的选择。然而，估值技术所使用的输入值，而非估值技术本身，才是确定公允价值级次的决定因素。例如，使用同一估值技术（如现值技术）进行的公允价值计量可能属于第二层次，也可能属于第三层次，这取决于对计量整体具有重要意义的输入值及这些输入值所属的公允价值级次。

1. 第一层次输入值——活跃市场中的报价

第一层次输入值是主体有能力在计量日获得的、活跃市场上同一资产或负债的报价（未调整）。所谓资产或负债的活跃市场指该资产或负债的交易大量、频繁地发生，以能够提供持续的定价信息的市场。活跃市场上的报价提供了公允价值最可靠的根据。

2. 第二层次输入值——可观察输入值

第二层次输入值是除了第一层次输入值包含的资产或负债的直接或间接可观察报价以外的输入值。如果资产或负债具有一个特定（合同）期限，那么第二层次输入值大体在资产或负债的整个期限内都可观察。第二层次输入值包括：

（1）活跃市场中相似资产或负债的报价。

（2）非活跃市场中相同或相似资产或负债的报价。所谓非活跃市场指在该市场中，资产或负债的交易极少，或价格已过时，或报价在不同时间或不同做市商之间变动巨大（例如，一些经纪商市场），或几乎不公开发布信息（例如，大户对大户交易市场）。

（3）除资产或负债的可观察报价以外的输入值（例如在普通报价间隔时可观察的利率和收益率曲线、不稳定性、预付速度、损失严重性、信用风险及违约率）。

（4）通过相互关系或其他手段（市场验证输入值），主要从可观察市场输入值中衍生或由可观察市场输入值证实的输入值。

3. 第三层次输入值——不可观察输入值

第三层次输入值是资产或负债的不可观察输入值。只有当可观察输入值无法获得的情况下才可以使用不可观察输入值来计量公允价值，也即允许在计量日当天资产或负债的市场活动极少的情况下（如果有的话）可以使用不可观察输入值。但是，公允价值计量目标仍是一样的，即持有资产或负有负债的市场参与者角度上的退出价格。因此，不可观察输入值应当反映主体自身的假定，该假定是主体对市场参与者对资产或负债定价时使用的假定（包括风险假定）所作出的。不可观察输入值应当基于当前环境下可获得的最佳信息来制定，这些最佳信息可能包括主体的自身数据。但是，在确定不可观察输入值时，主体无须付出所有可能的努力来获取关于市场参与者假定的相关信息。但同时，主体也绝不能忽视在成本效益原则下可合理获得的所有关于市场参与者假定的相关信息。因此，如果主体在不违背成本效益原则下获得的关于市场参与者假定的合理信息表明市场参与者所采用的假定与主体所使用的市场参与者假定有所不同，则应对用以确定不可观察输入值的主体自身数据作出相应调整。

二、公允价值级次与估值技术的选择

从估值技术，也即评估实务上所谓的评估途径或评估方法的角度来看，一般而言对公允价值的计量方法有三种，即市场法、收益法和成本法（或资产基础法）。在计量公允价值时，应根据计量输入值可获取性的实际情况选择合适的计量级次和恰当的计量方法。

1. 市场法与公允价值计量级次

市场法是指通过将计量对象与可比市场信息进行比较来估算公允价值的计量方法。市场法适用于市场价格可直接观察到的情况，其对应的公允价值为第一层次或第二层次。

当市场价格在活跃市场上可直接观察到，市场价格的承载对象与计量对象完全相同并且交易量大、交易频繁时，即满足公允价值第一层次的要求。比如财务主体以上市可流通股份形式持有的、在成交活跃的证券交易所上市的公司的少数股权。在这种情况下，该上市公司于计量日的收盘价即可认为是计量对象的公允价值。

当市场报价的承载对象与计量对象并不完全相同，但可以通过对观察到的市场报价进行适当调整而获得公允价值，或者市场报价的承载对象与计量对象相同，但市场报价并非基于活跃市场时，市场法的运用可被视为属于满足公允价值第二层次的要求。比如财务主体持有的是带有流通限制的上市公司股份，那么在估计其公允价值时，可在计量日该上市公司股份的市场价格的基础上考虑相应的流动折扣。再比如，对于财务主体持有上市公司的可流通股份，但股份并非在主流证券交易所而只在场外交易市场（Over the counter，OTC market）流通，而且能进行交易的做市商报价不频繁，成交量较少的情况，也可采用通过对做市商报价进行调整的方法估算市场价值。

2. 收益法与公允价值计量级次

收益法基于计量对象未来的预期收益或现金流量来测算公允价值，这可以通过将其未来收益或现金流量用一个能反映其相关风险的折现率折现进行计算。收益法适用于公允价值计量的第二层次或第三层次。

当运用收益法时采用的输入参数都可直接经市场佐证时，可被认为满足公允价值第二层次的要求。比如在对某项具有多个利息交换日的利率掉期合约进行公允价值计量时，可通过根据计量日当天对未来多个利息交换日的预期利率而形成的预测现金流、与交易对手信用级别相同的债券到期收益率作为折现率，采用现金流折现法对该利率掉期合约的公允价值进行估计。其中，预期利率和债券到期收益率都是经市场佐证的输入参数，因此收益法的这一运用可被视为满足公允价值计量第二层次的要求。

在运用收益法时，若采用的输入参数并非都直接源自于市场观察值，并且这些参数无法直接通过市场渠道佐证时，则一般考虑为公允价值第三层次。比如，评估实务中常见的采用现金流折现法对企业价值的评估，采用期权定价模型对优先股和普通股价值的分配等，都属于这一类情况。

3. 成本法与公允价值计量级次

成本法是指考虑建造与计量对象相同的资产或具备相同效用的资产来替代计量对象所需花费成本的思路来估计公允价值的方法。在评估股权价值时，成本法是指资产基础法。

一般而言，在评估实务上采用成本法计量公允价值的，往往都归为公允价值第三层次。比如采用重置成本法对通用机器设备进行计量时，会涉及重置价格和成新率两个重要输入值。由于计量对象是通用设备，因此重置全价可能相对比较容易地从市场上直接获取报价。但是对于成新率，可能就需要根据计量对象的使用年限和实物勘验进行综合判断得出，而无法通过市场途径进行佐证。

此外，在理论上，只要在采用成本法进行公允价值计量时所选用的输入值都是能经市场佐证的，就可以满足公允价值第二层次的要求。但在评估实务中，鲜有相关案例。

表 3－1 归纳了公允价值计量领域中计量级次与计量方法之间的关系。

表 3－1　　　　公允价值级次与估值技术的关系

<table>
<tr><th colspan="2">估值技术(V)</th><th>计量模型(M)</th><th>类似性</th><th>市场上观察到的交易频繁程度与交易量</th><th>计量层次(H)</th></tr>
<tr><td rowspan="4">市场法</td><td>A.源于活跃（竞争性/公开）市场上的直接报价而未对报价进行调整</td><td>盯住市场
(mark to market)</td><td>相同</td><td>高至中
（取决于对公允价值计量准则中“足够”标准的满度程度）</td><td>市场上可观察到的
（第一层次）</td></tr>
<tr><td>B.未经重大调整的报价</td><td>盯住市场</td><td>相同</td><td>高至中（同上）</td><td>市场上可观察到的
（第一层次）</td></tr>
<tr><td rowspan="2">C.源于非活跃市场的报价或需要对报价进行重大调整*</td><td rowspan="2">“运用评估技术”盯住评估／模型
(mark to valuation/model)</td><td>相同</td><td>低/受限制</td><td rowspan="2">市场上可观察到的
（第二层次）</td></tr>
<tr><td>相似
(报价经重大调整)</td><td>高至中</td></tr>
<tr><td>收益法</td><td>现金流折现法、期权定价模型、多期超额收益法、许可权节省法、增量现金流法等*</td><td>盯住评估/模型</td><td>相似</td><td>中至低/受限制</td><td>市场上可观察到的/无法观察到的
（第二、三层次）</td></tr>
<tr><td>成本法(资产基础法)
（单项资产/资产组）</td><td>复原重置成本法、
更新重置成本法*</td><td>盯住评估/模型</td><td>相似</td><td>中至低/受限制</td><td>市场上可观察到的/无法观察到的
（第三层次）</td></tr>
<tr><td>无法可靠计量**</td><td>不适用</td><td>不适用</td><td>不确定</td><td>稀少交易</td><td>不确定</td></tr>
</table>

图例：

公允价值第一层次

公允价值第二层次

公允价值第三层次

备注：

*应有可信的评估意见作为支持．在一般情况下，由外部评估师执行的评估应被认为更可信赖．当评估中同时采用市场上可观察到的输入值和不可在市场上观察到的输入值作为市场参与者相关的假设时，在多数情况下是无法区分这两种输入值的实际区别的，特别是当这些输入值运用于收益法中时．

**排除因会计主体主观原因导致的公允价值无法可靠计量的情况．

第四节　输入值可获取性的限制及其解决对策

输入值（inputs）被广泛运用于公允价值计量的各种估值技术中。广义来说，输入值是指市场参与者用以作出定价决定的假设，包括关于风险的假设。ASC820 区分了（1）可观察的输入值，即通过独立于主体的渠道获得的市场数据；（2）不可观察的输入值，反映了主体自身从市场参与者使用角度所作出的假设。ASC820 强调主体用以评估公允价值的估值技术应该尽量使用可观察的输入值，减少使用不可观察的输入值，不论主体使用的是市场法、收益法或是成本法。输入值可以包括价格信息、波动因素、特定或广义的信用数据、流动性统计数据，以及其他能够显著影响公允价值计量的因素。

一、可观察的输入值和不可观察的输入值

决定哪些构成“可观察的市场数据”需要有效的判断。一般而言，可观察市场数据包括以下几个方面：

- 来自交易所或市场的价格或报价［比如，纽约商品交易所（NYMEX），芝加哥商品交易所（CBOT），纽约股票交易所（NYSE）］，这些场所具有充足的流动性和活跃性；
- 被认为同被估值的工具高度相关或有着逻辑上经济上的联系的市场数据代表（proxy）（例如，两个不同地点的电价，或是高度相关的“区域”）；
- 其他直接或间接的可在市场上观察到的市场变量。

拥有如表3－2所列特征的数据可以被认为是基于市场的和可观察的。

表3－2　　基于市场的和可观察的数据

可观察的	基于市场的
非专有的	可靠的
易于获得的	能达成共识的有限的且可观察的范围
经常性发布的	活跃的
来自多个独立渠道的	由实际市场交易支持
透明的	
可检验的	

资料来源：Guide to Accounting for Fair Value Measurments Incorporating ASU 2011－04 普华永道，2012。

需要说明的是，并非要满足上述特征列表中全部特征才能说是可观察的市场数据，在计量公允价值时应当基于这些证据来作出自己的判断。

1. 可观察的特征

- 非专有的：用以作为估值技术的可观察数据来自有别于作决策的主体的其他渠道。另外，数据应该广泛传播，并不局限于只提供给作出决策的

主体或是一小部分用户。数据应该被相关市场/产品领域经常性使用，以作为对交易定价或检验这些价格的基础。

- 易于获得的：市场参与者应具有能够获得这些数据的渠道，尽管信息提供者可能会要求一定的合理费用。

- 经常性发布的：经常性发布的意思，首先是数据易于获得且及时，能够使数据在定价决策中有意义；其次，应当有程序去核实时间间隔的变化不会导致数据失效；再次，发布的信息能够指明有效期以保证相关数据是有效的。

- 来自多个独立渠道的：相关的可比数据应该能够从多个认可渠道来获得。例如，为了获得充分的证据，主体可能使用多个经纪商/做市商的报价和定价服务，这样会从多个数据提供商那里汇总信息。另外，为了使其有意义，数据的来源应该互相独立，而不是所有数据来自于相同渠道。对于在市场上交易的项目，应采用交易所信息作为数据来源。

- 透明的：提供或传播数据的人或渠道，以及它们在一个特定产品/市场的角色应该是透明而且可靠的。另外，它们应该对于提供市场参与者用以定价/检验交易的信息的人们而言是清晰的。

- 可检验的：数据应该能够被证实。另外，应当有证据表明使用者实际上经常检验这些数据。例如，独立于特定主体的人应该能够直接联系到第三方数据提供者，从而检验获得和使用的数据。人们通过比较从其他可靠渠道获得的数据来检验当前数据也应当是可行的。

2. 基于市场的特征

- 可靠的：数据应当反映实际市场参数，而且服从一定程度的周期性检验和控制。这些控制应该存在于提供这些数据的主体，以及使用这些数据的主体。主体应当在实际使用这些数据来源作为决定公允价值计量的基础之前，以一种持续的方式检验和检查数据的可靠性。

- 基于共识的：由各个数据来源提供的数据或输入值应当在主体能够将信息作为市场共识之前，在合理的有限范围内具有可比性。各种数据应该保持一致性，用一个来源的数据来检验其他来源。

- 由相关市场的活跃渠道提供：数据应当源自那些在相关产品和市场上的活跃参与者。另外，主体应当定期核查数据的来源，检验数据是否具有一致性以确保能提供可靠信息。

- 市场交易支持的：尽管数据不需要直接追溯到“当前的”或“完全

抵消的”（perfectly offsetting）的交易，但是应当有有力的证据表明（1）数据来源从实际交易中获得信息，或者（2）市场参与者使用这些信息来给实际的市场交易定价。主体一般需要进行一定程度的检验以及/或者验证数据来支持报价。

以上指南只不过用来判断用于公允价值计量的输入值是否是基于可观察的数据。用以估值技术的模型也应当持续地被检查和再评估，以保证它们可靠地计算出精确的公允价值。主体应当在公允价值计量中考虑所有的相关证据。在权衡来自不同渠道的信息时，主体应当评估证据支持公允价值计量目的的程度。例如，当通过经纪商报价和定价服务来评估公允价值时，主体应当了解经纪商或定价服务如何决定这些报价，包括公允价值输入值的来源。

二、含有可观察的输入数据的不同类型市场

对于某些资产和负债，例如，金融工具的输入值的可观察的市场包括：

• 交易所市场（exchange market）：在一个活跃的交易所市场，收盘价对于公允价值而言既可用又有代表性（例如，纽约股票交易所的收盘价对于公允价值而言即可用又有代表性）。

• 做市商市场（dealer market）：在做市商市场中，做市商通过自己的账户进行交易，从而通过使用自有资本来持有某些项目来进行做市，从而提供市场流动性。通常买入价和卖出价也存在于其他资产和负债，例如金融工具、商品、实物资产。

• 经纪商市场（broker market）：在经纪商市场，经纪商对于买家和卖家进行匹配，既不准备通过自有账户交易，也不通过自有资本持有某些项目进行做市。为了使经纪商的报价可见，主体需要那些用于提供报价以及决定市场信息是否可观察的市场数据是透明的。

• 直接交易市场（principal-to-principal market）：直接交易（包括初始交易和再出售）是独立协商的，不含任何中介参与。通常这样的交易很少有信息公开。主体应当在评估估值输入值是否可观察时考虑基础市场（underlying market）的特征。

三、识别非活跃市场和无序交易

因2008年席卷信用市场和其他市场的金融海啸，一些人开始质疑对于金融资产的市场报价是否同ASC820之下的公允价值相一致。对此，美国财

务会计准则委员会在2008年10月发布了FSP－FAS157－3用以处理在非活跃市场中的公允价值计量问题。随后在2009年4月发布了取代FSP－FAS157－3的FSP－FAS157－4，进一步阐述了FSP－FAS157－3的精神，其中特别阐释了对过去活跃而在当前报告期中不活跃的市场的估值问题。最终，FSP－FAS157－4中关于公允价值计量时如何处理非活跃市场和无序交易的有关精神，被ASC820和IFRS13所吸收。

1. 非活跃市场

根据公允价值计量准则的规定，在资产或负债的交易量或活跃度显著下降的情形下，需要对市场价格的可信度进行进一步分析。需要考虑的相关因素有：

- 很少有近期交易。
- 未采用当前信息制定报价。
- 报价在不同时间或在做市商之间存在重大差异（比如某些经纪市场）。
- 曾经与资产或负债公允价值高度相关的指数，被证明与该资产或负债当前表明的公允价值无关。
- 在考虑与资产或负债的信用风险及其他不履约风险相关的所有可用市场数据后发现，与主体的预期现金流量估计值相比，观察到的交易或报价所隐含的流动性风险溢价、收益率或业绩指标（比如拖欠率或损失程度）显著上升。
- 买卖价差大，或者买卖价差显著加大。
- 资产或负债或者类似资产或负债的新发行市场（一级市场）活跃度显著下降，或者缺乏新发行市场。

公开发布的信息很少（比如：在交易主体与交易主体间的市场上发生的交易）。如果交易量或活跃度出现显著下降，则需要开展进一步分析。主体可能得出以下结论：

- 交易或报价依然能代表公允价值。交易量/活跃度下降本身不能表明报价不再代表公允价值。
- 交易或报价不能代表公允价值。在这种识别无序交易情况下，如果符合以下条件，则需要作出调整：
    - 这些价格仍然用作计量公允价值的基础，而调整可能对公允价值计量具有重大意义；
    - 需要作出调整的其他情况，比如：类似资产的价格需要作出重大调整，才能使其与进行计量的资产具有可比性，或者价格已经过时。

- 交易不是有序的。

当由于交易量/活跃度下降必须作出调整，在调整时必须注意：

- 应当根据现金流量固有的不确定性，作出适当风险调整，即使当这些调整难以确定时也应如此。

- 可能需要变更估值技术或使用多种估值技术来应对此类情况。当多种技术得出的公允价值结果范围跨度较大时，可能需要进行进一步分析。

- 公允价值计量的目标依然保持不变。即，确定在计量日现行市场条件下的有序交易中，市场参与者之间出售一项资产所能收到或转移一项负债将需要支付的价款。

2. 无序交易

仅仅因为交易量/活跃度的显著下降，就断定市场上的所有交易都属于无序交易，是不恰当的。表明交易属于无序交易的迹象包括：

- 计量日之前在市场上的投放时间不够长，在现行市场条件下涉及该证券或负债的交易不能达到符合惯例的正常活跃度。

- 存在符合惯例的正常市场投放期，但卖家将资产或负债出售给了某个市场参与者。

- 卖家处于破产、濒临破产或破产在管状态（即卖家处于危难中）。

- 卖家被要求出售以满足监管或法定要求（即卖家是被迫的）。

- 与相同或类似资产或负债的其他近期交易相比时，交易价格是异常的。

虽然准则不要求穷尽所有迹象以确定交易是否属于有序交易，但不应当忽视可合理获得的信息。如果主体是进行交易的一方，则假定主体拥有确定交易是否有序的足够信息。

此外，如果在公允价值计量时参考了基于无序交易的相关输入值，那么给予无序交易的权重应很少。而分配给有序交易价格上的权重将取决于进行计量的资产或负债的交易量、交易可比性、交易与计量日的接近程度以及其他事实和情况。如果所具备的信息不足以确定交易是否有序，则仍应考虑交易价格，但给予该交易价格的权重应低于其他有序交易。

图 3－1 归纳了在非活跃市场和无序交易情况下，公允价值计量需要考虑的因素。

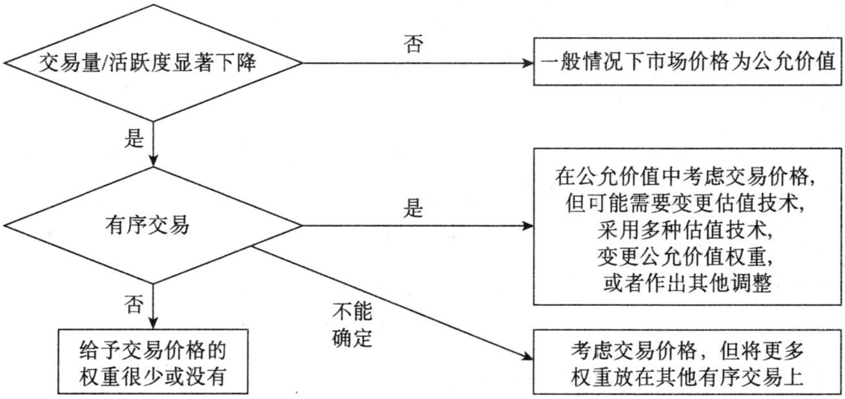

图 3－1　公允价值计量需要考虑的因素

四、对可观察输入值的调整

在公允价值计量时，ASC820 没有具体规定对于交易或报价进行重大调整的方法。相反，主体应当考虑公允价值的相关指标。如果资产或负债在活动性上有数量和程度上的剧烈下降，主体应该改变估值技术或者应用多种估值技术。例如，主体可以在估计公允价值时使用市场法和净现值技术计算公允价值指标。当使用多种公允价值指标时，主体应该考虑公允价值指标浮动范围的合理程度。这是为了决定在当前市场条件下这个范围内最能代表公允价值的那一点。

在公允价值指标的浮动范围内选择这一点的方法是权衡多个指标。主体应当考虑这个范围的合理性。公允价值估计的浮动范围广泛可能意味着需要作出进一步的分析以达到客观的公允价值测度。重要的是，不论使用的方法是什么，公允价值计量的目标是不变的，即使环境表明资产或负债在活动性上有数量和程度上的显著下降。

五、评估可观察交易的价格

当资产或负债的活动性在数量和程度上有显著下降时，决定一个交易是否为正常的交易会更加困难。FSP－FAS157－4 还提供了在不同环境下评估可观察交易时需要考虑的指南：

交易不正常。如果证据表明交易是不正常的，主体应当在估计公允价值或隐含风险报酬时尽量减少这个可观察交易的影响（同其他公允价值指标相比）。

交易正常。如果通过证据的权衡表明交易是正常的，主体应当在估计公允价值或隐含风险报酬时考虑这个可观察交易的影响。这个交易价格的影响权重（同其他公允价值指标相比）将取决于交易的事实和环境，以及其他可供使用的输入值的本质和质量。

如果主体没有充分的信息来推断一个可观察交易是否正常，需要在估计公允价值或隐含风险报酬时考虑这个交易的价格。在这些环境下，这个交易价格可能对于估计公允价值或隐含风险报酬不是确定的（也就是说唯一或主要的基础）。对于那些主体在确定为正常交易相比较时没有充足信息来推断正常与否的交易，应当减少其在公允价值计量中的影响。

第四章　我国新会计准则实施后公允价值评估的实践及规范

第一节　公允价值模式下我国专业评估的主要服务领域

我国现行会计准则规定，在不存在销售协议和资产活跃市场的情况下，应当以可获取的最佳信息为基础估计资产的公允价值，可以参考同行业类似资产的最近交易价格或者结果进行估计，或采用其他估值技术方法确定公允价值。新准则实施后，投资性房地产、租赁、资产减值、存货、企业合并等也都要求或允许采用评估确定公允价值。其中以财务报告为目的的评估业务将是主要服务领域，主要包括以下几个方面（见表4－1）：

表4－1　　以财务报告为目的的评估业务

序号	评估领域	评估对象	会计准则
1	合并对价分摊	（1）构成合并对价的非现金资产、发行或承担的债务、发行的权益性证券等； （2）合并中取得的被购买方可辨认资产、负债及或有负债	企业会计准则第20号——企业合并

续表

序号	评估领域	评估对象	会计准则
2	资产减值测试	单项资产或资产组或资产组组合	企业会计准则第 8 号——资产减值
3	投资性房地产的公允价值计量	已出租的土地使用权、持有并准备增值后转让的土地使用权，已出租的建筑物	企业会计准则第 3 号——投资性房地产
4	金融工具确认和计量	以公允价值计量且其变动计入当期损益的金融资产或金融负债，或可供出售金融资产	企业会计准则第 22 号——金融工具确认和计量

（一）投资性房地产公允价值计量

新会计准则允许对有确凿证据表明公允价值能够持续可靠取得的投资性房地产采用公允价值模式进行后续计量。采用公允价值模式计量的，应当同时满足投资性房地产所在地有活跃的房地产交易市场和企业能够从房地产交易市场上取得同类或类似房地产的市场价格及其他相关信息，对投资性房地产的公允价值作出合理估计。相对于以往单一的成本模式计量，公允价值计量是对会计、审计人员提出的一个更高层次的要求。

在国内，房地产估价和土地估价都是发展较为成熟的领域，对于评估方法、评估程序、执业人员等的管理相对规范，加之房地产市场市场化程度的不断提高，为投资性房地产提供公允价值计量评估的条件已相对成熟。引入专业评估师对投资性房地产公允价值发表专业意见，对于改善我国上市公司普遍采用成本模式进行投资性房地产后续计量及相应减值测试不规范的现状，规范财务报表及规避相关会计审计人员执业风险都将起到积极作用。

（二）资产减值测试

新会计准则规定，资产负债表日，存货应当按照成本与可变现净值孰低计量。存货成本高于其可变现净值的，应当计提存货跌价准备，计入当期损益；企业应当在资产负债表日判断资产是否存在可能发生减值的迹象；因企业合并所形成的商誉和使用寿命不确定的无形资产，无论是否存在减值迹象，每年都应当进行减值测试。由于审计和评估执业特点的差异，评估师对于存货、固定资产、在建工程、工程物资、无形资产等各类资产更多关注的是其价值，在价值判断方面往往具有更多的经验，可以为其公允定价及减值测试提供更加充分、适当的依据。

1. 存货减值测试——数量和价格的双重判定

存货资产在价值判定时，一方面需要会计师有充足的价格信息，另一方面要求会计师有合理的数量确定方法，这是判断存货成本和可变现净值的基础。与企业财务特征迥异类似，不同企业的存货也千差万别，需要会计师熟悉各类存货特点，掌握相应的盘点、监盘方法。而鉴于评估师在开展工作中一向高度关注实物资产的数量和价格，在存货价值确定过程中，审计师如能借助评估师对数量和价格的专业判断工作，往往会实现工作量的减少和质的保证。

2. 固定资产、无形资产减值测试——减值迹象与减值金额的把握

CAS8《资产减值》规定，有迹象表明一项资产可能发生减值的，企业应当以单项资产为基础估计其可收回金额；企业难以对单项资产的可收回金额进行估计的，应以该资产所属的资产组为基础确定资产组的可收回金额；可收回金额低于账面价值的，应将在确认减值损失的同时计提资产减值准备。会计准则规定，可收回金额应当根据资产的公允价值减去处置费用后的净额与资产预计未来现金流量的现值两者之间较高者确定。处置费用包括与资产处置有关的法律费用、相关税费、搬运费以及为使资产达到可销售状态所发生的直接费用等。一定程度上，减值测试与公允价值判定联系起来，相应的处置费用和资产预计未来现金流量的现值也对应到了资产评估中常用的价值类型、评估方法等内容。

在各项资产价值判定过程中，尤以无形资产价值判定难度最大。无形资产的个体特征突出，彼此差异显著，科技含量高，对各项专业技术知识、经验要求高。而随着近年国家在政策面对于无形资产的鼓励与肯定，国内无形资产交易得到了蓬勃发展，越来越多的无形资产体现在公司财务报表中，对于无形资产包含减值测试在内的价值判定需求不断加大。资产评估师凭借自身在无形资产价值判定方面积累的丰富经验可帮助会计及审计人员顺利解决无形资产计量难题。以商业属性为划分依据，无形资产至少有如表4－2所示的六大类可通过评估得到公允价值，进而为财务报表服务。

在具体方法上，无形资产价值评估中常用的收益法、市场法等也符合了会计准则对可收回价值判定的相关要求。

（三）金融工具确认与计量

面对新会计准则中对于金融工具的计量和披露提出的更高层次要求，部分会计师事务所在面对审计过程中金融工具定价时，已经开始选择建议被审

表 4-2　　无形资产评估服务领域

与营销相关的无形资产	以合同为基础的无形资产	以技术为基础的无形资产
商标、商号 服务标志、团体标志、证明标志 商品外观 报头 网络域名 非竞争性协议	许可、特许权和终止协议 广告、建筑、管理、服务或者供应合同 租赁协议 建筑协议 特许经营协议 采矿、水、空气、矿产、伐木和路线许可等使用权 抵押服务合同等服务合同	专利权 计算机软件和隐藏文档 非专利技术 数据库 秘密配方、程序或秘诀等商业秘密
与艺术品有关的无形资产	与客户关系有关的无形资产	商誉含有的要素
戏剧、歌剧和芭蕾 书籍、杂志、报纸和其他文学著作 音乐作品 图片和照片 录像和音像制品	顾客名单 产品订单 客户合同与相关客户关系 非契约的客户关系	劳动力 顾客服务能力 本地市场占有率 无工会联盟或其他工人势力尚在执行的培训或者招聘新员工项目 在资本市场上的直接融资能力良好的政府关系

计企业先聘请专业评估机构出具专业价值意见，再纳入报表接受审计的方式以减少审计工作量并规避不必要的风险。

以成长型企业普遍青睐的股权激励价值确定为例，按照 CAS11《股份支付》规定，在等待期内的资产负债表日，需以授予日期权的公允价值入账。对于上市公司，由于其股权价值已经有一个公开市场交易价格，在确定和审计期权价值上会相对容易，而对于非上市企业，确定期权价值须以估算全部股权价值为前提，其工作难度和工作量对于会计人员和审计师都是不小的挑战。

国内部分资产评估机构依靠自身积累和研究并借鉴国际经验，在金融工具定价方法、模型、参数选取等方面都积累了丰富的经验，一些有实力的评估机构已经开展了相关业务和深入研究。审计师在进行相关资产审计时如能借助评估师的力量，将大大降低审计工作强度，节约时间及成本，保持审计工作的独立性，降低审计风险，并提高审计报告的可信赖程度。

（四）合并计价分摊

新会计准则规定非同一控制下企业合并中所涉及的相关资产需以公允价值进行确认和计量：合并成本为购买方在购买日为取得对被购买方的控制权而付出的资产、发生或承担的负债以及发行的权益性证券的公允价值；购买方在购买日对作为企业合并对价付出的资产、发生或承担的负债应当按照公允价值计量；购买方合并中取得的被购买方除无形资产以外的其他各项资产（不仅限于被购买方原已确认的资产），其所带来的经济利益很可能流入企业且公允价值能够可靠地计量的，应当单独予以确认并按照公允价值计量；合并中取得的无形资产，其公允价值能够可靠地计量的，应当单独确认为无形资产并按照公允价值计量；合并中取得的被购买方除或有负债以外的其他各项负债，履行有关的义务很可能导致经济利益流出企业且公允价值能够可靠地计量的，应当单独予以确认并按照公允价值计量；合并中取得的被购买方或有负债，其公允价值能够可靠地计量的，应当单独确认为负债并按照公允价值计量。

按照上述规定，购买方完成合并行为后的账务处理可能涉及资产价值、负债价值及商誉价值等多项价值确定，涉及的资产种类、财务报表内科目都较广泛，是一项复杂的资产负债确认和计量过程。在这种情况下，相关各方具有商业实质的协商、评估机构出具的评估报告对于相应的会计操作都是较好的依据，特别是专业评估机构的报告，由于其专业性、全面性，可为合并行为相关方的后续会计、审计工作提供较大便利。

另外，在实际操作中，聘请评估机构提供交易、公允价值计量评估等经济行为价值参考也是很多企业信赖的途径。以购买方取得的被购买方的或有负债为例，对于诸如担保等形成的或有债务，科学合理地确定公允价值既是对合并成本的真实衡量，也是后续账务处理的基础。尤其是面对被购买方复杂的担保情况，仅仅依靠尽职调查是无法进行准确估值的，但借助于具备相关估值知识和经验的评估师价值意见，可以有效解决这个难题。

除上述方面外，对于债务重组、非货币性资产交换等应用公允价值情况，评估师都可以提供公允的价值判断意见，为相关各方提供参考依据。借助评估师的专业判断，提升资产评估为财务报告服务的深度与广度，是未来更好地贯彻执行新会计准则的重要和便利途径。

第二节 我国公允价值计量评估的准则规范

公允价值计量有不同的途径，国际上较通行的做法是评估专业人士为公允价值的计量提供专业意见，而专业评估在一定范围内介入会计公允价值计量是保证会计信息质量的重要组成部分。截至2012年年底，我国发布了包括无形资产、房地产、企业价值等评估准则在内的26项评估准则，提升了评估行业的服务能力。为了配合国内公允价值计量体系的建立，中评协加强了与境外多个专业组织的交流，承担了财政部会计司委托的《公允价值计量——评估方法与实践》课题，组织开展了多项与公允价值计量相关课题的研究和专业研讨会，制定了《以财务报告为目的的评估指南（试行)》和《投资性房地产评估指导意见（试行)》。目前正在针对公允价值计量涉及的无形资产、金融工具等资产类型研究制定相关财务报告目的准则项目。

一、《以财务报告为目的的评估指南（试行)》的主要内容及特点

为适应资产评估新兴业务领域的发展，规范注册资产评估师执行以财务报告为目的的评估业务，保证评估执业质量，维护社会公共利益和资产评估各方当事人合法权益，中国资产评估协会组织专家制定了《以财务报告为目的的评估指南（试行)》(以下简称《指南》)。相对于传统的资产评估方法应用，《指南》在评估方法的选择、评估数据及级次、相关的考虑因素和不同方法最终结论的确定等方面突出了以财务报告为目的的评估的特点。

（一）评估方法选择的原则性要求

一般资产评估选择评估方法的依据是评估对象、价值类型和资料收集情况，在以财务报告为目的的评估中，为提高可靠性，《指南》在评估方法的选择条件上增加了“数据来源”这一要求。“参照会计准则有关计量方法的规定”，结合了会计准则中有关计量方法特殊性规定的要求。在市场法、收益法和成本法三种资产评估基本方法以外，增加了“其他评估方法”（例如期权定价模型）。

1. 在数据来源方面，主要考虑数据来源的可靠性

美国财务会计准则委员会提出公允价值计量的三个层次的核心目的是依据数据的获取情况来决定评估方法，以使评估方法的选择更加客观，不依赖

主观的判断，避免对方法选择的随意性。公允价值的可靠性受数据获取来源的影响，首选的数据应是活跃市场中的市场报价，因为最能代表公允价值的是可以观察到的、由市场价格机制所决定的市场价格．市场价格得到了市场交易各方承认和接受。但是大多数情况下，会计人员无法观察到这种由市场机制决定、双方均可接受的金额，从而不能直接用来计量。在找不到所计量项目的市场价格的情况下，往往需要采用类似的数据．通过按照严格条件选取的类似项目的市场价格来决定所计量项目的公允价值，或借助外部的评估人员通过市场法进行评估。如果同类项目或类似项目均不存在可观察的市价，或者可观察的价格不能代表可靠的市价，则需要考虑采用收益法等其他方法对所计量项目的公允价值作出评估。根据上述分析，我们将公允价值确定途径及其可靠性程度总结如图 4－1 所示。

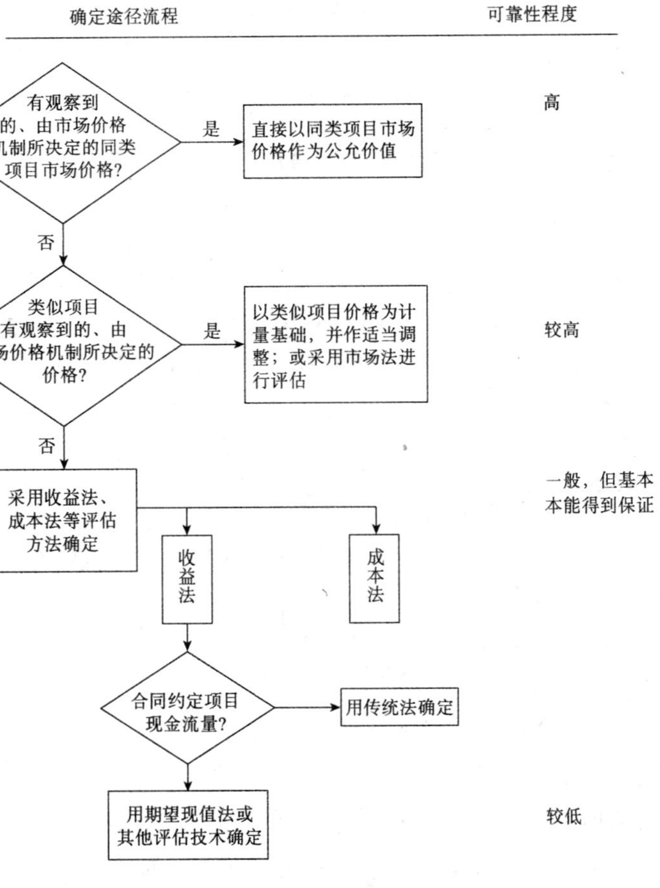

图 4－1　公允价值确定途径及其可靠性程度分析图

从图 4 - 1 所示的公允价值确定流程来看，公允价值计量的可靠性程度存在由高到低的变化过程，具体需要根据相关市场条件及其确定方法来判断。在不同的方法下，公允价值的可靠性程度是不同的。在能观察到的、由市场价格机制所决定的同类项目市场价格的情况下，公允价值信息与历史成本信息并无差别，都是以资产取得和负债实际发生时的市价为基础，可靠性程度最高。在同类项目没有但类似项目却能观察到的、由市场价格机制所决定的市场价格的情况下，可靠性虽然有所减弱，但因该类信息源自独立于管理者的外部市场，其客观性、可核实性以及真实性也可以得到保证，因而也具有相当的可靠性，如采用评估的市场法对可观察到的市场价格进行比较分析，也可以得出可靠性较高的公允价值。在采用收益法确定公允价值的情况下，因存在较多的职业判断和运用程度的不同，对信息可靠性的影响也各不相同。比如，如果合同事先约定项目的未来现金流，即现金流是由合同约定的、可以核实的，采用的折现率是具有相同风险现金流的风险回报率，在这样的情况下，其公允价值的可靠性能够得到保证。如果合同没有事先约定项目的未来现金流，在采用期望现值法评估时，更多时候往往是管理者和会计人员自身的假设，因而注册资产评估师在具体分析时会使用较多的假设和职业判断，此时从会计信息的可靠性程度上看就会受到较大影响。因此，注册资产评估师在采用收益法等其他评估方法时，更要关注数据的来源，关注市场上典型的数据，取得的数据信息尽量充分和可靠，并尽可能获取来源于公开市场的价格信息和相关参数，以满足公允价值计量可靠性的需要。

2. 参照会计准则有关计量方法的规定

在评估公允价值时，当企业会计准则（包括应用指南）对公允价值计量方法及参数有特殊的规定，注册资产评估师应当参照。如资产减值会计准则应用指南中规定："预计资产未来现金流量，通常应当根据资产未来期间最有可能产生的现金流量进行预测。采用期望现金流量法更为合理的，应当采用期望现金流量法预计资产未来现金流量。""估计资产未来现金流量现值时，通常应当使用单一的折现率；资产未来现金流量的现值对未来不同期间的风险差异或者利率的期限结构反应敏感的，应当使用不同的折现率。"

3. 关于资产评估的其他方法

资产评估基本准则规定了资产评估基本方法包括市场法、收益法和成本法，但也规定了"注册资产评估师执行资产评估业务，采用不同于资产评估准则规定的程序和方法时，不得违背本准则的基本要求，应当确信所采用程序和方法的合理性，并在评估报告中明确说明”。根据以财务报告为目的评估业务的需要，《指南》中增加了应用其他方法的规定。

以财务报告为目的其他评估方法的应用，主要是在金融工具（尤其是衍生工具）公允价值的确定方面。如会计准则金融工具中较常用的定价模型和估值技术包括以现值为基础的远期定价和互换模型、期权定价模型，以及信用模型（如违约率模型或信用价差模型等）。其中，期权定价最主要的方法是利用布莱克—斯科尔斯模型。

（二）要求关注评估数据（即输入值）及其相关影响

注册资产评估师应当参照会计准则的规定，关注所采用的评估数据，并知晓公允价值获取层次受评估方法的选择及评估数据来源的影响。在评估方法的具体选择上，应根据不同公允价值层次的数据相应地选择市场法、收益法或成本法进行评估。

我国在引入公允价值过程中，也充分考虑了国际财务报告准则中公允价值应用的三个层次，即：第一，资产或负债等存在活跃市场的，活跃市场中的报价应当用于确定其公允价值；第二，不存在活跃市场的，参考熟悉情况并自愿交易的各方最近进行的市场交易中使用的价格或参照实质上相同或相似的其他资产或负债等的市场价格确定其公允价值；第三，不存在活跃市场，且不满足上述两个条件的，应当采用估值技术等确定公允价值。体现在具体会计准则和应用指南中，如CAS7《非货币性资产交换》应用指南对换入或换出的非货币性资产的公允价值是否能够可靠确定地计量，提出了类似国外公允价值准则所构建的三个层次的“公允价值级次”（Fair Value Hierarchy）：

（1）换入或换出资产存在活跃市场。对于存在活跃市场的存货、长期股权投资、固定资产、无形资产等非货币性资产，应当以资产的市场价格为基础确定其公允价值。

（2）换入或换出资产本身不存在活跃市场，但类似资产存在活跃市场。对于类似资产存在活跃市场的存货、长期股权投资、固定资产、无形资产等非货币性资产，应当以同类或类似资产市场价格为基础确定其公允价值。

（3）换入或换出资产不存在同类或类似资产的可比市场交易，应当采用估值技术确定其公允价值。该公允价值估计数的变动区间很小，或者在公允价值估计数变动区间内，各种用于确定公允价值估计数的概率能够合理确定的，视为公允价值能够可靠计量。

需要注意的是，公允价值获取层次实际上通过所获取的评估数据的层次来反映根据评估数据所得到的公允价值的可靠性，活跃市场的资产价格信息是公允价值的最好证据，但并非唯一证据。在不存在活跃市场时（如在“公允价值级次”的第二和第三层次），只要符合公平交易的基本条件，所形成的交易价格就可以认为是公允价值，相反，若不符合这些基本条件，即使是实际发生的市场价格，也不能认为一定是公允价值。因此，公平交易是公允价值形成的前提条件和重要基础，而资产评估正是建立在公平交易的前提之上的。

（三）评估方法的一致性原则与变更的前提条件

《指南》规定，在一般情况下，公允价值计量选择评估方法时应当与前期采用的评估方法保持一致，但当出现“不适性”和“更优性”时，可以变更评估方法。所谓“不适性”，是指前期采用的评估方法所依据的市场数据已发生重大变化而不再适用；所谓“更优性”，是指采用与前期不同的评估方法可使得评估结果更具代表性、更能反映评估对象的公允价值或特定价值。

与会计准则的衔接，参照会计政策变更的原则性要求，即：为保证会计信息的可比性，使财务报表使用者在比较企业一个以上期间的财务报表时，能够正确判断企业的财务状况、经营成果和现金流量的趋势，一般情况下，企业采用的会计政策，在每一会计期间和前后各期应当保持一致，不得随意变更。否则，势必削弱会计信息的可比性。但是，当法律、行政法规、会计制度等要求变更或者会计政策变更能够提供更可靠、更相关的会计信息时，可以变更会计政策。其中：“会计政策变更能够提供更可靠、更相关的会计信息”是指，由于经济环境、客观情况的改变，使企业原采用的会计政策所提供的会计信息，已不能恰当地反映企业的财务状况、经营成果和现金流量等情况。在这种情况下，应改变原有会计政策，按变更后新的会计政策进行会计处理，以便对外提供更可靠、更相关的会计信息。

（四）运用市场法评估的规范要求

1. 运用市场法选择参照物时，应当考虑的因素

（1）应当有公开、活跃的市场。公开和活跃的市场是运用市场法的重要前提，是信息客观性、可核实性以及真实性的重要保障。当采用市场法评估时，能够对可观察到的数据进行比较分析，才能得出可靠性较高的公允价值，满足会计计量的可靠性要求。

（2）应当获取足够的参考样本（包括交易案例或其他比较对象），判断其可比性、适用性和合理性。一定数量的参考样本有助于减少市场法的误差，排除偏差性和倾向性，服务于以财务报告为目的的评估业务一般需要6个以上参考样本。对于参考样本不仅有数量上的要求，而且有质量上的要求，要进行筛选，重点判断其可比性、适用性和合理性，分析参考样本与评估对象的相似度。

（3）应当选择最接近的、比较因素调整较少的交易案例或其他比较对象作为参照物。在经过以上步骤的筛选后，通过比较、分析，选择与评估对象最接近、比较因素调整较少，即相似度最高的三个以上参考样本作为参照物。

2. 市场法评估对参照物进行比较、调整的原则性要求

市场法比较因素中强调了传统评估考虑因素中“交易背景、交易市场、交易条件、付款方式”等重要且易被忽视的比较因素。其中，交易背景、交易市场和交易条件都属于交易环境，交易环境必须能够反映市场的正常情况，没有特殊背景、内部因素和附件条件的影响；付款方式不同也会影响参照物的价值，如全部支付现金与部分支付现金、部分支付票据或者以股票支付，不同的付款方式下的交易价格可能有一定的差异。

另外，当参照物为企业并购案例时，其交易价格一般不能被直接引用作为所计量项目的公允价值，而需要运用一定的模型，结合类似项目的市场信息估计调整，其应用范围主要是在企业购并中对购并企业的公允价值进行估价。该法是通过寻找与所购并企业（A企业）具有可比性的B企业，按照B企业被并购的价格，经过一定的调整得到A企业的购并价格。在比较两个企业是否具有可比性时，可以从财务和非财务两方面考虑，财务方面主要考虑的因素包括：①现金流量；②收益；③资产或权益；④收入；⑤投入资本的市场价格与息税前收益之比；⑥投入资本的市场价格与收入之比；⑦投入资本的市场价格与下一年度预计收入之比；⑧员工数量；⑨厂房、机器和设备。在非财务方面，选择的参照企业不仅在行业、企业大小、产品、服务的市场以及管理团队方面是类似的，企业的发展阶段也应尽可能类似。但是该方法往往不适用于初创期的企业，对于初创期的企业而言，其产品、服务都还没有达到一定的规模和稳定的状态，其相关的数据信息缺乏完整性和持续性，通常很难确定哪些企业能够与其具有可比性。

（五）运用收益法评估的规范要求

1. 运用收益法的原则性规定

（1）现金流量折现法在以财务报告为目的的评估领域的应用。收益法是将未来金额（如现金流量）转换为单一的现值金额（折现）。目前，较为成熟、使用较多的评估技术主要是现金流量现值技术，或称为现金流量折现法。会计准则中指出：在应用公允价值时，当相关资产或者负债不存在活跃市场的报价或者不存在同类或者类似资产的活跃市场报价时，需要采用估值技术来确定相关资产或者负债的公允价值，而在采用估值技术估计相关资产或者负债的公允价值时，现值往往是比较普遍的一种估值方法，在这种情况下，公允价值就是以现值为基础确定。

运用现值评估技术时，企业所使用的估计应当与市场一般参与者所使用的估计和假设相一致，并应确保其能反映计量项目公允价值的下列要素：对未来现金流量的估计；对这些现金流量金额或时间可能的差异预期；以无风险利率表示的货币时间价值；包括资产或负债中内在不确定性的价格；包括非流动性和市场非完美性的其他因素。通常而言，如果现金流量是由一项或多项经济合同规定的，或虽然经济合同不存在，但可以预测最可能或者最低的现金流量，则直接采用传统的现金流量折现法（传统法）即可。但相对精确的估计应是对未来现金流入量考虑所有可能的结果，而不仅仅是合同约定的或最可能的结果，根据各种结果未来发生的可能性，通过计算期望值得到评估结果。

①传统法。传统法计算现值，只考虑一种可能的现金流量，即最大可能或者最低数量的现金流量。例如，某项投资预计 3 年后将带来现金流量，有 200 元、400 元和 600 元三种可能，其可能性分别为 10%、60% 和 30%。在这个例子中，采用预计现金流量最大可能性是 60% 的 400 元，其现值为 $400\times0.744=297.6$（元）（假设折现率为 10%，0.744 是折现率 10%、3 年期的年金复利现值系数）。

传统法的优点是简单易行：如果资产和负债具有合同约定的现金流量，运用其计量的结果同市场参与者对该项资产或负债的价值表述能够趋于一致。不过采用传统法，关键在于选择并识别现金流量与其未来不确定性的相关性大小。为此，需要找到可比较的两个因素：一是被计量的资产或负债；二是具有相似的未来现金流量特征的另一参照性质的资产或负债。在较为复杂的计量问题中，找到后一因素相当困难。例如，若干非金融资产或负债，既没有市场价格，在市场上也找不到类似的参照物。

②预期（期望）现金流量法。单一风险水平或许可以反映现金流量的不确定性，但要确定一个能够反映未来时点现金流量不确定性的风险水平却很困难。预期现金流量法考虑了所有可能的现金流量，并计算它们的期望值，而不是只寻找一个最可能的现金流量。按照预期现金流量法，在确定未来的现金流量时，应当考虑到每一种可能的现金流量的发生概率，加权平均，以求得可能的现金流量的平均期望值。该方法将风险体现在现金流量中，应用时要求估计现金流量的同时就要考虑到风险的大小，而折现率通常采用的是无风险利率，不体现任何风险因素。这种方法着重于对所讨论项目的现金流量的直接分析和对计量所用假设更加明确的表述。根据现金流量不确定性的不同表现，预期现金流量法又可以分为两种情况：

一是现金流量金额上存在不确定性。例如某项投资预计 3 年后将带来一项现金流量，有 200 元、400 元和 600 元三种可能，其概率分别为 0.1、0.6 和 0.3。假设折现率为 10%，则其 3 年后预计的现金流量为 440 元（$200 \times 0.1 + 400 \times 0.6 + 600 \times 0.3$），其现值为 $440 \times 0.744 = 327.36$（元）。

二是现金流量时间上存在不确定性。例如某项投资预计将带来 500 元的现金流量，但具体在哪一年收到仍很难确定。预计其可能在第一年末、第二年末或第三年末收到，概率分别为 0.1、0.6、0.3，1 年、2 年和 3 年期的利率分别为 5%、5.25%、5.5%，则该项预计现金流量的现值为 446.18 元 $[500 \times 0.1 \div (1 + 5\%) + 500 \times 0.6 \div (1 + 5.25\%)^2 + 500 \times 0.3 \div (1 + 5.50\%)^3]$。

期望现金流现值有可能与最佳估计现金流现值相差较大，因为它取决于时间和金额的概率分布。此外，在运用预期现金流量法计算现值时应当考虑成本效益原则。因为关于未来现金流估计的假设可以无止境地进一步精确和提炼。根据边际效益递减规律，通常最后对于假设的精确和提炼的努力所带来的效益很小，即对提高数据的准确性作用很小，甚至不能改变最终的结果。而且最终计算出来的数据仍然是估计的数据。为使估计更加精确的额外投入应该用成本效益原则来控制，即将增加的成本与增加的数据质量的提高进行比较，如果花费的成本不能产生足够的效益，则应当终止努力。

（2）增量收益折现法、节省许可费折现法、多期超额收益折现法等在以财务报告为目的的评估领域中的应用。

①增量收益折现法。该方法是将包括无形资产的主体的未来预测现金流

与不含无形资产的可比主体产生的相应现金流进行比较，判断有无无形资产在价格方面所产生的差额。增量现金流体现在两个方面：一个是价格的溢价，即一个产品采用某一个商标或者品牌，比较不采用这个商标和品牌之间的差异额；二是成本的节省，就是采用这项无形资产所能节省的成本所导致的差异额。通过将这些增量现金流用这个资产的特定加权资本成本折现可以得到这个资产的（税后）公允价值，接着再将税收摊销收益加回到这个现值。增量收益折现法要求可比主体未使用无形资产所产生的现金流能够可靠地估算。

②节省许可费折现法。该方法是指假设当财务报告的编制者不是相关无形资产的所有者，需要花钱从别人手上获得一个许可权，这部分就是必要的资金流出，但因拥有了该许可权，就可以节省这方面的许可权使用费，所节省的许可费通过折现所得出的现值。使用节省许可费折现法的无形资产例子一般包括：品牌、专利和技术。要使用该方法，必须存在可比资产且这些资产常在熟悉情况的、自愿和独立的双方进行专利许可经营。

③多期超额收益折现法（MPEEM）。该方法是指把收益进行拆分，把其中作为评估对象的无形资产得到的收益拆分出来，也即扣除该无形资产以外的其他有形及无形资产所应该产生的平均收益，而以超额收益进行分析，通常运用于如客户关系、采矿权等重大无形资产的评估。

多期超额收益法得到的是无形资产产生的且只由其产生的现金流的现值。通常，一项无形资产只有与其他有形资产和/或无形资产一起才能产生现金流。为了计算出相关的净现金流，应将其他资产（贡献资产）产生的现金流作为支出（贡献资产费用）从无形资产与其他资产共同产生的现金流中扣除。这个程序把贡献资产作为从第三方租用的角度进行处理直至能反映出所评估无形资产现金流的产生情况。通常情况下，多期超额收益法更适用于对现金流产生最大影响的无形资产或类似的无形资产组合，如果这种方法多次使用，就必须注意同一现金流是否被多次归到不同的资产上。

2. 应当充分考虑未来各种情况可能发生的概率及其影响

从评估的角度看，一旦发现重大不合理的假设或结果，评估机构应当向委托方提出意见并征询其理由，对不合理的地方提出调整建议，由委托方做出调整，最后仍是由委托方来签署并认同所有最终的预测数据，对有关预测的真实性负责。参照企业价值评估中的理解，由于过去的历史情况为未来预测提供了一种指导，在对过去现金流量的计算分析中发现的变化规律应当成为分析未来现金流量预测的重要依据，同时过去的数据还可以用来“检验”未来的预测数据。因此，当委托方提供的预测趋势与被评估企业现实情况存在重大差异时，注册资产评估师应当对产生差异的原因及其合理性进行分析，尽可能让委托方重新考虑和提供未来经营状况和收益状况的预测，在必要的情况下，对重大差异予以披露。

从会计的角度看，由于经济环境随时都在变化，资产的实际现金流量往往会与预计数有出入，而且预计资产未来现金流量时的假设也有可能发生变化。因此，企业管理层在每次预计资产未来现金流量时，应当首先分析以前期间现金流量预计数与现金流量实际数出现差异的情况，以评判当期现金流量预计所依据的假设的合理性。通常情况下，企业管理层应当确保当期现金流量预计所依据的假设与前期实际结果相一致。

3. 折现率使用的规定，要求注册资产评估师应当确信折现率与预期收益的口径保持一致

需要注意的是，以财务报告为目的的评估确定合适的折现率，应该和所评估的特定资产相匹配，但这个折现率未必与整体企业相匹配，因为它是针对某一个特定资产并与之相匹配的折现率，而不一定是与整体企业相匹配的折现率。税前的折现率要和税前的现金流匹配，税后的折现率和税后的现金流匹配。

（六）成本法评估的规范要求

1. 成本法使用的限制要求

在以财务报告为目的的评估领域，成本法的应用是有范围、位序、前提限制的。

范围的限制。根据《指南》第三十六条，会计准则规定的资产减值测试不适用于成本法。

位序的限制。当不存在相同或相类似资产活跃市场的（排除市场法），或不能可靠地以收益法进行评估的（排除收益法）资产项目，可以引入成本法进行评估。

前提的限制。应用成本法，还必须获取企业的承诺，并在评估报告中披露，其评估结论仅在相关资产的评估值可以通过资产的未来运营得以全额回收的前提下成立。该前提的限制，是为进一步明确成本法得出的资产价值不能脱离企业的持续经营和盈利能力。本条规定与国际评估惯例是一致的，即采用成本法评估资产时，必须同时考虑该资产未来能否给企业带来足够经济

利益流入。如果该资产未来的经济利益流入不能支持成本法评估结果，则需要考虑可能出现的减值或贬值（如经济性贬值）。

2. 以财务报告为目的评估使用成本法的考虑因素及应用范围

会计准则规定的资产减值测试不适用成本法，可以从以下几个角度来考虑：首先，成本法的出发点是重置价值，其实质是在现时条件下，重新购置、建造或形成与评估对象完全相同或基本类似的全新状态下的资产所需花费的全部费用。然而按照会计准则的要求，无论是考虑资产/资产组预计未来现金流量的现值，或者公允价值减去处置费用的净额，其实质都是从资产/资产组未来可能为企业带来的经济利益角度来衡量该资产/资产组的公允价值。因此，从基本评估思路角度来说，成本法不适用减值测试目的的评估。举例来说，按照会计准则的要求，一项企业花费巨资研发的专有技术如果不能给企业带来经济收益，则可能已经出现了减值迹象，需要进行减值测试。如果单纯从成本法的角度来考虑，则无法在评估过程中考虑该专有技术可能的减值风险，相应的也就无法满足会计准则的要求。

其次，资产减值测试可以从资产预计未来现金流量的现值或公允价值减去处置费用的净额两方面来考虑。资产预计未来现金流量的现值毋庸置疑是采用收益法的思路进行评估，因而本条规定成本法不适用于减值测试主要是针对公允价值减去处置费用设置的。成本法成立前提受限于资产/资产组的评估值可以通过资产的未来运营得以全额回收。因此，从理论上说，即使允许采用成本法计算公允价值减去处置费用，也必须同时采用收益法测算其未来的运营收益。

再次，会计准则定义的用于减值测试的资产/资产组是一个最小的现金产生单位，不可以继续分割为更小的单元。通常情况下，被评估的资产/资产组都是为了切合企业实际生产需要所配置的，具有一定的个体性。从实际可操作性角度出发，评估师可能可以采用成本法评估该资产/资产组中所包含的各项资产（如房产、设备、土地等），但资产/资产组的个体性将决定无法以成本法来将其作为一个整体加以评估。

二、《投资性房地产评估指导意见（试行）》的主要内容及特点

为适应资产评估新兴业务的发展，作为《以财务报告为目的的评估指南（试行）》的进一步细化，中国资产评估协会组织专家制定了《投资性房地产评估指导意见（试行）》（下称《指导意见》）并从2010年7月1日起

施行。

中国的房地产市场刚刚经历了充满机会和蓬勃发展的十年，2010 年开始，无论是中央还是地方政府都出台了众多政策对房地产价格进行调控，但是，市场参与者并未感受到价格的急剧缩水，几乎是所有的中国人，尤其是生活在一线城市的人都在谈论房地产价格的泡沫。投资性房地产作为具有收益能力的房地产更成为大家关注的话题。《指导意见》的出台填补了投资性房地产公允价值计量标准缺乏的空白，也成为进一步规范其他公允价值计量的相关评估行为的良好开端。《指导意见》作为中国评估准则体系下的具体指导性规范，并结合这一特殊资产本身的特质，尽量避免与已发布的《资产评估准则——不动产》中相关的内容重复，重点对投资性房地产评估在满足以财务报告为目的的评估中独特的或共性的问题进行了规范。

在评估的价值类型方面，《指导意见》规定“在符合会计准则计量属性规定的条件时，会计准则下的投资性房地产的公允价值一般等同于资产评估准则下的市场价值”。该规定将评估的价值类型与会计属性进行了衔接，成为连接评估价值类型定义与会计计量属性的重要桥梁。此外，将会计计量属性中的特殊规定，直接作为评估的价值类型，避免了相关定义上的分歧，保持了理解上的一致性，能够更为有效地服务于会计计量的特定要求。

在评估方法方面，在考虑中国会计准则中投资性房地产公允价值计量模式的前提条件基础之上，确立了市场法和收益法是投资性房地产评估的适宜的主要方法，同时，规定可以借助其他方法得出投资性房地产的公允价值，或价值分析意见，充分满足以财务报告为目的的评估要求。

在评估报告的披露要求方面，也充分结合了相关会计准则的需要，对评估中的主要假设、关键性参数（即输入值）的数据来源和房地产的产权瑕疵等方面的披露要求作出了指导性规定，再次体现了《指导意见》作为以财务报告为目的的特点和中国的房地产资产的特色。

此外，《指导意见》在凸现投资性房地产评估的特殊性方面进行了详尽的规范。投资性房地产评估是以财务报告为目的的评估，不同于通常情况下以交易或投资为目的的评估，评估师除了承担通常项目中和委托方及产权持有者的沟通协调工作之外，和审计师的良好沟通也成为决定项目进展是否顺利的关键因素，因此审计师成为评估师的另外一个客户。因此，《指导意见》在“基本要求”中对专业胜任能力、对会计准则的熟悉程度、和会计师的沟通等方面提出了指导性意见。不同于其他的评估业务，在资产负债表日企业对于投资性房地产公允价值的估计使投资性房地产评估成为类似于审计业务的周期性业务，投资性房地产评估也因此成为评估行业少有的持续评估业务之一。该等“周期”可能会是一年、半年甚至于一个季度。针对这一特点，《指导意见》也从现场勘察的程度和报告披露的详略方面提出了指导性意见。

作为评估准则体系最末端的元素，《指导意见》要解决的是评估师执业过程中的具体问题，因此必须结合实务，具有可操作性。比如：

- 评估范围到底应该由包括企业、审计师和评估师在内的哪一方来确定？
- 房和地单独核算时，如何进行评估结论和会计核算的匹配？
- 在中国会计准则有条件采用公允价值的规定下，成本法是否能被使用？
- 投资性房地产现有租约、经营业态对其公允价值的影响？
- 按照常规撰写的评估报告的内容是否能满足审计师的需要？
- 如何对有产权瑕疵的投资性房地产进行评估和披露？

《指导意见》用了大量篇幅来解决这些实际问题，对上述问题均提出了合理化的处理方式或指导性的建议。

第三节　我国公允价值计量的估值技术及输入值选择

公允价值计量中的估值技术主要包括市场法、收益法和成本法。其中成本法主要通过估算被评估资产的现实重置成本，如更新重置成本或复原重置成本来确定被评估资产的公允价值。这种方法主要用于估算单项资产（一般多见的是单项有形资产）的公允价值，一般需要确定被评估资产的重置全价和各种贬值，包括实体性贬值、功能性贬值和经济性贬值。收益法是通过估算被评估资产预期未来收益的现值的方式来确定被评估资产的公允价值，这种方法的基础与会计中资产的定义相吻合，因此在为财务报告服务的公允价值计量评估中具有比较广泛的应用前景。我们知道资产的定义是预计能够为资产所有者带来收益的经济资源，因此其价值也应该以可以带来收益的多少来衡量，收益法恰恰就是采用能为所有者带来收益的多少来衡量资产的公允价值，因此该方法的思路与会计上资产的定义是相吻合的。收益法是评估资产公允价值的一个十分重要的方法。资产评估的第三种方法是市场法，市场法是通过比较分析与被评估资产相同或相似资产近期在活跃交易市场上公平交易的成交价格（在活跃交易市场上公平交易的成交价格一般可以认为是公允价值）来确定被评估资产的公允价值。

在目前国内的市场条件下，在上述三种方法中收益法使用非常广泛，而且也是公允价值计量评估中最为重要的一种评估方法。公允价值计量中经常会遇到资产减值测试、合并对价分摊（PPA）等事项需要进行资产评估，例如在进行资产减值测试时就需要对被测试资产的可回收净值进行评估，根据CAS8《资产减值测试》的规定，资产可回收净值是该资产可变现净值与其在用价值的孰高者，在评估被测试资产的在用价值时需要采用未来收益折现的方法，也就是收益法进行评估；又例如，根据CAS20《企业合并》的规定，对于非同一控制下的企业合并，需要按照被合并企业资产的公允价值记账，因此需要对收购对价在被收购企业资产中进行分配，这种情况下经常也会出现采用收益法对被收购企业资产进行评估的情况，例如对资产组或无形资产公允价值的评估就经常采用收益法。

采用收益法评估中需要估算若干的输入值，并且这些输入值的估算对收益法评估结论的可靠性十分关键，这些输入值包括折现率、股权溢价与折价以及无形资产评估中的许可费率（提成率/分成率）等。

折现率实际上是对未来收益进行折现时所采用的一个重要输入值，这个输入值应该包含资产未来经营收益中所蕴涵的风险、资金的时间价值等一系列因素，因此准确、合理地估算出折现率对于采用收益法进行评估是十分关键的环节。

股权溢价与折价主要包括反映股权流动性的溢价与缺乏股权流动性的折价以及反映股权控制的控制溢价与缺乏控制权（少数股权）的控制折价。上述溢价与折价在股权公允价值评估中起到了十分重要的作用，因此应在定性分析的基础上定量估算出上述溢价与折价。

无形资产评估也是公允价值计量中经常需要进行评估的一类资产，例如资产减值测试以及合并对价分摊（PPA）中都会经常涉及。由于无形资产的特性因此一般多采用收益途径的评估方法，具体的操作方式包括许可费节省法、增量收益法以及超额收益法等。在收益途径的三种操作方法中，目前国际、国内最常用的是许可费节省法（该方法国内习惯称为提成法或分成法）。该方法就是通过估算一个假设的无形资产受让人如果拥有该无形资产，就可以节省许可费支出，将无形资产经济寿命期内每年节省的许可费支出通过适当的折现率折现，并以此作为无形资产价值的一种评估方法。采用该方法的一个最重要的关键点就是估算每年可以节省的许可费支出。衡量许可费一般都是采用一个销售收入的提成率或现金流（利润）的分成率，因此需要采用恰当的方法估算提成率或分成率。

一、折现率与加权平均资本成本（WACC）的估算或选择

（一）折现率的概念及口径

折现率的概念源自投资回报率，投资者在进行投资时，最关心的一个问题是其投资的回报率，因此对其进行的投资需要估算投资的回报率。例如投资者要进行一项股票投资，年初投资额为 P_0，年末如果该股票价格变为 P_1，同时在本年内，该股票投资获得分红 Div_1，则年末盘点该投资时，该投资者得到的回报率为：

$$r_1 = \frac{P_1 - P_0 + Div_1}{P_0} \quad (1)$$

上式（1）中的 r_1就是投资者在这年内投资 P_0的投资回报率。也就是如果知道年初、年末股票价格以及年内分红可以通过（1）式计算投资回报率。

通过数学推导，我们可以将（1）式变换为：

$$P_0 = \frac{Div_1}{1 + r_1} + \frac{P_1}{1 + r_1} \quad (2)$$

（2）式的含义就是如果我们事先知道本年的投资回报率为 r_1以及年末股票的价格和年内的分红，则年初的投资等于年末该投资价值除以（$1 + r_1$）与本年分红除以（$1 + r_1$）两个部分之和。我们把本年分红和年末价值除以（$1 + r_1$）的过程称为折现，因此 r_1就是所谓的折现率。

如果该投资者第一年末没有变现投资而是继续持有，则第二年年末股票价格变为 P_2，第二年获得分红 Div_2，则第二年的投资回报率 r_2为：

$$r_2 = \frac{P_2 - P_1 + Div_2}{P_1} \quad (3)$$

同样可以将上述（3）式变换为：

$$P_1 = \frac{Div_2}{1 + r_2} + \frac{P_2}{1 + r_2} \quad (4)$$

如果我们将（4）式代入（2）式中，则可以得到下式：

$$P_0 = \frac{Div_1}{1 + r_1} + \frac{Div_2}{(1 + r_1)(1 + r_2)} + \frac{P_2}{(1 + r_1)(1 + r_2)}$$

如果该投资者是一个“长线”投资者，长期持有该投资，则第 n 年后，我们可以得到下式：

$$P_0 = \frac{Div_1}{1 + r_1} + \frac{Div_2}{(1 + r_1)(1 + r_2)} + \frac{Div_3}{(1 + r_1)(1 + r_2)(1 + r_3)} + \cdots + \frac{Div_n}{(1 + r_1)(1 + r_2)\cdots(1 + r_n)} + \frac{P_r}{(1 + r_1)(1 + r_2)\cdots(1 + r_n)}$$

如果我们假设被投资的公司每年的投资回报率 r_i（$i = 1, 2, \cdots, n$）全部一样为 R，

即：$r_1 = r_2 = r_3 = \cdots = r_n = R$

则：我们可以得到：

$$P_0 = \frac{Div_1}{1 + R} + \frac{Div_2}{(1 + R)^2} + \frac{Div_3}{(1 + R)^3} + \cdots + \frac{Div_n}{(1 + R)^n} + \frac{P_n}{(1 + R)^n} \quad (5)$$

（5）式是假定投资者对一家上市公司股票进行投资，依据预期的股利和退出价格以及必要投资回报率，测算得出期初投资价值的计算公式，也是对一个企业少数股东权益投资价值的计算方法；如果投资者的投资是对整个公司进行收购，也就是体现控股股东的权益，则投资企业每年的分红就应该变为被投资企业每年可以获得的经营现金流 NCF，即：

$$P_0 = \frac{NCF_1}{1 + R} + \frac{NCF_2}{(1 + R)^2} + \frac{NCF_3}{(1 + R)^3} + \cdots + \frac{NCF_n}{(1 + R)^n} + \frac{P_n}{(1 + R)^n} \quad (6)$$

上式（6）中被投资企业的经营现金流：

NCF = 销售收入 - 销售成本 - 期间费用 - 所得税 + 折旧/摊销 - 营运资金增加 - 资本性支出

上式（6）的含义为对企业的期初投资价值等于该投资持续期间每年可以获得的经营现金流的现值之和再加上期末该投资价值的现值。

从上述含义中可以得知，公式（5）和公式（6）实际上就是采用收益法评估企业价值的基本理论公式，公式（5）和公式（6）分别为少数股东权益和控股权益期初投资估算公式。

上式（5）或（6）中的 R 就是通常所说的折现率，从上述折现率的推导过程可以看出，折现率实际上就是投资回报率，也就是原始的定义公式中

的 r_1：

$$R = r_1 = \frac{P_1 - P_0 + Div_1}{P_0}$$

从上式中，抽象出折现率的定义为：

$$折现率（R） = \frac{年收益流}{产生收益流资产的价值}$$

对于公允价值的评估需要要求上式中的分母应该为产生收益流资产的公允价值，但分子的年收益流则可以根据计量的口径不同而存在不同口径的折现率：当分子年收益流采用利润口径计量，则折现率为利润口径的折现率，如果利润为税前利润，则为税前利润口径的折现率，如果为税后利润，则为税后利润口径的折现率，当分子年收益流采用现金流口径计量，则折现率为现金流口径的折现率，如果现金流为税前现金流，则为税前现金流口径的折现率，如果为税后现金流，则为税后现金流口径的折现率；当分子年收益流为股权投资的收益流，则折现率为股权投资口径折现率；如果收益流为全投资收益流，则折现率为全投资口径折现率。

在评估实务中，经常见到的股权口径的折现率计算模型是资本资产定价模型（Capital Asset Pricing Model，CAPM），该模型公式如下：

$$CAPM = R_f + \beta \times ERP + R_s$$

其中：CAPM：股权收益率；R_f：无风险收益率；β：Beta 风险系数；ERP：股权市场超额收益率；R_s：公司特有风险超额收益率。

该模型是由美国学者威廉·夏普（William Sharpe）、林特尔（John Lintner）、特里诺（Jack Treynor）和莫辛（Jan Mossin）等人在现代投资组合理论的基础上发展起来的，是现代金融市场价格理论的支柱，广泛应用于投资决策和公司理财领域。CAPM 是一种市场一般均衡模型，它对证券价格行为、风险报酬关系和证券风险的合适衡量提供了明晰的描述，由于该模型源自对股票投资回报率的研究，因此一般认为是现金流口径的折现率。另一方面我们在计算股票投资收益时一般都采用税后收益，因此 CAPM 的模型代表税后收益口径的折现率。

由于一般股票投资都是公允价值投资，因此可以认为 CAPM 模型计算出来的折现率应该是公允价值口径的折现率。

加权平均资本成本（Weighted Average Cost of Capital，WACC），是指企业以各种资本在企业全部资本中所占的比重为权数，对各种资金的资本成本加权平均计算出来的资本总成本，它是期望的股权回报率和所得税调整后的债权回报率的加权平均值：

$$WACC=\frac{E}{D+E}R_e+\frac{D}{E+D}R_d\ (1-T)$$

其中：R_e：股权投资回报率；R_d：债权投资回报率；E：股权公允价值；D：债权公允价值；T：适用所得税税率。

与 CAPM 模型一样，WACC 也是现金流口径的折现率，但与 CAPM 不同的是它是全投资口径的折现率，一般采用现后口径，即上述公式。

（二）加权平均资本成本（WACC）的估算方法

1. WACC 的估算

公允价值的评估中经常会采用或借用 WACC 作为折现率或作为进一步估算无形资产折现率的基础。在国内，估算中国国内的 WACC 需要结合中国的国情和实际情况进行估算。下面是一种符合中国国情的 WACC 的估算方法，该种方法的具体估算思路是在国内上市公司中选择可比公司，通过对可比公司经营风险的分析、判断来估算被评估企业的折现率，具体估算过程如下：

（1）选取可比公司。由于被评估企业通常都是非上市公司，无法直接计算其 Beta 系数，因此也就无法直接估算出其加权平均资金成本。比较可行的方法是在上市公司中寻找一些在主营业务范围、经营业绩和资产规模等方面均与被评估企业相当或相近的上市公司作为可比公司，通过估算可比公司的 Beta 系数来估算被评估企业的 Beta 系数，并进而估算被评估企业的 WACC。

在选取可比公司时需要考虑以下因素：

①可比公司需要与被评估公司主营业务相同或相近，或受同样的经济因素影响；

②可比公司近年的经营业绩与被评估企业相似（即，如果被评估企业为盈利企业，则选择的可比公司也应该为盈利企业；如果被评估企业为亏损企业，则可比公司也应该选择亏损企业等）；

③可比公司的资产规模要尽量与被评估企业相当；

④可比公司单一发行 A 股股票，并且至少有 2 年（24 个月）的上市历史，并且股票交易活跃；

⑤可比公司股票与选定的股票市场指标指数的 t 相关性检验要全部

通过。

由于目前我国境内（大陆）上市公司数量有近2 500家，还有一些境外上市的公司，上市公司所涉及的行业也较为广泛，为折现率的估算创造了必要的条件。同时，公允价值计量评估要求折现率中所反映的风险因素，应该是对于所有市场参与者都认可的风险，不能仅是特定参与者认定的风险。为了使估算出来的折现率能够反映市场参与者共同认定的风险，只有采用股票市场的相关数据才能有效地反映出带有市场参与者共性的风险。但是在实际操作中仍然可能无法找到完全满足上述条件的可比公司。那么在评估实务中，只要尽量选取符合条件或选取靠近条件的可比公司，再进行一些必要的调整也可以得到满意的结果。

选取有一定上市历史的可比公司，主要是考虑将来计算Beta值和t相关检验时需要有足够多的样本点数据。

据了解，美国一般采用5年或60个月的历史交易数据，根据我国的具体情况，我们认为我国至少需要2年或24个月。

要求可比公司发行在外的股票单一，全部为人民币A股，这主要考虑由于目前中国A、B股股价有较大的差异，在计算企业市值时情况比较复杂。H股或国外其他股票则由于存在股市“机制”不同，特别是其反映的价值并不是国内市场的公允价值，不易采用。因此要求可比公司只有人民币A股。

可比公司一般选取4～8个比较合适，最低应不要少于3个。

（2）可比公司的t检验。对所选择的可比公司进行t检验的目的是确信所选择的可比公司其股票的波动与股市整体波动之间存在相关性，为下面的具体数学运算提供前提保证，只有确信所选择的可比公司的股票价格波动与股票市场之间存在线性关系，才能采用线性回归的方式估算出其相关系数Beta。可以借用Wind资讯的数据终端系统进行t检验。

对所选择的可比公司进行t检验的过程分以下几步：

①选择衡量股票市场的指数，我们一般可以选择沪深300成分指数。

②在Wind数据终端“股票”选项的“估值定价”下选择Beta计算器，点击Beta计算器后，系统会弹出一个对话框，在对话框的左上角选择“单公司Beta”选项。

③在“股票代码”框中输入所选定的可比公司股票代码，在“标的指数”框中输入标的指数，我们一般选择沪深300指数。

④“计算周期”框中一般选择“月”，“时间范围”则选择基准日向前推最多60个月的月末，如果可比公司没有60个月的上市历史，则可以选择其上市首月的月末，但至少应该保证有24个月的数据。

⑤在“收益率计算方法”框中选择普通收益率，“剔除财务杠杆(D/E)”框中选择不剔除。

⑥选择完上述参数后，点击“开始计算”，等待计算结果。

⑦在Beta计算器对话框右侧栏目中记录“原始Beta值”、“Beta标准偏差值”和“观察值点数”，并按下式计算t统计量：

$$t=\frac{\text{Beta 原始值}}{\text{Beta 标准偏差}}$$

⑧查表找95%双尾检验，容量为“观察值点数”减2的临界值。也可以利用Excel中的TDIST函数估算95%双尾t分布临界值。方法如下：TDIST函数有三个参数，其形式如下：TDIST（临界值，观察值点数-2，2），其中观察值点数取第⑦步中的观察值点数，通过不断试验临界值取值，使得TDIST函数计算值等于或接近于2.5%，也就是试验临界值取值，使得TDIST最后为或接近2.5%。

⑨比较t统计量与临界值，当t统计量>临界值，则t检验通过，否则没有通过。没有通过t检验的可比公司需要剔除重新选择。

这里有一个经验数据，由于选择的可比公司都有超过24个月的上市历史，因此其观察值点数减2都会超过20，则只要t统计量大于2，则t检验一般就可以通过。

2. 被评估企业加权平均资本成本（WACC）的估算

WACC代表期望的总投资回报率。它是期望的股权回报率和所得税调整后的债权回报率的加权平均值。

在计算总投资回报率时，第一步，计算截至评估基准日的股权资金回报率和利用公开的市场数据计算债权资金回报率。第二步，计算加权平均股权回报率和债权回报率。

（1）股权回报率的确定。为了确定股权回报率，通常利用资本资产定价模型（CAPM）来估算股权投资者期望收益率。它可以用下列公式表述：

$$R_e = R_f + \beta \times ERP + R_t$$

其中：R_e：股权回报率；R_f：无风险回报率；β：Beta风险系数；ERP：市场风险超额回报率；R_t：公司特有风险超额回报率。

分析估算 CAPM，可以采用以下几步：

第一步：确定无风险收益率 R_f。

国债收益率通常被认为是无风险的，因为持有该债权到期不能兑付的风险很小，可以忽略不计。

所谓无风险收益率就是指投资一个没有风险的投资项目所能得到的收益率。在实务中，一般都是将投资政府发行的国债作为没有风险的投资项目，或者说是风险最小以至可以忽略的投资项目，因此在评估实务中一般都将投资国债的收益率作为无风险收益率。在利用国债估算无风险收益率时需要关注如下问题：

①选用国债到期收益率（Yield to Mature Rate，YTM）。所谓“到期收益率”是计算债券收益率的一个通用方式，到期收益率是指假定在评估基准日投资者投资购买国债并持有到期所能获得的平均年收益率。目前国内评估界存在一些评估人员选择国债票面利率作为国债的收益率，这种估算无风险收益率的方式在理论上存在缺陷。因为票面利率只有当在评估基准日投资者可以以国债账面价值购买国债，并且每年复利计息，才可能每年获得票面利率的收益，如果评估基准日购买价不是票面价值，或每年单利计息，则票面利率通常是不等于实际年收益率，因此采用票面利率作为国债收益率，在理论上是不正确的。正确的做法是采用复利计算的年到期收益率作为国债的年收益率。

②采用评估基准日到国债到期日剩余年限超过 10 年以上的国债。在国债交易市场上交易的国债包括短期的和长期的，在选择国债计算无风险收益率时应该选择短期的国债还是应该选择长期的国债好呢？选择长期的国债应该选择剩余年限为多长的好呢？

选择国债收益率是为了估算无风险的投资收益率，这个无风险投资收益率应该是用来与被评估企业的经营业务进行对比分析的，一般采用收益法评估企业价值时都是假定被评估企业的经营至少可以持续经营 5 年，也就是一般都要详细预测企业未来 5 年的经营情况，然后再采用所谓的“固化”方式处理。如果选择短期国债，也就是基准日到到期日剩余年限不足 5 年，则在与被评估企业未来经营风险进行对比分析时就会出现年限不匹配的问题，也就是原有国债到期后需要再投资购买国债，这就有一个再投资风险问题。选择国债是为了估算无风险收益，所以未来不确定的风险越小越好，因此选择剩余年限长期的国债可以规避再投资风险，因此可以得出结论，选择长期国债比选择短期的好。那么，剩余年限多长为好呢？一般需要预测被评估企业未来5年的经营业绩，这样也至少应该选择从基准日到到期日剩余年限还有5年的国债进行分析对比才在年限上比较匹配，因此应该选择剩余期限还有5年或5年以上的国债计算到期收益率为好。而如果被评估企业是尚未进入经营稳定期的企业，则一般10年后应该会进入相对稳定期，因此实践中也有选择10年期国债估算无风险收益率的。国外实务中，有些评估机构选择30年，考虑到目前国内发行的国债超过30年期的不是很多，如果选择时间较长，则可选择的国债数量较少，不能满足选择多种国债以降低在特定时期内投资不成功的风险这一条件，因此综合上述原因，我们认为选择剩余年限为不低于10年期国债比较符合中国国情。

③选用复利到期收益率。国债的收益率计算存在单利收益率和复利收益率两种收益率，由于估算的折现率应该是复利折现率，因此最好应该选择复利的收益率作为我们的到期收益率。从在沪、深两市选择从评估基准日到国债到期日剩余期限超过5年期的国债，并计算其到期收益率，取所选定的国债到期收益率的平均值作为无风险收益率。

估算无风险收益率可以采用Wind数据终端。利用Wind数据终端估算无风险收益率的具体操作过程如下：

首先，在“债券”项目下选择“数据浏览器”，在对话框左下面的“待选范围”内选择“债券类型”，在“债券类型”中选择“国债”，则出现全部国债列表；

然后，根据需要在“我的指标”中选择需要列出的指标，指标可以根据需要选择，但一般需要选择以下指标：在“行情指标”中选择基准日“交易收盘价”，在“分析指标”、“风险收益”指标中选择“距到期日时间（年）”指标和“到期收益率（复利）”指标；

最后，选定好相关参数后，点击“提取数据”和“导出到EXCEL”将选择数据导出到EXCEL表中。在EXCEL表中对相关数据进行整理，保留距到期日时间超过5年的国债，并计算其到期收益率的平均值。

一般以上述国债到期收益率的平均值作为无风险收益率。

第二步：确定股权市场风险超额收益率（ERP）。

股权风险超额收益率是投资者投资股票市场所期望的超过无风险收益率的部分。正确地确定风险收益率一直是许多股票分析师的研究课题。例如：在美国，Ibbotson Associates的研究发现从1926年到1997年，股权投资平均年复利回报率为 11.0%，超过长期国债收益率约 5.8%。如果以几何平均计算，这个差异被认为是股权投资风险收益率。

参照美国相关部门估算 ERP 的思路，可以对中国的 ERP 进行估算。

表 4－3　　2009 年市场超额收益率（ERP）估算表

序号	年份	R_m 算术平均值	R_m 几何平均值	无风险收益率 R_f（距到期剩余年限超过 10 年）	ERP = R_m 算术平均值 − R_f	ERP = R_m 几何平均值 − R_f	无风险收益率 R_f（距到期剩余年限超过 5 年少于 10 年）	ERP = R_m 算术平均值 − R_f	ERP = R_m 几何平均值 − R_f
1	2000	32.47%	26.92%	3.46%	29.01%	23.47%	3.46%	29.01%	23.47%
2	2001	15.06%	11.15%	3.83%	11.23%	7.32%	2.92%	12.14%	8.23%
3	2002	7.49%	1.93%	3.00%	4.49%	−1.07%	2.79%	4.70%	−0.86%
4	2003	9.80%	3.89%	3.77%	6.03%	0.12%	3.27%	6.53%	0.63%
5	2004	7.69%	1.93%	4.98%	2.71%	−3.05%	4.71%	2.98%	−2.78%
6	2005	4.49%	−0.78%	3.56%	0.93%	−4.34%	3.14%	1.36%	−3.91%
7	2006	23.86%	13.23%	3.55%	20.31%	9.68%	3.18%	20.68%	10.05%
8	2007	52.60%	30.32%	4.30%	48.30%	26.02%	4.03%	48.57%	26.30%
9	2008	44.28%	9.68%	3.80%	40.48%	5.88%	3.42%	40.86%	6.26%
10	2009	45.97%	16.51%	4.09%	41.88%	12.42%	3.77%	42.20%	12.74%
11	平均值	24.37%	11.48%	3.83%	20.54%	7.65%	3.47%	20.90%	8.01%

原始数据来源：Wind 资讯。

由于几何平均值可以更好地表述收益率的增长情况，因此采用几何平均值计算的 ERP 作为目前国内市场超额收益率比较妥当。

根据表 4－3 中数据，采用几何平均值计算的 ERP 包含两个，分别为 7.65% 和 8.01%，上述两个数据是根据被评估企业经营期的长度以及无风险收益率计算过程中国债剩余年限的长度来分析选择，当被评估企业的剩余经营期为 5～10 年时，选择剩余年限为 5～10 年的国债计算无风险收益率，这时 ERP 可以选择 8.01%；当被评估企业的剩余经营期超过 10 年时，选择剩余年限超过 10 年的国债计算无风险收益率，这时 ERP 可以选择 7.65%。企业价值评估时，一般都是假设企业可以持续经营，因此多选择 7.65% 作为 ERP，但当对一些无形资产如专利、计算机软件等进行评估时，其剩余经营寿命达不到10年，因此这时多采用8.01%作为ERP。

第三步：确定可比公司相对于股票市场风险系数β（Levered Beta）。

β被认为是衡量公司相对风险的指标。投资股市中一个公司，如果其β值为1.1，则意味着其股票风险比整个股市平均风险高10%；相反，如果公司β为0.9，则表示其股票风险比股市平均低10%。因为投资者期望高风险应得到高回报，β值对投资者衡量投资某种股票的相对风险非常有帮助。

利用Wind数据终端可以非常方便地估算出可比公司的β值，具体估算操作过程可参照可比公司t检验过程的描述。

第四步：计算可比公司Unlevered Beta和估算被评估企业Unlevered Beta。

通过计算得到的可比公司股票被认为是包含该可比公司财务杠杆的Levered Beta，剔除可比公司财务杠杆对Beta值的影响，也就是所谓的Unlevered Beta。

企业价值评估中Levered Beta或者β_l与Unlevered Beta或者β_u之间的换算存在许多换算公式，其中比较常用的公式：

$$\beta_l = \beta_u \times \left[1 + \frac{D}{E}(1 - T)\right] \tag{7}$$

利用上述公式：

$$\text{Unlevered Beta} = \frac{\text{Levered Beta}}{1 + (1 - T)(D/E)}$$

其中：D：可比公司债权公允价值；E：可比公司股权价值；T：可比公司适用所得税税率。

将可比公司的Unlevered Beta计算出来后，可以取其平均值作为被评估企业的Unlevered Beta。之后需要确定被评估企业的资本结构比率。

第五步：确定被评估企业的资本结构。

在确定被评估企业目标资本结构时，可以参考以下指标：

①可比公司资本结构平均值；

②被评估企业自身账面价值计算的资本结构。

最后综合上述指标确定被评估企业目标资本结构。

表4-4是中国股市上市公司分行业资本结构统计表。

表 4－4　　上市公司资本结构行业汇总表

序号	样本点分类行业	样本数量	采用市场价格数据			采用账面价值数据		
			D/(D+E)	E/(D+E)	D/E	D/(D+E)	E/(D+E)	D/E
1	采掘业	35	12.59%	87.41%	14.40%	23.80%	76.20%	31.24%
2	传播与文化产业	11	9.97%	90.03%	11.08%	21.81%	78.19%	27.89%
3	电力、煤气及水的生产和供应业	57	29.50%	70.50%	41.85%	40.09%	59.91%	66.91%
4	房地产业	70	28.27%	71.73%	39.40%	43.25%	56.75%	76.22%
5	建筑业	35	27.45%	72.55%	37.83%	41.78%	58.22%	71.75%
6	交通运输、仓储业	59	23.42%	76.58%	30.59%	34.26%	65.74%	52.12%
7	农、林、牧、渔业	30	17.69%	82.31%	21.49%	34.59%	65.41%	52.88%
8	批发和零售贸易业	84	18.43%	81.57%	22.60%	32.81%	67.19%	48.82%
9	社会服务业	45	18.03%	81.97%	21.99%	30.57%	69.43%	44.03%
10	信息技术业	85	11.03%	88.97%	12.40%	21.73%	78.27%	27.76%
11	制造业——其他制造业	22	15.04%	84.96%	17.70%	25.73%	74.27%	34.65%
12	制造业——电子	66	15.06%	84.94%	17.72%	23.06%	76.94%	29.97%
13	制造业——纺织、服装、皮毛	60	21.09%	78.91%	26.73%	32.31%	67.69%	47.73%
14	制造业——机械、设备、仪表	224	15.89%	84.11%	18.89%	28.64%	71.36%	40.14%
15	制造业——金属、非金属	122	26.72%	73.28%	36.47%	40.43%	59.57%	67.88%
16	制造业——木材、家具	5	27.39%	72.61%	37.73%	36.41%	63.59%	57.26%
17	制造业——石油、化学、塑胶、塑料	151	22.91%	77.09%	29.72%	35.50%	64.50%	55.04%
18	制造业——食品、饮料	59	14.78%	85.22%	17.34%	27.93%	72.07%	38.75%
19	制造业——医药、生物制品	90	13.92%	86.08%	16.17%	39.37%	60.63%	64.92%
20	制造业——造纸、印刷	29	26.03%	73.97%	35.19%	32.90%	67.10%	49.03%
21	综合类	58	22.17%	77.83%	28.48%	38.89%	61.11%	63.64%
22	全部整体	1 397	19.72%	80.28%	24.57%	33.07%	66.93%	49.42%

原始数据来源：Wind 资讯。

第六步：估算被评估企业在上述确定的目标资本结构比率下的 Levered Beta。

将已经确定的被评估企业资本结构比率代入到如下公式中，计算被评估企业 Levered Beta：

Levered Beta = Unlevered Beta × [1 + (1 − T) × D/E]

其中：D/E：被评估企业确定的目标资本结构；T：被评估企业适用所得税税率。

第七步：估算公司特有风险超额回报率（R_t）。

公司特有风险超额回报率可以分为两部分：

公司规模超额收益率 R_s，即由于被评估企业公司的规模产生的超额收益率，这部分超额收益率的估算公式如下：

$R_s = 3.139\% - 0.2485\% \times NB$　（$R^2 = 90.89\%$）

其中：R_s：被评估企业规模超额收益率；NB：为被评估企业净资产账面值（NA≤10 亿，当超过 10 亿时按 10 亿计算）。

将被评估企业的账面净资产换算为亿元单位代入上式后可以计算公司规模超额收益率 R_s。

公司其他特有风险收益率 R_q，即公司除了规模超额收益率外还有其他的一些特有风险，例如客户、供应商单一等一些极端的风险因素，对于这部分超额风险回报率需要评估师根据了解的具体情况进行分析判断。

被评估企业特有风险超额收益率（R_t）= 规模超额收益率（R_s）+ 其他特有风险收益率（R_q）

第八步：计算被评估企业股权投资回报率。

将恰当的数据代入 CAPM 公式中，就可以计算出对被评估企业的股权期望回报率。

（2）债权回报率的确定。这里的债权回报率实际上是被评估企业的期望债权投资回报率，也就是说，是债权投资人投资到被评估企业所期望得到的投资回报率。根据债权投资回报率的定义，最佳的估算方法应该是在中国债券市场上找到与被评估企业债权相当或相似的债券作为对比债券，计算对比债券的到期收益率作为被评估企业债权的期望投资回报率。但是，目前在中国，只有部分大型企业或国家重点工程项目才可以被批准发行企业债券或公司债券，因此找到可作为被评估企业“可对比”的债券比较困难。因此，全部用找到可对比债券的方式估算被评估企业债权期望投资回报率存在一定困难。在国内，目前不是所有的被评估企业都能找到可比债券。

对债权回报率的另一个被接受的近似估计是银行贷款利率。这种方法在现实中也广为应用，但以银行贷款利率作为被评估企业债权投资回报率存在重大缺陷，其缺陷主要表现在以下几个方面：

①贷款利率是银行系统借贷给企业的利率，这个利率并不随着借款方的经营风险的改变而有重大的改变，因而不能充分反映被评估企业实际债权的投资风险，因而也不能充分代表其债权期望投资回报率。可以设想，一个大型的盈利能力非常好的企业，其债权投资期望的回报率不可能与一个小型的盈利能力一般的企业的债权投资期望回报率一样。

②贷款利率作为国家宏观调控的一种手段，经常会因为国家宏观政策的调整而改变，而国家宏观政策的改变与被评估企业经营风险并不一定存在必然联系，因此并不是国家宏观政策改变了，企业的债权投资风险就改变了。例如：目前国家开始实施积极的财政政策和适度宽松的货币政策，银行利率大幅度下调，这一政策并不代表被评估企业的债权投资风险大幅度降低了，相反被评估企业目前债权投资可能因全球经济危机而加大。因此贷款利率不能代表被评估企业的债权期望投资回报率。

但是，贷款利率存在一个好处，就是容易获得，因此在一定条件下是可以在一定程度上反映企业的债权投资回报率的，但这不是一成不变的。

根据 Wind 数据显示，2007 年 12 月 ~2008 年 12 月，国内债权交易市场上距到期日剩余年限超过 5 年以上的债权投资到期收益率情况如表 4 - 5 所示。

表 4 - 5　　2007 年 12 月 ~2008 年 12 月债券到期收益率一览表

月　份	A 级债券	A^+ 级债券	AA^- 级债券	AA 级债券	AA^+ 级债券	AAA 级债券
12 月 7 日	6.47	6.02	5.63	5.43	5.06	5.08
1 月 8 日	6.48	6.06	5.67	5.43	5.34	5.57
2 月 8 日	6.48	5.92	5.71	5.39	5.45	5.44
3 月 8 日	6.48	5.91	5.54	5.36	5.27	5.28
4 月 8 日	6.48	5.79	5.58	5.41	5.30	5.36
5 月 8 日	6.89	5.60	5.54	5.39	5.34	5.39
6 月 8 日	7.18	5.61	5.48	5.34	5.36	5.40
7 月 8 日	6.77	5.86	5.46	5.38	5.44	5.46

续表

月　份	A 级债券	A^+ 级债券	AA^- 级债券	AA 级债券	AA^+ 级债券	AAA 级债券
8 月 8 日	6.74	5.79	5.50	5.44	5.50	5.53
9 月 8 日	6.38	6.23	5.54	5.41	5.25	5.26
10 月 8 日	6.47	6.35	5.29	5.29	5.24	4.99
11 月 8 日	6.57	6.34	5.29	5.23	5.05	4.82
12 月 8 日	6.26	6.22	5.37	4.97	4.77	4.56
平均值	6.59	5.98	5.51	5.34	5.26	5.24
债券级差收益率差异	0.61	0.47	0.16	0.09	0.02	

从表 4－5 中数据可以看出，信用评级不同，其到期收益率存在明显差异。目前银行贷款利率 5.31%，基本上相当于 AA^- 级信用级别的投资回报率，如果对所有的被评估企业一律全部采用银行贷款利率作为债权期望回报率，则显然容易出现由于低估或高估其风险使得债权期望回报率取值出现偏差。

由于目前国内上市交易的国债一般评级均在 A 级以上，因此对于 A 级以下的债券无法直接获得其到期收益率，但是可以根据 A 级到 AAA 级的数据采用外推的方式获得 A 级以下的债券的到期收益率。

根据表 4－5 中数据，可以分析得到两级债券收益率差额数据如表 4－6 所示。

表 4－6　　两级债券收益率差额表

项　目	A 级～A^+ 级	A^+ 级～AA^- 级	AA^- 级～AA 级	AA 级～AA^+ 级	AA^+ 级～AAA 级
序　号	5	4	3	2	1
收益率级差	0.61%	0.47%	0.16%	0.09%	0.02%

建立趋势回归分析模型如下：

$Y = -0.2025 + 0.1572X \quad (R^2 = 93.0\%)$

根据上述模型可以分别外推计算各级别债券的到期收益率如表 4－7 所示。

表 4-7　　各级别债券的到期收益率表

序　号	评级级别	债券到期收益率
1	D	27.84%
2	C	25.12%
3	CC	22.56%
4	CCC	20.16%
5	B^-	17.91%
6	B	15.82%
7	B^+	13.89%
8	BB	12.12%
9	BB^+	10.50%
10	BBB	9.04%
11	A^-	7.74%
12	A	6.59%
13	A^+	5.98%
14	AA^-	5.51%
15	AA	5.34%
16	AA^+	5.26%
17	AAA	5.24%

了解到美国评估界经常采用已获利息倍数为参数作为企业债权偿债能力的一个衡量标准，并根据这个标准来估计被评估企业的债权评级标准，同时根据市场上的数据分析估算每类债权的平均到期收益率。借鉴这个思路，我们可以根据市场上的数据分析估算每类债权的平均到期收益率。

由于国内债券市场目前尚处于发展阶段，根据相关法律，债券评级不到A级的债券是不能上市交易的，因此在国内目前仅能找到评级在A级或A级以上级别债券的相关数据资料，根据A级及A级以上级别的相关数据采用外推的方式可以得到关于中国市场上的相关表格数据如表4-8所示。

在实际评估操作中就可以参考表4-8确定债券期望投资回报率 R_d。

综合以上论述，在实务操作中，综合考虑对比债权方法和银行贷款利率的方式确定被评估企业债权期望投资回报率应该是比较合理的方法。

（3）加权平均资本成本（WACC）的确定。利用股权期望回报率和债权回报率可以计算加权平均资本成本。权重为评估对象目标资本结构比例。

表 4-8　　已获利息倍数确定债券级别及到期收益率表

>	≤	评级级别	债券到期收益率	债券投资超额收益率
-100 000	0.05	D	27.84%	23.93%
0.05	0.10	C	25.12%	21.21%
0.10	0.15	CC	22.56%	18.65%
0.15	0.20	CCC	20.16%	16.25%
0.20	0.30	B^-	17.91%	14.00%
0.30	0.50	B	15.82%	11.91%
0.50	0.60	B^+	13.89%	9.98%
0.60	0.80	BB	12.12%	8.21%
0.80	1.00	BB^+	10.50%	6.59%
1.00	1.50	BBB	9.04%	5.13%
1.50	2.5	A^-	7.74%	3.83%
2.5	3.5	A	6.59%	2.68%
3.5	4.5	A^+	5.98%	2.07%
4.5	5.0	AA^-	5.51%	1.60%
5.0	6.0	AA	5.34%	1.43%
6.0	10.0	AA^+	5.26%	1.35%
10.0	-	AAA	5.24%	1.33%

加权平均资本成本（WACC）可以利用以下公式计算：

$$WACC = R_e \frac{E}{D+E} + R_d \frac{D}{D+E}(1-T)$$

其中：WACC：加权平均资本成本；$\frac{E}{E+D}$：根据被评估企业目标资本结构估算的股权比率；R_e：股权期望回报率；$\frac{D}{E+D}$：根据被评估企业目标资本结构估算的债权比率；R_d：债权期望回报率；T：被评估企业适用所得税税率。

二、流动性/缺乏流动性、控制权/缺乏控制权属性分析及评估方法

（一）估值技术的基本方法

估值技术的三种基本方法是：市场法、收益法和成本法（资产基础法）。

市场法是选取与被评估企业相似的上市公司作为可比公司，或与被评估

企业相似的企业近期合并、收购成交的案例作为对比案例，通过分析可比公司或对比案例的成交价来确定被评估企业价值的一种技术途径。

收益法是将企业未来经营收益流，采用折现的方式折为现值，以折现值作为评估值的一种技术途径。

成本法（资产基础法）是将被评估企业拥有的各单项资产的价值分别进行评估后进行加总，再扣除相关负债的价值，以净资产作为评估值的一种技术途径。

（二）企业股权的两种属性状态

企业股权存在两种属性状态，一是流动性/缺乏流动性；二是控制权/缺乏控制权（控股股权/少数股权）。

流动性属性表现为企业股权的变现速度快、流动性好。我们知道，企业一般分为上市公司和非上市公司，上市公司的流通股可以在规定的证券交易所竞价交易，因此变现非常方便迅速，这类股权被称为具有流动性的股权；另一类企业，本身不是上市公司，其股权不能在规定的证券交易所竞价交易，只能通过其他途径变现，这类股权的变现方便程度和速度远不如上市公司的流通股权，这类股权被称为缺乏流动性的股权。

股权的控制属性代表股权持有者对股权公司的经营管理具有控制权。控制是指对于企业的经营管理拥有决策权，可以决定企业的日常经营并且有以下权力：①任命管理层和选举董事的权力；②决定管理层报酬的权力；③制定经营政策的权力；④决定收购、清算部分资产，决定合并、出让和上市的权力；⑤决定分红派息的权力。

控制一般分为绝对控制和相对控制。所谓绝对控制，在国内，根据公司法的有关规定是持有股权公司51%以上的股权；相对控制是指虽然没有持有股权公司51%以上的股权，但是由于公司股权分散或者公司章程中的特殊规定具有对公司的实际控制权。

缺乏控制权是指没有企业的经营决策权。

一般情况下，对于一个特定委托方委托评估的企业部分股权，其一定是处于上述所说的两种股权属性状态中的一种：要么是具有流动性属性的股权，要么是具有非流动性属性的股权；要么是具有控制属性的股权，要么是缺乏控制权属性的股权。

企业股权价值评估的“三种基本方法”都是先评估出股权企业100%股权的价值，然后再根据被评估股权的比例决定被评估的部分股权的价值。由此产生一个问题："三种基本方法"评估结论，即所谓的被评估企业100%股权价值本身是代表流动性属性的价值还是缺乏流动性属性的价值，或者代表控制属性的价值还是缺乏控制权属性的价值。任何一个股权都要具有且仅具有股权两种属性状态选项中的一种，不可能同时具有两种选项，也不可能一种选项也不具备。例如，需要了解采用资产基础法方法得出的评估结论是代表股权流动性的价值还是缺乏流动性属性的价值。如果委托评估的股权是非流通的，采用资产基础法得出的价值是代表股权流动性属性的价值，则为了估算委托评估的缺乏流动性属性的股权价值，还需要对上述流通属性的价值进行缺乏流动性折价调整，这样才能获得缺乏流动性属性的股权价值；如果委托评估的股权本身也是流通的，则就不需要再进行缺乏流动性折价调整。同样，如果采用资产基础评估方法得出的评估结论代表控制属性的价值，委托评估的股权是缺乏控制权属性的，则需要对具有控制属性的股权评估价值进行缺乏控制权折价调整；反之，如果被评估的股权本身也是具有控制权的，则不再需要进行缺乏控制权调整。

由上述分析可以得出结论，了解采用"三种基本方法"的评估结论代表的股权"两种属性状态"是正确选用缺乏流动性折价和控制溢价调整的重要前提。

（三）成本法（资产基础法）评估结论的股权属性分析

成本法（资产基础法）的评估途径是逐项评估企业的全部各单项资产的价值，这些资产包括有形资产和无形资产，特别需要说明的是还应该包括被评估企业的不可辨认无形资产——商誉，将全部资产逐项评估加总后再扣除负债的价值，以净资产作为企业股权的评估价值。资产基础法中的各单项资产的评估一般多采用重置成本法估算其现实购置价值，由于各单项资产的购置价值是由企业控制权决定的，即只有控制权才能决定企业各项资产的购置价值，因此资产基础法评估结论是代表控制权属性的，也就是说采用成本法评估的结论代表股权控制权属性的价值。

成本法评估结论流动性属性是由该方法是否评估被评估企业的商誉以及如何评估商誉的情况决定的。如果所评估的资产是包括被评估企业商誉在内的全部资产，并且商誉的评估采用超额收益的方法，超额收益法是采用上市公司折现率作为评估输入值的，这样资产基础法的评估结论实际代表的是股权流动性属性的价值。否则就是缺乏流动性属性的价值。

在中国评估实务中，采用资产基础法评估企业股权价值时，一般不包括不可辨认的无形资产——商誉，也就是说，在中国，资产基础法是“不完整”的资产基础法。鉴于上述情况，可以认为目前在中国运用资产基础法评估的企业股权价值应该为缺乏流动性属性的价值。

（四）收益法评估结论的股权属性分析

收益法的基本理论公式为：

$$V_0=\frac{C_1}{1+R}+\frac{C_2}{(1+R)^2}+\frac{C_3}{(1+R)^3}+\cdots+\frac{C_n}{(1+R)^n}+\frac{V_n}{(1+R)^n}$$

或：

$$V_0=\sum_{i=1}^{n}\frac{C_i}{(1+R)^i}+\frac{V_n}{(1+R)^n}$$

从收益法的基本公式看出，收益法评估结论属性状态应该由上述基本公式中的分子——收益流和分母——折现率所决定。

在进行收益法评估操作中，实际上存在一个重要的假设前提，那就是基本公式中的收益流 C_i 应该为没有指定用途而可以由股东自由支配的收益流，也就是股东可以用该收益流从事其他经济活动。

在进行收益法评估时，最经常选用的收益流是现金流，目前评估界认可两种不同状态的现金流，第一种被称为经营现金流，该现金流是依据下式计算的：

净现金流(股权现金流)=销售收入-销售成本-期间费用+折旧/摊销-所得税-营运资金增加-资本性支出-负息债权本金减少

或：

净现金流(全投资现金流)=销售收入-销售成本-期间费用+折旧/摊销+利息-所得税-营运资金增加-资本性支出

第二种现金流是分红现金流，分红现金流可以用如下公式计算：

分红净现金流(股权现金流)=以前年度未分配利润+本年经营净利润-法定公积金-MAX[(本年资本性支出+本年营运资金增加-本年折旧/摊销),0]

第一种现金流实际上是将每年经营业务所获得的现金扣除维持经营活动需要增加的现金后全部作为投资者或股东可以自由支配的现金。上述情况实际上只有控股股东才具有上述权利，也就是说，经营业务现金流代表的是控股股东享有的权利。因此，采用第一种现金流的收益法评估结论应该是代表控制权属性的价值。

第二种现金流实际上是代表企业分红后股东才可以得到的现金流，因此采用该现金流估算的收益法评估结论实际代表的是缺乏控制权属性的价值。[①]

企业股权的流动性对价值的影响主要体现在，具有流动性的股权对于投资者来说，承担相对较小的投资风险，因此，在投资理论上，流动性股权的期望投资回报率与缺乏流动性股权相比要低。收益法中风险因素主要反映在分母中的折现率，因此收益法评估结论是否代表股权流通属性价值主要取决于折现率的估算方法。如果折现率的确定方式是通过股权可流通的上市公司的期望投资回报率估算的，也就是说评估采用的折现率是代表流动性的上市公司股权期望投资回报率，由于折现率中的投资风险因素代表的是上市公司投资风险因素，因此评估结论应该是具有流动属性的价值，否则就是缺少流动属性的价值。

（五）市场法评估结论的股权属性分析

市场法分为两类：一类称为上市公司比较法（Guideline Company Method），另一类称为交易案例比较法（Merger & Acquisition Method）。下面要分别说明上市公司比较法和交易案例比较法评估结论的股权属性。

1. 上市公司比较法

所谓上市公司比较法是选择上市公司作为可比公司，分析计算可比公司公允价值与若干项财务指标的价值比率，再将分析确定的价值比率应用到被评估企业中，也就是用可比公司中分析得出的价值比率乘以被评估企业的相关财务指标来确定被评估企业的评估值。该种方法计算可比公司公允价值采用的是上市公司流通股的交易价格，因此，采用该方法给出的结论都是流通属性的价值。

采用上市公司比较法得出的评估结论的股权控制属性一般认为是少数股权，或者是缺乏控制权股权的价值。

2. 交易案例比较法

所谓交易案例比较法就是直接选取近期合并或收购的实际交易案例，计算分析上述案例的合并、收购价格与特定财务指标的价值比率，并将其应用到被评估企业的相关财务指标中以估算被评估企业的价值。由于上述对比案

---

① 采用第一种现金流，由于现金流应该理解为在一年内均匀分布，因此折现应该采用“年中”折现；第二种现金流应该理解为在年终实现，因此应该采用“年终”折现的方式。

例一般都是非上市公司的交易案例，其成交价格也不是证券交易所股票交易价格，因而缺乏流动性。因此，采用该方法给出的评估价值一般都是缺乏流动性股权的价值。

交易案例比较法评估结论的控制属性状态则主要取决于交易案例的价格特性。当并购价格代表控制属性价格时，估算出来的价值也代表控制属性价值；当并购价格代表缺乏控制权属性时，则估算出来的价值代表缺乏控制权属性价值。

（六）结论

根据以上论述，我们可以综合估值技术“三种基本方法”估算结论的股权属性状态如表4－9所示。

表4－9　　　　三种基本方法结论的股权控制属性状态表

方法名称		假设条件	控制属性状态
收益法		经营现金流	控制状态
		分红现金流	缺乏控制权状态
市场法	上市公司比较法	采用股票市场交易价格，代表少数股权交易	缺乏控制权状态
	交易案例比较法	控制状态合并、收购价格	控制权状态
		非控制状态合并、收购价格	缺乏控制权状态
成本法（资产基础法）		对资产具有定价权	控制权状态

随着经济发展的全球化愈演愈烈，我国国内的资本运作也需要按照国际上的游戏规则行事，以资本运作作为主要服务对象的企业价值评估也必然需要与国际标准和惯例接轨。企业价值评估准则开启了一个良好的开端，但由于企业价值评估准则毕竟不能详尽企业价值评估当中的各个方面，在股权流动性和缺乏流动性以及控制与缺乏控制权方面，需要评估业内形成一定的共识，推进中国国内的评估与国际接轨。

三、公允价值计量评估的市场法及其输入值

市场法是公允价值估值技术中的一种，在国外，市场法与收益法一起构成了公允价值评估首选方法组合。收益法与市场法两种基本评估方法各有千秋，互有区别，又互有联系。收益法主要通过分析影响企业内在价值的主要因素——预期获利能力，来估计资产的公允价值；市场法是直接根据类似企

业的市场交易价格，确定被评估资产的公允价值。两者之间的差异是收益法是通过分析被评估企业的内在价值来估算公允价值，而市场法是通过分析可比公司或案例的市场交易价格来分析估算被评估企业的公允价值。

市场法通常是通过收益类或资产类价值比率的方式估算被评估企业价值的，具体地说就是通过可比公司或对比案例的成交数据，估算一个公允价值与一个财务数据的价值比率，然后将这种价值比率应用到被评估企业中，以获得被评估企业的评估价值。其中典型的价值比率包括现金流价值比率（DCF）：

$$\text{现金流价值比率}=\frac{\text{被评估企业的公允价值（FMV）}}{\text{被评估企业年经营现金流}}$$

同时，收益法中收益资本化模型为：

$$\text{被评估企业的公允价值}=\frac{\text{被评估企业年现金流}}{r-k}$$

上式中，r 为折现率，k 为预期增长率，r－k 通常被称为资本化率。

将上式变换为：$\frac{\text{被评估企业的公允价值（FMV）}}{\text{被评估企业年经营现金流}}=\frac{1}{r-k}$

从上述等式中可以看出，等式左边实际上就是市场法当中的现金流价值比率，市场法中的收益价值比率实际上就是收益法中资本化率的倒数，因此可以看到市场法与收益法也是相互联系的。

市场法中的上市公司比较法与交易案例比较法相比，在评估实务中采用前者的案例更多。这主要是由于上市公司比较法的市场交易价格数据源于上市公司的股票交易价格，可比公司均是上市公司，它们的年报、中报和季报都要定期公告，因而不但可比公司的交易价格容易取得而且其财务数据资料也比较容易获得。另外上市公司的其他重要事项也需要披露，这就为评估师较全面地了解可比公司提供了保障。相比较而言，交易案例比较法就没有如此条件，合并/收购的案例不是每天都有的，对于一些非上市公司收集其财务数据对评估师来说不是一件容易的事，而且评估师还必须保证所收集的数据必须是通过合法的渠道。由于上述原因使得交易案例比较方法的实际应用受到限制。

（一）上市公司比较法

利用上市公司比较法评估企业价值由下列步骤组成：

1. 选择价值类型和评估对象属性

采用市场法评估企业价值与采用收益法对企业价值评估一样，也需要选定评估的价值类型，同时还需要了解被评估企业的股权属性，包括流动性和控制权地位等。也就是说，还需要了解所涉及的股权是自由流通的股权还是不可以自由流通的股权，被评估的股权是少数股权还是控股股权。了解上述情况对进一步做好评估工作十分必要。

最后，还需要明确价值前提（Premise of Value），也就是评估的公允价值是持续经营前提下的公允价值还是清算前提下的公允价值。一般企业价值评估都是在持续经营假设前提下进行的。

2. 收集委估对象的主营业务资料

作为评估的重要一步，评估师必须了解被评估企业的有关资料，一般来说需要了解被评估企业的下列情况：企业类型和目前的经营业务范围、主营业务、兼营业务及企业的发展历史。

在运用市场法时，要关注企业类型，如以实际生产经营为主或者是投资控股为主，以便选取合适的可比公司。此外，了解企业的经营业务范围及主营、兼营业务是为将来选取可比公司做准备。对于一些集团公司由于其经营业务范围很宽，跨几个行业，这样的公司采用的处理方法原则上是将其按行业划分成若干个评估对象逐个评估，最后加总获得整个公司的评估结果。

了解企业的经营历史主要是为了对企业业务发展有一个较全面的认识。一个企业在成立初期，经营情况往往不够稳定，需要磨合，在经营业绩上可能会表现出获利能力低，甚至亏损。相反，对于一个有一定经营历史的企业，其各方面可能均趋于稳定。了解上述情况对于将来选取可比公司均有一定的帮助。

3. 收集被评估企业的财务数据资料

收集被评估企业的财务数据是非常重要的一步。通常需要收集的企业财务数据资料为评估基准日前至少 5 年的审计报告（年报），包括资产负债表、损益表和现金流表、报告附注和评估基准日前 12 个月的月报（资产负债表和损益表）。除上述财务报告外，评估师还需收集财务报表之外的事项，包括或有负债、担保或抵押事项等。

4. 选取可比公司

选择可比公司是指根据被评估企业的经营业务及其特点，在上市公司中选取与其“相似”或“相近”的上市公司作为可比公司。选取可比公司的标准一般包括：

（1）经营业务相同或相似。经营业务相同或相似要求可比公司应该与被评估企业属于相同或相似行业，其生产的产品或服务与被评估企业相同或相似。处于不同行业的企业其所需的投资和承担的经营风险不一样，其价值也会不一样，因此不可比。

（2）企业经营规模相近，产品、服务地域相似。企业经营规模相近要求可比公司的“大小”与被评估企业相当。衡量企业大小的指标通常有资产规模和年销售收入等。产品、服务地域范围相似。

（3）近年经营业绩相似，资本结构相近。可比公司一般需要与被评估企业在近年的经营业绩相似，如被评估企业近年是盈利的，则选择的可比公司也应该是盈利的；资本结构相近要求可比公司的资产与负债的比例要尽量靠近被评估企业。我们知道资本结构不同会直接造成企业财务风险不同，从而影响企业价值。

（4）评估基准日近期股票交易活跃、平稳，没有非正常的价格波动。可比公司的股票交易价格应该是可以真实反映其价值的价格，如果股票交易不活跃，或者交易价格被蓄意炒作，价格严重偏离其价值则不能作为可比公司。

（5）经营业务成熟度相似。新近成立企业的经营处于一种磨合期，会使其各方面处于不稳定状况。如果被评估公司是新近成立的企业，则可比公司最好也选择一些新成立企业。

因为市场法评估结果在很大程度上依赖于可比公司与被评估企业的“相似性”和“可比性”。为此，在国外，选择可比公司时还有考虑企业的资信水平、管理层经验和企业竞争地位等因素的案例。

可比公司的数量一般在5～8个为宜，可比公司数量没有上限，但数量到一定程度后，再多并不一定会使评估结果准确性相应增加，反而会使工作量增大。

5. 收集可比公司有关资料

目前，最好的收集可比公司资料的途径就是Wind资讯提供的数据系统，也可以利用互联网或其他合法手段收集已被选定为可比公司的财务报告、评估基准日交易价格数据和其他有关资料。

6. 财务报表的调整及非经营性资产的处理

为了能使被评估企业和可比公司财务数据具有更好的可比性，需要对被评估企业和可比公司的财务报表数据进行调整，滤除由于特殊事项和公司所采用的会计政策不同而对财务数据的影响。财务报表的调整项主要包括由于以下会计政策不同所可能产生的对报表数据的影响：销售收入的确认原则；应收账款的坏账确认及准备金计提比例；存货的记账原则；折旧/摊销政策；非公平的关联交易等。

除了上述由于各公司可能采用的会计政策不同造成的不同外，还需要对下列事项分析处理：

（1）非重复性费用。所谓非重复费用是指由于某年的特殊事项引起的费用，如由于天灾的损失、罚款支出、出售固定资产收入等。将非重复性费用从损益表或资产负债表中调整出，剔除其可能产生的影响。

（2）非经营性资产。非经营性资产包括两部分组成，其一是多于生产经营需要的资产，其二为与主营生产经营业务没有直接关系的资产。一般认为任何企业的资产均应该发挥其最大的作用，为企业产生最大的经济效益，如果企业有某些资产不能发挥其最大效益，则被认为是非经营性资产而需要根据具体情况进行处理。经常被认为是非经营性资产的事项包括：

①多余的现金或现金等价物。现金或现金等价物包括银行存款、短期证券投资等。现金是生产经营所必需的，因此保持一定数量的现金和银行存款是必要的，但如果现金和银行存款过高则表明企业的现金和现金等价物没有被充分利用而被视为非经营性资产。“多余”的标准没有统一标准，需要根据具体案例确定。在国外有些评估机构甚至将全部现金和现金等价物都视为非经营性资产处理。短期投资是暂时闲置资金，可以被认为是多余现金。长期投资通常是对另外一个独立公司的投资，该独立公司可能为其他行业的公司或虽然在同一行业但经营规模等不同。因此长期投资一般被处理为非经营性资产。

②在建工程。在建工程是正在建设但还未发挥生产效能的资产，因而可以将其视为非经营性资产。

③其他非经营性资产。其他非经营性资产包括投资性房地产、持有至到期投资以及一些国有企业中的福利资产等。

非经营性资产可以采用如下处理方式，首先将非经营性资产从财务报表中剔除，待最后评估结果得出后再将非经营性资产加回去得出最终评估结果。

7. 财务比率分析

为了对比、分析被评估企业与可比公司之间的“可比性”，评估师需要进行必要的财务比率分析。这些比率分析包括：

(1) 资产流动性比率（Liquidity Ratio）。资产流动性比率是用来衡量企业资产偿还债务的能力的指标，资产的流动性越强，其偿还债务的能力相对就强，其财务风险相对就较小；风险小，价值就高。短期流动资产的比率包括：

流动比率 = 流动资产/流动负债

速动比率 =（现金及现金等价物 + 应收账款 + 应收票据等）/流动负债

(2) 经营性比率（Activity Ratio）。经营性比率是用来衡量企业使用其资产创造价值的效率，经营性比率高，说明企业更有效地利用其资产创造价值。经营性比率包括：

应收账款周转率 = 销售收入（赊销收入）/平均应收账款余额

存货周转率 = 销售成本/平均存货余额

营运资金周转率 = 销售收入/平均营运资金

固定资产周转率 = 销售收入/平均固定资产净值

总资产周转率 = 销售收入/平均资产总额

(3) 财务杠杆比率（Leverage Ratio）。财务杠杆比率是衡量企业是否合理地利用自有资本和借贷资本，自有资本和借贷资本比率是否恰到好处的指标。这些指标包括：

资产负债比率 = 总负债/总资产

所有者权益总资产比率 = 所有者权益/总资产

长期负债总资产比率 = 长期负债/总资产

所有者权益债权比率 = 所有者权益/债权

(4) 偿债能力比率（Coverage Ratio）。偿债能力比率是用来衡量企业经营收益能否偿还本期债务的指标。这些指标包括：

已获利息倍数 = 息税前收益/利息支出

资产负债率 = 总负债/总资产

股权负债比率 = 股权/负债

(5) 收益能力比率（Profitability Ratio）。收益能力比率是反映企业经营获利能力的指标。收益能力指标包括：

股权回报率 = 净利润/平均股权值

每股收益每股净资产比率 = 每股收益/每股账面净资产

$$\text{总投资回报率} = \frac{\text{净利润} + \text{利息} \times (1 - \text{所得税税率})}{[(\text{期初股权} + \text{债权}) + (\text{期末股权} + \text{债权})]/2}$$

$$\text{总资产回报率} = \frac{\text{净利润} + \text{利息} \times (1 - \text{所得税税率})}{(\text{期初总资产} + \text{期末总资产})/2}$$

（6）预期增长比例（Growth Rate）。预期增长比例是对企业未来发展的预期，包括：销售收入增长比率；息税前利润（EBIT）增长比率；息税折旧及摊销前利润（EBITDA）增长比率；净资产增长比率。

在上述比率中可以根据需要选择其中部分或全部比率指标进行分析对比。

8. 选择计算价值比率（Multiples）

价值比率是指资产价值与其经营收益能力指标、资产价值或其他特定非财务指标之间的一个“比率倍数”。价值比率是市场法对比分析的基础，由于价值比率实际上是资产价值与一个与资产价值密切相关的指标之间的比率倍数，即：

$$\text{价值比率} = \frac{\text{资产价值}}{\text{与资产价值密切相关的指标}}$$

因此价值比率因资产价值类型不同而存在不同价值类型的价值比率，通常比较常用的价值类型比率包括市场价值类型比率和投资价值类型比率，其中市场价值类型比率最为常用。

另外，价值比率还存在口径问题，即全投资口径和股权投资口径的价值比率。

最后，比率乘数中的分母——与资产价值密切相关的指标，可以是盈利类指标、收入类指标、资产类指标或其他特别非财务类型的指标，针对不同类型的指标可以衍生出不同类型的价值比率，如盈利类指标衍生出盈利基础价值比率、资产类指标衍生出资产基础价值比率等。

常用的价值比率包括：

（1）盈利基础价值比率。盈利基础价值比率是在资产价值与盈利类指标之间建立的价值比率。这类价值比率可以进一步分为全投资价值比率和股权投资价值比率。

①全投资价值比率。

EV/EBIT(企业价值/息税前利润) = (股权价值 + 债权价值)/EBIT

EV/EBITDA(企业价值/息税折旧及摊销前利润) = (股权价值 + 债权价值)/EBITDA

无负债现金流价值比率 = (股权价值 + 债权价值)/无负债现金流

②股权投资价值比率

P/E(市盈率)=股权价值/税后利润

股权现金流价值比率=股权价值/股权现金流

(2) 收入基础价值比率。收入基础价值比率是在资产价值与销售收入之间建立的价值比率。这类价值比率可以进一步分为全投资价值比率和股权投资价值比率:

①全投资价值比率。

销售收入价值比率=(股权价值+债权价值)/销售收入

②股权投资价值比率。

P/S (市销率) =股权价值/销售收入

(3) 资产基础价值比率。资产基础价值比率是在资产价值与资产类指标之间建立的价值比率。这类价值比率可以进一步分为全投资价值比率和股权投资价值比率:

①全投资价值比率。

总资产价值比率=(股权价值+债权价值)/总资产价值

固定资产价值比率=(股权价值+债权价值)/固定资产价值

②股权投资价值比率。

P/B (市净率) =股权价值/账面净资产

(4) 其他特殊类价值比率。其他类价值比率是在资产价值与一些特定的非财务指标之间建立的价值比率。这类价值比率包括:

仓储量价值比率(仓库)=(股权价值+债权价值)/仓库储量

装卸量、吞吐量价值比率(码头、车站)=(股权价值+债权价值)/装卸量或吞吐量

专业人员数量价值比率(智力密集型企业,如会计师事务所、软件公司等)=(股权价值+债权价值)/专业人员数量

矿山可开采储量价值比率(矿山)=(股权价值+债权价值)/矿山可开采储量

在上述四类价值比率中,盈利基础价值比率和资产基础价值比率相对较为常用。第四类价值比率则更多地适用一些特殊行业的企业价值评估,因此,通常称之为行业特定价值比率。

另外,在资产基础价值比率中总资产、净资产一般应该采用市场价值,但在实际操作中由于各种限制,可能无法获得可比对象总资产和净资产的市

场价值，因此在实务中也可以采用账面价值替代。

9. 可比公司价值比率的修正

市场法评估中比较常用的是盈利基础价值比率。从盈利基础价值比率的定义上看，盈利基础价值比率可以用下式表述：

$$盈利基础价值比率 = \frac{资产价值}{盈利类指标}$$

同时，在采用收益法评估企业价值时，存在一个收益资本化模型，该模型可以用下式表述：

$$市场价值（FMV） = \frac{FCF_1}{r - g}$$

该模型实际上是永续增长、单期间资本化估算企业价值的模型，将上述模型进行变换，可以得到：

$$\frac{市场价值(FMV)}{FCF_1} = \frac{1}{r - g}$$

上式的左侧$\frac{市场价值(FMV)}{FCF_1}$的含义为企业市场价值除以一个盈利性指标，这实际上就是市场法评估中需要估算的最为重要的参数——盈利性价值比率。

因此可以得到：

$$盈利性价值比率 = \frac{1}{r - g}$$

其中：r 为折现率；g 为预期增长率。

通过上述分析可以得出结论，上市公司比较法中的盈利基础价值比率与企业的经营风险（以折现率 r 表达），以及预期永续增长率 g 有关。

由于被评估企业与可比对象之间存在风险的差异，这个差异反映在被评估企业和可比对象上就是在折现率 r 上的差异，因此可以利用可比对象和被评估企业的相关数据估算相关折现率来进行必要的修正。

另外，被评估企业与可比对象可能处于企业发展的不同期间，对于进入相对稳定期的企业未来发展相对比较平缓，对于处于发展初期的企业可能会有一段发展相对较高的时期。被评估企业与可比对象处于不同发展时期所产生的预期增长差异可以用未来预期永续增长率 g 来表述，因此可以利用可比对象和被评估企业的数据计算预期永续增长率 g，并以此为基础进行预期增长率修正。

（1）价值比率修正。根据单期间资本化模型，可以得到盈利性价值比率：

$$\frac{FMV}{FCF_1}=\frac{1}{r-g}$$

即：比率乘数 $M=\frac{1}{r-g}$

其中：r 为全投资折现率；g 为预期增长率。

对于被评估企业有盈利性比率乘数 M_s：

$$\frac{1}{M_s}=\frac{FCF_s}{FMV_s}=r_s-g_s=r_G-r_G+r_s-g_G+g_G-g_s$$

$$=r_G-g_G+(r_s-r_G)+(g_G-g_s)$$

$$=\frac{1}{M_G}+(r_s-r_G)+(g_G-g_s)$$

$$M_s=\frac{1}{\frac{1}{M_G}+(r_s-r_G)+(g_G-g_s)}$$

上式中，(r_s-r_G) 即为可比对象与被评估企业由于风险因素不同而引起的折现率不同所应该进行的风险因素修正系数；(g_G-g_s) 即为可比对象与被评估企业由于预期增长率差异所需要进行的预期增长率差异修正的系数。

（2）价值比率预期增长率修正

在选择可比公司时应尽量选择预期增长尽量与被评估企业一致的可比对象，但实践中往往由于诸多因素而不能实现，因此现实中经常需要进行预期长期增长率差异修正。

通常无法有效地估计企业的永续增长率，但可以采用一定时间年限的平均增长率来替代永续增长率，具体的操作可以采用基准日后 5～10 年的几何平均值增长率来近似永续增长率。

在估算可比对象和被评估企业未来持续增长率时需要关注以下几个问题：

首先，预期增长率估算中简单再生产与扩大再生产因素的考虑。在对企业进行评估时一般都是以被评估企业现实生产能力为基础，按其生产能力简单再生产为前提，因此在估算未来预期增长率时应该考虑上述前提。

其次，预期增长率中物价因素的考虑。在考虑预期增长率时应该考虑物价因素，也就是说在估算未来预期增长率时应该是一个复合的增长率，也就是包含未来预期通胀率的增长率。

10. 被评估企业的价值比率的确定方法

由于选择多个可比公司，每个可比公司都计算了价值比率，因此需要根据多个可比公司的价值比率分析得出可比公司综合价值比率取值。

如何确定被评估企业综合价值比率，需要比较丰富的评估经验，因为这里没有统一标准，需要通过分析研究，合理推理，以及评估师的职业判断。评估师分析判断的基础一般包括如下因素：可比公司与被评估企业的资产规模、收益能力、收益增长性和风险因素。

在评估实务中经常采用的定性分析方法有以下几种：

（1）平均值法：所谓平均值法即取各可比公司的价值比率的平均值作为被评估企业的价值比率。

（2）中间值和众数法：中间值法就是以可比公司的价值比率最大值和最小值的平均值作为被评估企业的价值比率；众数法则是以可比公司价值比率中出现次数最多价值比率作为被评估企业的价值比率。

（3）回归分析法：回归分析法是选取某一个或多个影响价值比率的指标采用回归分析的方法建立一个回归公式，利用回归公式估算被评估公司的价值比率。

11. 被评估企业价值估算

通过价值比率系数修正方式对可比公司的各类价值比率进行了修正，然后选择了一个修正后的综合可比公司价值比率作为被评估企业的价值比率并将其应用到被评估企业中，即：采用上述的价值比率修正系数修正被评估企业的相应价值比率后可以通过以下方式得到被评估企业的股权价值：

被评估企业价值比率 = 可比公司价值比率 × 修正系数 P

被评估企业公允价值 = 被评估企业价值比率 × 被评估企业相应财务参数

根据上述公式分别估算出不同价值比率下的被评估企业的价值，评估人员需要对上述结论进行分析、选择。评估人员分析选择时，可以考虑以下经验数据：

（1）对于亏损企业，可能选择资产类价值比率比选择收益类价值比率效果好；对于一些高科技行业或有形资产较少但无形资产较多的企业，选择收益类价值比率可能比资产类效果好。

（2）如果销售收入与年折旧/摊销数相比较高，则可能选择销售收入价值比率比较好。

(3) 如果销售收入与年折旧/摊销数相比较低，企业的折旧/摊销政策明显影响企业利润水平，则可以选择EBITDA价值比率。

(4) 如果可比公司与被评估企业经营业务相似程度较高，P/E价值比率有较好的效果。

(5) 如果被评估企业为资产较大的企业，一般认为资产类价值比率较适用，进一步如果被评估企业与可比公司比较，企业资本结构差距较大则应该首先考虑总资产价值比率，如果差异不大则可以考虑净资产价值比率。

(6) 有时需要选用多类多种价值比率才可以更好地反映被评估企业的价值。

(二) 交易案例比较法

交易案例比较法与上市公司比较法相比有许多相同之处，同时也有不同之处。上市公司比较法的出发点是采用上市公司股票交易价格，对于交易案例比较法，其出发点一般为非上市公司股权的交易价格数据。交易案例比较法的主要应用步骤如下：

1. 了解委托评估的价值定义和所有权特性

采用交易案例比较法评估的首要点是需要了解待评估权属的价值定义和前提条件。

2. 收集委估对象的经营业务资料

收集委估对象的有关资料，为选取合并收购交易案例和“对比”分析提供依据。

3. 收集合并收购交易案例

交易案例选择一般认为可以为两类，一类是业务类似或相近企业近日的交易案例；另一类是委估对象近年来的交易记录。

选择交易案例应注意以下几点：

(1) 交易条款。所谓交易条款是指交易附带的条件对交易价格可能产生影响的因素。理想的交易案例应该是公平交易，没有其他附带条件。

(2) 交易内容。对于每个待选的交易案例，必须明确了解交易的内容是股权还是资产。有些交易是股权交易，有些交易涉及一些资产交易。如果交易内容是股权则应选取股权交易的案例，反之，如果交易内容是资产则应选取资产交易案例。

(3) 交易时间。一般认为交易案例的成交时间最好与评估基准日较近，但交易案例的成交范围并没有一个统一标准。

（4）交易方式。企业之间的合并收购方式一般可以是协议方式和公开拍卖方式，我们在选择交易案例时，应尽量选择公开拍卖方式的交易案例。对于一些特殊交易方式的案例在选取时应格外注意是否存在非公平交易成分。

4. 交易时间修正

由于所收集的交易案例可能与评估基准日有一定的时间间隔，如果在此时间间隔内，影响价格的某些因素发生变化，则需要对交易时间进行修正。通常的交易时间修正方法可以通过分析股市中被评估公司所在行业股票价格指数进行。

5. 价值比率确定

与上市公司比较法相同，交易案例比较法也需要确定价值比率，在该方法中常用的价值比率有以下几项：企业价值销售收入价值比率；企业价值税息前收益（EBIT）价值比率；企业价值总资产价值比率。

6. 价值比率的修正与被评估企业价值比率确定

交易案例比较法的价值比率修正和被评估企业价值比率确定方法可以借鉴上市公司比较法。

四、以财务报告为目的的无形资产评估方法及输入值估算

2008年11月，中国资产评估协会颁布了新修订的《资产评估准则——无形资产》，该准则规范了可辨认无形资产包括专利权、商标权、著作权、专有技术、销售网络、客户关系、特许经营权、合同权益等。对于上述无形资产的评估目前也存在三类途径：成本途径、收益途径和市场途径。

由于无形资产通常是人类智慧的结晶，其价值一般不能以形成该无形资产所花费的物化劳动的多少作为价值的衡量，因此无形资产一般不适用成本法进行评估，而一般多采用收益途径和市场途径的评估方法。由于国内客观实际情况，在市场上寻找可比交易案例非常困难，因此严重地限制了市场法的应用，鉴于此，目前国内实际上在无形资产上常用的评估途径主要是收益途径的方法。

（一）无形资产收益途径的评估方法

无形资产收益途径的评估方法一般包括以下几个具体方法：许可费节省法（Royalty Saving Method）；收益增量法（Premium Profits, or Incremental

Income Method)；超额收益法（Excess Earnings Method），又包括单期间收益法和多期间收益法。

1. 许可费节省法

所谓许可费节省法是源于无形资产交易的一种方式，目前无形资产交易的一种非常普遍的方式是支付许可费。当一个企业没有其生产经营需要的这项无形资产时，该企业就需要向具有这种无形资产的企业申请许可其使用该无形资产，作为使用该无形资产的对价，该企业需要向许可方支付许可使用费；如果企业拥有该项无形资产，则就不需要支付许可使用费。因此，我们可以通过节省的许可费的现值作为一项无形资产的价值。通过估算许可费节省的现值来评估无形资产价值的方法就称为许可费节省法。所谓许可费节省法我们国内原来曾经称为提成法或分成法。目前国际上也有人将该种方法划归为市场比较途径的方法。该种方法也是无形资产收益法途径中应用最广的一种方法。

2. 收益增量法

所谓收益增量法，也有人称之为“有/无法”，该方法通过比较一个企业在拥有一项无形资产后企业整体价值与没有该项无形资产时企业的整体价值的差异，也就是对比两种状态下的企业整体价值的差额来作为无形资产的价值。该种方法目前在国内评估实务中使用还不多，一般多应用在无形资产侵权损害的赔偿费确定的评估案例中。

3. 多期超额收益法

多期超额收益法多用在商誉和例如客户关系、销售渠道、未结订单等一些非传统无形资产的评估中。多期超额收益法中的超额收益是指企业的收益中超过有形资产合理回报的超额收益，这些收益被认为是企业无形资产所创造的。多期超额收益法的基本步骤为：从企业经营性资产中分离非经营性资产；从企业全部收益中剔除非正常项目的经营收益；确定有形资产的公允价值；确定有形资产的合理回报率；用有形资产公允价值乘以合理回报率计算有形资产的合理回报；从企业剔除非正常项目的经营收益后的收益中减去有形资产的合理回报就等于“超额收益”；确定超额收益的资本化率或折现率；把超额收益资本化或者进行折现即可得到无形资产公允价值的评估值。

4. 无形资产评估许可费节省法中无形资产贡献率（提成率/分成率）的估算

无形资产评估中的许可费节省法是无形资产评估收益途径方法中应用最

多的一种方法，采用该方法评估的关键环节是估算被评估无形资产的贡献率或者说是无形资产的收入提成率/收益分成率。

所谓收入提成率/收益分成率是基于无形资产在产品的研发、生产、销售过程中，被评估无形资产对产品创造收益流的贡献占全部销售收入或收益的比率。根据资产评估中的贡献原则，我们可以采用适当方法估算确定无形资产对全部收益流的贡献率，并进而确定无形资产对收益流的贡献，再选取恰当的折现率，将无形资产对收益流的贡献折为现值，以此作为无形资产的评估价值。运用该种方法一般分为如下四个步骤：

确定无形资产的经济寿命期，预测在经济寿命期内无形资产应用所产生的销售收入/经营收益；分析确定无形资产对销售收入的提成率或收益流的分成率（贡献率），确定无形资产对全部收益流的贡献；采用适当折现率将收益流折成现值，折现率应考虑相应的形成该收益流的风险因素和资金时间价值等因素；将经济寿命期内收益流现值相加，确定无形资产的评估价值。

（二）无形资产收益方式分类

无形资产为其所有者产生收益的方式有两种：我们分别称其为直接收益型和间接收益型。所谓直接收益型无形资产为其所有者产生收益的方式是销售无形资产产生收益，例如微软公司的计算软件 Window XP，该软件产生收益的方式是直接将计算机软件著作权销售给客户产生收益，这种产生收益的方式称之为直接销售型；还有一种方式，例如一家企业为银行提供 ATM 机，该公司外购所有 ATM 机的硬件设施进行组装，并且将自行开发的相关软件集成到硬件设施中，最后将 ATM 机销售给客户，这种方式与前一种方式相同点是软件都销售给客户，但后一种方式与前一种方式的不同点是不是简单销售软件，而是将软件集成于相关硬件中后将硬、软件一并销售，这种模式我们称为间接销售型。无论是直接销售型还是间接销售性的软件的获取收益的方式都是通过销售软件获取收益，因此我们称这种方式为直接收益型。这种直接收益型无形资产多为著作权无形资产。

无形资产还有另外一种获取收益的方式，这种方式多见于专利、专有技术或商标等。专利或专有技术为其所有者获取收益的方式并不是直接销售专利或专有技术，通常是其所有者将专利或专有技术用于生产经营——生产特定产品或提供服务，通过销售这个特定产品或服务获取收益。无形资产所产生收益的方式不是直接销售自身而是通过无形资产的运用产生产品或服务，通过销售产品或服务产生收益，因此这类收益方式我们称为间接收益型。这类无形资产，如前面所说的一样，多见于专利、专有技术和商标等无形资产种类。

采用许可费节省法评估无形资产关键是需要估算无形资产的许可费率，或者说是提成率/分成率，在估算提成率/分成率时则首先需要分析确定其收益方式，根据不同的收益方式分析确定采用不同的方法估算无形资产的提成率或分成率。

五、金融工具公允价值评估方法及参数选择

（一）各类金融工具公允价值计量的方法

金融工具的种类繁多，并且根据其所涉及的合同条款的复杂程度，金融工具的评估方法也具有较大的差异性和复杂性。存在活跃交易市场的金融工具，活跃市场中的报价应当用于确定其公允价值；不存在活跃市场的金融工具，应当采用合适的评估方法确定其公允价值。本节将介绍金融工具常用的一些评估方法和财务模型。

1. 权益工具的公允价值计量方法

权益工具，是指能证明拥有某个企业在扣除所有负债后的资产中的剩余权益的合同。其主要包括企业的非可售回普通股（Non-puttable ordinary shares）、被认定为权益的优先股以及一部分购买普通股的期权。用于评估权益公允价值的方法主要包括收益法、市场比较法以及成本法。

同时，由于企业自身的股权结构的复杂性（包括普通股、优先股和期权等），根据优先清偿权（Liquidation Preference）以及清偿顺序的不同，普通股以及优先股之间的价值是不同的，因此，也就有必要将权益价值在不同的股权之间进行分配。用于价值分配的方法主要包括：加权平均期望收益法、期权定价法以及现行价值法。

（1）加权平均期望收益法。加权平均期望收益法，主要分析企业未来在不同情况（例如IPO、收购兼并、清算以及保持现状经营等等）下的价值以及可能性，计算每种情况下普通股和优先股的价值，然后加权平均后再进行价值分配。

（2）期权定价法。期权定价法主要是将企业的普通股以及优先股作为对权益价值的看涨期权（Call Option）。对于普通股，将优先股的优先清偿权作为行权价格，因此，“看涨期权”给予普通股持有者在该行权价格获得公司权益价值的权利，如果优先股行使优先清偿权后已经没有价值分配给普通股，普通股的价值也就没有了价值。请参看图4－2。

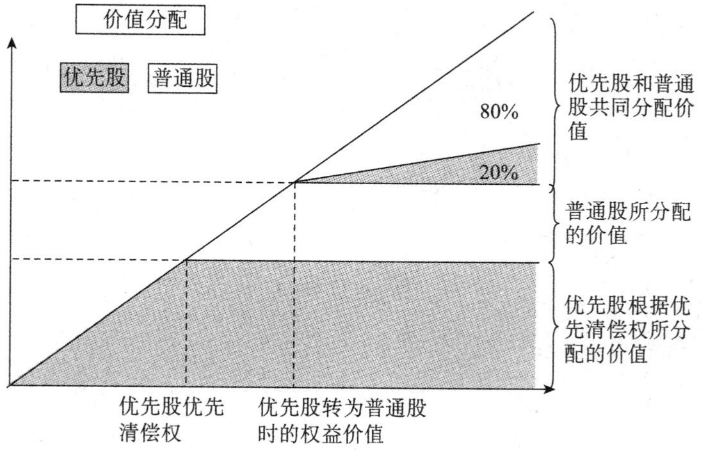

图 4－2　公允价值确定途径及其可靠性程度分析图

优先股的优先清偿权，当权益价值小于优先股优先清偿权时，所有的权益价值都应分配给优先股；当权益价值大于优先清偿权而小于导致优先股转换为普通股的权益价值时，普通股参与对权益价值的分配；当权益价值足够大，导致优先股转换为普通股时，那么优先股和普通股都会参与对权益价值的分配。

期权定价法主要采用 Black-Scholes 模型，该模型将在以后的章节中介绍。

（3）现行价值法。现行价值法是通过优先清偿权和转换价值孰高的方法将权益价值分配给优先股，该方法假设评估日当天，如果优先股的转换价值高于优先清偿权，那么优先股的持有者就会实施转换权，将其优先股转换成普通股参与企业价值的分配。

这三种方法都各自有其优点和缺点，因此，采用哪种分配方法需要根据实际情况来判断。在实际工作中，同时采用两种分配方法并不少见。

2. 不含衍生工具的金融负债公允价值计量方法

债务工具的公允价值，应当根据取得日的市场情况和当前市场情况，或其他类似债务工具的当前市场利率确定。

（1）固定利率金融负债公允价值计量方法。固定利率金融负债的公允价值通常采用未来现金流量折现法确定，该方法应当使用合同条款和特征在实质上相同的其他金融工具的市场收益率作为折现率。

①未来现金流量的确定。金融工具的合同条款通常对未来发生的现金流量有明确的界定，包括利息率、计息时间以及本金偿还计划等。

②折现率的确定。折现率是通过分析其他金融工具的特征来确定，包括该金融工具本身的信用质量、剩余到期期间、支付本金的剩余期间以及金融工具采用的货币等。因此，选取合适的金融工具对确定折现率极其重要。

（2）浮动利率金融负债公允价值计量方法。浮动利率金融负债的公允价值的计量方法与上述方法原理一致，差异在于确定现金流量以及折现率的方法。

①现金流量的确定。贷款合同条款对未来发生的现金流量有明确的界定，包括利息率、计息时间以及本金偿还计划等。对于浮动利率的贷款，其利息率通常与某一个变量联系起来，常见的是伦敦银行同业拆借利率（LIBOR）。

②折现率的确定。浮动利率的负债，其折现率的确定比较复杂，需要通过息票剥离方法（Bootstrap procedure）来确定。因此，我们将结合实际操作对折现率的确定进行说明。

首先，与固定利率的贷款一样，根据评级公司（如标准普尔）的评级标准确定评估日借款公司的信用评级；然后根据该评级在活跃的债券市场（假设为美国债券市场）寻找同评级、浮动利率、期限为5年左右、到期支付本金并且没有看涨或看跌期权的公司债券，取其平均利差。假定该平均利差在经过国家违约风险溢价后为2.5%。确定了平均利差后，最重要的步骤就是推导未来的伦敦银行同业拆借利率以及折现率。详见表4－10。

表4－10

年份	美国本息拆分国债即期利率	美国本息拆分国债远期利率	与前一年度的差额	LIBOR（3个月）	浮动利率	远期折现率	即期折现率
A	B	$C_n=\frac{(1+B_n)^n}{(1+B_{n-1})^{n-1}}-1$	$D_n=C_n-C_{n-1}$	$E_n=E_{n-1}+D_n$	$F_n=E_n+2\%$	$G_n=E_n+2.5\%$	$H_n=[(1+G_n)\times(1+H_{n-1})^{n-1}]^{1/n}-1$
1	4.00%	4.00%	—	4.30%	6.30%	6.80%	6.80%
2	4.20%	4.40%	0.40%	4.70%	6.70%	7.20%	7.00%
3	4.50%	5.10%	0.70%	5.40%	7.40%	7.90%	7.30%
4	4.80%	5.71%	0.60%	6.01%	8.01%	8.51%	7.60%
5	5.00%	5.80%	0.10%	6.10%	8.10%	8.60%	7.80%

注：表中B列数据以及第一年的LIBOR为假定数值。

其中，美国本息拆分国债即期利率（US Treasury Strips Yield）可以通过财经网站（例如彭博）查询；第一年伦敦银行同业拆借利率（E1）假设为评估日当天3个月的LIBOR，同时假设LIBOR曲线的变化与美国本息拆分国债远期利率的变化量相等（各收益曲线平行）；根据上述案例，浮动利率为LIBOR加2%的利差，远期折现率为LIBOR加可比债券平均利差（假设为2.5%）。

确定了贷款的浮动利率以及即期折现率后，该贷款的公允价值即可以通过未来现金流量折现法计算。

（二）金融衍生工具公允价值计量方法

金融衍生工具，其价值依附于其他更基本的标的变量，例如特定利率、基本金融工具价格、商品价格、汇率、价格指数等。其主要类型包括远期合约（Forward Contract）、期货合约（Future Contract）、期权合约（Option）以及互换合同（Swap）。由于在评估方法上比较类似，在这里将嵌入衍生工具（Embedded Derivatives）也归入衍生工具一类。

1. 远期合约

远期合约指在某个将来时刻按约定的价格购买或出售某项资产的协议。通常是在两个金融机构之间或者金融机构与其公司客户之间签署该协议。它不在规范的交易所内交易。协议中的购买方，一般称为多头；协议中的出售方，一般称为空头；协议中的特定价格称为交割价格。在远期合约签署的时刻，所选择的交割价格应该使远期合约的价值对双方都为零。

（1）不支付收益证券的远期合约的交割价格。不支付收益证券（例如不支付股利的股票）的交割价格比较容易确定，虽然在实际中不支付收益证券比较少，但是这些证券使得我们更容易理解远期合同的交割价格。

假设F为远期交割价格；S为不支付收益证券现价；r为无风险收益率；T为远期合约期限。

远期合约签署时远期交割价格与现价之间的关系为：

$F = S \times e^{rT}$

如果$F > S \times e^{rT}$，投资者就可以以无风险收益率借入资金S购买资产，同时卖出该资产的远期合约，期限均为T。在时刻T，投资者偿还银行借款$S \times e^{rT}$，以交割价格F卖出资产，实现了无风险利润$F - S \times e^{rT}$。

如果$F < S \times e^{rT}$，投资者可以以价格S卖出资产，然后以无风险利润率投资，同时购入资产的远期合同，期限均为T。在时刻T，投资者获得投资

本息 $S \times e^{rT}$，以交割价格 F 买入资产，实现了无风险利润 $S \times e^{rT} - F$。因此，根据无套利机会（No arbitrage）理论，远期合约签署时远期交割价格与现价之间的关系应满足公式 $F = S \times e^{rT}$。

随着时间的变化，远期交割价格与现价之间的关系为：

$$F_t = S_t \times e^{r(T-t)}$$

其中，F_t为 t 时刻远期交割价格；S_t为 t 时刻资产现价；r 为 t 时刻的无风险收益率；T - t 为远期合约剩余期限。

（2）支付已知现金收益或支付已知股利率证券的远期合约的交割价格。上一部分所涉及的不支付股利的股票在实际操作中比较少见，实际中更多的是支付已知股利或存在已知的股利率。同样根据无套利机会理论，远期合约签署时远期交易价格与现价之间的关系为：

$$F = (S - D) \times e^{rT}$$

$$F = S \times e^{(r-d)T}$$

其中，D 为已知的现金股利；d 为股利收益率。

随着时间的变化，远期交易价格与现价之间的关系为（假设股利仍未支付）：

$$F_t = (S_t - D) \times e^{r(T-t)}$$

$$F_t = S_t \times e^{(r-d)(T-t)}$$

（3）远期合约的公允价值。在远期合约签署的时刻，所选择的交割价格应该使远期合约的价值对双方都为零。签署之后随着时间的变化，价值可能为正也可能为负。

假设 F_t为 t 时刻远期交割价格；S_t为 t 时刻资产现价；r 为 t 时刻的无风险收益率；T - t 为远期合约剩余期限；V_t为 t 时刻远期合约的公允价值。

合约签署时，远期交割价格为 F_0，资产现价为 S_0，合约公允价值 V_0为 0。远期合约处于时刻 t 时，远期交割价格为 F_t，资产现价为 S_t，合约公允价值为 V_t。

如果投资者购入资产的远期合约，期限为 T；同时在时刻 t 卖出同一资产的远期合约，期限为 T - t。那么在时刻 T，投资者以价格 F_0购入资产，同时以价格 F_t 卖出资产，投资者的净现金流量为 $F_t - F_0$。由于购入或卖出资产的远期合约并不需要发生现金流，因此，在 t 时刻，远期合约的价值为净现金流的折现值：

$$V_t = (F_t - F_0) \times e^{-r(T-t)}$$

2. 期货合约

类似于远期合约，期货合约（Future Contract）是两个机构之间签订的在约定的将来时间按约定的价格购买或出售某项资产的协议。与远期合约不同，期货合约通常在交易所内交易。期货合约并不总是指定确切的交割日期。期货合约是按交割月划分，由交易所指定交割月中必须进行交割的交割期限。

值得注意的是，期货合约是每日进行结算。当资产价格 S 上升时，持有期货多头头寸的投资者会因此而立即获利。如果同时利率也上涨，那么，投资者获得的利润将会高于平均利率水平的投资；如果利率下跌，那么，投资者获得的利润将会低于平均利率水平的投资。而远期合约不会受到此种利率变动的影响。因此，在其他条件相同时，期货多头比远期多头更具吸引力。在大多数情况下，有效期仅为几个月的远期合约价格与期货合约价格之间的差异是小得忽略不计的。随着期货合约期限的增加，远期合约价格与期货合约价格之间的差异有可能变得较大。

3. 期权合同

期权合同主要包括看涨期权（Call Option）和看跌期权（Put Option）。看涨期权的持有者有权在约定的时间以约定的价格购买标的资产。看跌期权的持有者有权在约定时间以约定的价格出售标的资产。期权合约中的价格被称为执行价格或敲定价格。合约中的日期为到期日、执行日或期满日。

期权又可分为美式期权（American Options）和欧式期权（European Options）。美式期权可在期权有效期内任何时候执行；欧式期权只能在到期日执行。需要强调的是，期权赋予其持有者行使权利的选择权，持有者不一定必须行使该权利。通常期权公允价值的评估方法有 Black-Scholes 模型以及 Lattice 模型（具体见附件 4）。

4. 互换合同

互换是两个公司之间私下达成的协议，以按照实现约定的公式在将来交换彼此的现金流。互换合同的公允价值实际上可以看作一系列债券的组合。

假设公司 A 和 B 达成了互换合同，公司 B 同意向 A 支付由年利率 6% 和本金 100 万美元所计算的利息；同时，公司 A 同意向 B 支付由 6 个月 LIBOR 和同样本金所计算的浮动利息。此互换合同相当于公司 B 向 A 发行了本金 100 万美元，年利率为 6% 的公司债券；同时，公司 A 向 B 发行了以 LIBOR 为利率的同样本金的浮动利率公司债券。因此，此互换合约的公允价值实际上就是上述固定利率债券以及浮动利率债券公允价值的差额。有关金融负债价格的评估方法我们在前面已经讨论过，这里就不再赘述。

5. 嵌入衍生工具

嵌入衍生工具是包括该衍生工具和非衍生主合同在内的混合金融工具中的一个组成部分。根据会计准则，如果嵌入衍生工具与主合同分开核算，通常采取整个混合合同的公允价值减去主合同的公允价值这种方法来评估嵌入衍生工具的公允价值。但如果主体不能够可靠地单独计量这项嵌入衍生工具（包括用整个混合合同的公允价值减去主合同的公允价值的方法），则主体应将整个组合合同认定为按公允价值通过损益计量的金融资产或金融负债。

通常用于计量嵌入衍生工具公允价值的模型比较复杂，而且涉及 Lattice 模型（详见附件 4）。

（三）员工持股计划（ESOP）公允价值计量的方法

通常企业以工资薪金作为吸引和留住优秀员工的主要手段，随着资本市场的发展，一些企业开始通过授予一定量的股票期权作为激励员工和奖励他们的方式，特别是对于那些高级管理人员。在大多数情况下，员工认为收到这种有增值潜力的期权要比收到现金形式的薪酬更有价值。企业向其员工支付期权作为薪酬或奖励措施的行为，是目前具有代表性的股份支付交易。我国部分企业目前实施的职工期权激励计划，也称员工持股计划（ESOP）即属于这一范畴，其确认和计量适用于《企业会计准则第 11 号——股份支付》，在授予日及之后的每个财务报表日以员工持股计划的公允价值为计量基础，将取得的服务计入相关资产成本或当期费用，同时计入资本公积中的股本溢价。

员工持股计划通常涉及授予（grarlt）、可行权（vest）、行权（exercise）和出售（sale）四个环节。与普通的期权相比，员工持股计划具有以下特点：①是企业与员工之间发生的交易：②是以获取员工服务为目的的交易；③交易对价或其定价与企业自身未来价值密切相关。这些特点决定了员工持股计划公允价值评估的特殊性。

在评估实务中，员工持股计划的评估主要还是参考期权的评估方法，一般可以采用布莱克—斯科尔斯（Black-Sclioles）期权定价模型或二项式（Binomlnal）模型计算员工持股计划的公允价值。由于员工持股计划在授予后通常不能立即行权，应当履行一定服务期限或达到一定业绩条件才可行权，因此在评估员工持股计划的公允价值时，需要充分考虑服务期限等限制条件。只要员工满足了员工持股计划所有非市场条件，企业就应当确认已取得的服务，应考虑市场条件和服务条件的影响，确定员工持股计划的公允价值。同时，当相关的限制条件无法满足时，员工持股计划就会无法行权，即并非所有的员工持股计划都能够最终行权。等待期内（vesting period）每个资产负债表日，企业应当根据最新取得的可行权员工人数变动等后续信息作出最佳估计，修正预计可行权的股票期权数量。在可行权日，最终预计可行权股票期权的数量应当与实际可行权数量一致。具体方法和案例详见附件4。

第五章　完善我国公允价值计量及评估实践的对策建议

一、培育公平交易的市场环境，充分发挥公允价值评估作用

（一）完善社会主义市场经济，培育公平交易的市场环境

公允价值是建立在公平交易的基础上的。公平交易是指交易双方在可了解的、自由的、不受各方之间任何关系影响的基础上形成的交易。“公平交易”和“活跃的市场”为其确定的价值的公允性提供了条件。但是以公允价值计量的资产或者负债，种类较多且同质程度较低，往往缺乏符合要求的市场，难以通过市场询价方式取得公允价值。在没有市场数据参考的情况下，公允价值计量的可靠性将难以得到保证。即使存在相应市场，由于我国的市场条件与发达国家不完全相同，证券市场和产权市场仍在不断完善，市场中的报价通常难以反映资产或者负债的公允价值，这也是我国谨慎使用公允价值计量的主要原因之一。在此条件下，运用资产评估专业知识和经验，合理发现资产或者负债的公允价值，弥补市场价值发现机制的不足，是应当采取的必要手段。从公允价值运用的情况来看，西方国家经济发展充分，产品要素市场和证券市场高度发达，公允价值的取得可以由公开市场和公开信息提供支持，对并购重组过程的价值评估也有一套比较成熟的方法体系，一般多采取收益现值法或现行市价法。在当前及今后一段较长的时期，我国应该借鉴西方经验，继续深化经济的市场化程度，完善公司治理结构，实现产权多元化，努力构建一个完整、统一、开放、充分竞争的市场（如成熟的生产资料市场、产权交易市场和资本市场等），清除市场流通障碍，有效控

制资产价格泡沫的膨胀，正确引导和促进国内企业间的资源重组、并购和整合等，积极培育和发展产品要素市场，维护公平竞争的市场秩序，建立与国际接轨的资产评估方法体系，为公平交易创造公平、公正、公开、透明的市场环境。

（二）充分发挥公允价值评估作用，更好地服务于经济结构调整

服务于经济社会改革发展不仅是评估行业的一项重要使命，也是市场经济发展的需求。经过多年的发展，我国资产评估行业已经从最初为国有经济服务扩展到为各种所有制经济服务，涉及企业改制、证券市场、金融监管、房地产市场、珠宝市场、财产征税、司法鉴证等经济生活的各个领域。与此同时，公允价值在国际财务报告中的应用逐渐拓展，我国新准则中公允价值计量也逐渐涉及金融工具、投资性房地产和生物资产等诸多专业领域。公允价值的运用为资产评估行业带来了前所未有的机遇，评估业务将日益转向常态化、制度化。

资产价值影响因素非常复杂，包括交易方、报告使用者、监管者等在内的各方信息不对称，如何合理确定资产、负债或者权利的价值，不仅关系到各方的利益，更关系到经济能否健康发展。基于我国公允价值计量环境不够理想、可观察输入值不足的现状，发挥资产评估专业的价值发现优势，公允揭示资产或负债的价值，提高会计信息的可靠性和准确性，是弥补市场价值发现机制的不足，增强投资者和监管者对会计报表信心的必要手段，也是评估行业的职责所在。

二、完善公允价值计量和评估的相关法律法规，提高执业规范水平

（一）完善公允价值计量和评估操作规范或指南，提高准则、规范的操作性

从会计界来看，当前我国会计准则对公允价值的运用采取适度、谨慎原则，并对公允价值的能否持续、可靠计量提出了严格的要求，但由于国情和实践的局限，并未有成熟的规范指引。具体而言，公允价值的框架体系尚未完全确立，实践中也没有操作性较强的计量规范可供参考，公允价值仍过多依赖于职业判断。而在我国会计环境有待进一步提升的前提下，过多依赖于需较多职业判断的原则导向的会计准则，将不可避免出现滥用公允价值和扭曲报表的行为，这显然与当前我国加强会计监管、提高会计信息质量的主旨相左。因此，借鉴美国财务会计准则委员会和国际会计准则理事会的做法，

准则制定机构应尽快制定详尽的计量操作性指南，以使公允价值的确认、计量有章可循，从会计规范上治理或压缩利用公允价值进行利润操作的空间乃是当务之急。

从评估界来看，中国资产评估协会已发布了《以财务报告为目的的评估指南（试行）》和《投资性房地产评估指导意见（试行）》两项评估规范，但公允价值计量涉及的资产、负债种类繁多，实践中仍有大量问题需要解决。具体表现为，评估实践过程中缺乏详细的指引，特别是具体方法、输入值的技术性规范，不同评估师对资产、负债的公允价值计量的理解存在一定的差异。为此，需要借助资产评估行业的专业优势和集体智慧，切实加强公允价值计量及评估的理论和实务问题研究，加强围绕服务于公允价值确定的具体评估方法、技术参数及会计难点的研究，及时出台具有针对性、可操作性的规范指南或专家提示，形成一整套满足各类资产、各种计量要求的评估体系，满足财务报告使用者、监管者等社会各界对公允价值计量可靠性的需求，保障并促进公允价值计量在国内的发展。

（二）加强资产评估领域的法制建设，有效遏制违法违规行为

资产评估是维护国有资产合法权益的重要手段，也是推动国有产权有序流转、防止国有资产流失的重要制度屏障，而企业重组中的虚假评估则扰乱了市场秩序，造成国有资产的流失。然而目前我国仍然没有涵盖整个资产评估领域的专门法律，与资产评估有关的一系列规定散见于相关法律法规，如公司法、证券法、刑法、企业国有资产法等。因此，应借鉴国际评估行业的立法经验，深入研究社会主义市场经济中资产评估行业的发展规律，制定和完善资产评估领域的法律法规，规范市场主体的权利和义务，明确法律责任，完善信息披露制度，打击内幕交易，遏制过度投机行为，保障有关各方的合法权益。

在此过程中尤其应抓紧制定出台统一的评估法律。2013 年 8 月 26 日，第十二届全国人大常委会第四次会议对《资产评估法（草案）》进行了二审。二审稿进一步明确了资产评估行业协会的职责，将更多的政府部门的管理事项交由行业协会承担；草案二审稿从发挥行业协会在资产评估管理中的作用，对评估机构的设立、备案和监管，注册评估师的准入管理、强化其义务和责任等方面作出了具体规范，为评估行业的可持续发展奠定了法制基础。此外，应不断完善刑法、会计法等相关法律法规，给违规者以刑事处罚、民事处罚和行政处罚，以震慑他们滥用公允价值操纵利润的心理，并以此强化高层管理人员、专业从业人员的责任。鉴于会计、评估造假的违规机会成本远低于其预期收益，证券市场监管机构还应借鉴美国高昂的惩罚性赔偿制度对会计审计及评估造假进行严惩，以督促会计审计及评估人员能够在相关法律法规允许的范围内执业。

（三）加强专业技能和职业道德培训，提高会计、审计、评估从业人员执业水准

公允价值的确定离不开高素质的会计、审计、评估等相关人员，以及中介机构和执法部门的公平和公正，否则公允价值计量与报告的真实性就难以得到保证。近年来，评估行业一直非常重视服务会计计量的研究、实践和人才培养，并投入了大量人力、物力和财力，取得了显著效果，为评估行业承担公允价值评估工作做好了技术、人才和管理准备，我国评估行业具备服务会计公允价值计量的能力。但公允价值的推广应用对从业人员提出的要求是一个不断提升的过程。会计、审计和评估行业管理部门应继续加强会计、审计及相关人员专业技能培训和职业道德教育。一方面要有针对性地组织各方力量对会计、审计及评估人员进行全方位、多级次的业务培训和指导，如阐释和培训新准则、各项法规制度的要点、难点，加快培育一批具有高水平会计公允价值计量理论和公允价值评估专业技能的评估机构和评估师，以提高公允价值计量的整体专业水准，提高信息质量。另一方面还应加强职业道德教育。职业道德素质是确保会计审计人员职业判断质量的重要保障。准则赋予的职业判断空间越大，就越需要会计审计及评估人员具有良好的职业道德。尤其是当法律法规无明确规定时，职业道德规范的作用就在于促使会计、审计及评估人员能自觉抵制各种利益的诱惑，并且不受权势和偏见的影响，确保判断所产生的会计信息能客观、公允地反映会计主体的财务状况和经营成果。

此外还应加强公允价值会计信息的宣传教育。事实上，正是因为公众对于公允价值会计准则适用的基本假设和计量目标的不了解，才使公允价值在媒体的推波助澜下被指成为2008年金融危机的“替罪羊”。会计信息使用者包括投资者、债权人、供应商、经营者、客户、政府部门、企业职工、竞争对手、社会公众等。信息使用者对信息的期望，会影响提供者的行为。公允价值信息的提供过程，需要考虑使用者对企业产生的可能影响。因此可考虑采取适当的方式加强公允价值计量模式的宣传，使信息使用者对公允价值计量模式的大致内涵有所了解，对这种计量模式下财务指标可能的巨幅波动有正确的理解和认识。

三、建立会计界与评估界互动机制，实现业界良性互动

（一）加强相关部门合作交流，整体规划、逐步推进公允价值的有效运用

近年来国际评估准则理事会与国际财务报告准则理事会之间，各国评估专业组织和本国会计准则委员会之间已经围绕公允价值应用等进行了大量合作：国际评估准则理事会与国际会计准则理事会进行了长期对话，国际评估准则理事会也从近年开始与美国财务会计准则委员会进行对话。这些合作充分表明了评估行业与会计行业是密切联系在一起的，并在会计准则和会计制度的实施中发挥着越来越重要的作用。借鉴国际会计界和评估界的合作经验，我国会计界与评估界应在目前良好沟通的基础上，进一步完善双方合作的机制，尽可能做到统一规划、统一协调，同时建立稳定的专业互动平台，请会计、审计、评估相关领域的专家参加，共同探讨公允价值计量面临的问题，解决的路径、方法，更好地解决会计公允价值计量中存在的难题。资产评估协会则应对业已发布的会计准则和指导意见，对行业有重大影响和行业急需解决的专业技术共性问题（如公允价值计量及其评估等）以及其他涉及资产评估和会计处理等问题及时跟进研究，并通过部内联席会议统一安排，统一组织和协作，加强信息共享和工作协调，以共同提高会计准则、审计准则和评估准则的质量和公信力。

（二）建立专业沟通平台，共同推进公允价值计量评估的研究

国际上专业评估机构在“公允价值计量和披露”审计业务中协助企业管理层和审计师对公允价值相关政策和估值技术的运用作出专业判断。国际评估准则理事会对评估师担任管理层专家和审计专家非常重视。2012 年 6 月，国际评估准则理事会发布《评估指导意见——审计程序中评估师的职责》征求意见稿，阐述了独立审计师和作为审计专家的专业评估人员在执行审计工作过程中各自的作用和承担工作的范围，要求专业评估人员要和独立审计师（当被聘任为审计专家时）、管理层（当被聘任为管理层专家时）之间进行必要的透明、公开和高效的沟通。国际评估准则理事会这一工作动向表明，在公允价值计量方面，国际评估界认可这种评估服务审计的模式，此类业务正逐步走向规范化。考虑到公允价值自身的特性、相关专业分工及专业服务独立性等因素，为促进公允价值计量中评估专业性的发挥，应积极

引入评估师服务公允价值计量。作为评估师介入审计工作，可以帮助注册会计师了解被审计的公允价值计量的披露的依据，以符合遵循审计准则中利用专家的相关要求。基于在我国会计、审计和评估三个行业的合作主要是通过一种自发的专业合作模式，还没有在制度层面的保证或制度的安排，会计准则对评估的参与程度有待明确，审计准则对合理利用评估专业意见也有待进一步落实与贯彻，我们建议需要在制度上进行推进和规范，通过制度的推进和规范，使得三者有进一步明确的合作方式，鼓励企业委托评估师和评估机构进行公允价值评估，共同提高会计信息的质量。资产评估行业协会一方面要继续加强与会计准则制定机构的合作；另一方面也要协调好与企业、政府监管部门的有效合作和沟通，使其充分了解三者合作的重要性。最后是资产评估管理部门与审计准则制定部门加强沟通，引导审计师在审计中重视审计风险，形成鼓励或要求企业聘请外部评估师的氛围，同时在审计准则中指导审计师合理判断评估师的价值意见，合理认识评估师作为专家在公允价值确定方面的作用。下一步，考虑到公允价值计量的复杂性，会计界和评估界应共同推进公允价值计量评估的理论和实务问题研究，特别需加强相关的实证研究和案例分析，为公允价值计量提供一手的参考资料，进一步提升评估的可靠性，使评估更好地服务于会计与审计，为公允价值计量和评估实践的发展提供有力的指导。同时，紧密跟踪和借鉴国际上关于公允价值计量的最新进展，以进一步促进我国公允价值计量实践更好更快地发展。

（三）加强评估的数据库建设工作，构建公允价值信息网络平台

企业历史实现的收益往往是预测未来收益的重要依据，通过建立容量大、时效性强的行业数据信息库，可以方便评估人员在评估时选取适当的参数。因此，为了准确获取现金流量的相关信息以预测未来的现金流，应着手建立行业市场信息数据库。在此基础上，充分发挥计算机及网络技术的作用，并利用信息网络系统运用的实时性和高效性，构筑以企业会计报表为基础的公允价值信息供应链。对公允价值数据传输系统进行安全防护，确保风险监控手段的通畅；对公允价值信息传输系统及时升级，确保对公允价值计量系统风险信息的有效存储，以备后续审计人员的调用；建立起高品质的市场交易数据资料库，加速传递公允价值计量所需的公共信息，实现资产信息的及时查询和资源共享，使公允价值的计量更加实时、有效。

四、理顺管理体制，强化内外监管，确保公允价值评估质量

（一）加强监督检查，进一步规范关联交易等特殊情况下的评估行为

近年来我国各级行政管理部门和行业协会根据自身职责，分别从政府和行业自律角度对公允价值计量过程中企业和专业服务组织进行监管，建立了有效监管体系，保证了财务报告目的业务的规范开展。但是，现实中仍然存在一些不尽如人意的现象。一些企业管理层存在诱使或迫使资产评估人员违背相关法律法规，蓄意使评估结果严重偏离被评估资产客观价值的动机。而会计政策的选择权加大、专业判断的事项增多，也导致一些会计人员滥用会计准则的机会增大。有的评估机构也不顾职业道德和执业质量，盲目降低业务收费，搞不正当竞争，丧失了应有的独立性，导致评估结果的可信度减弱。加之对公允价值的评估缺乏一系列行之有效的评估指标体系，相关的规定多为原则性的内容，可操作性不强，评估过程中人的主观性影响较大。因此，从当前我国资本市场发展的现实来看，财政、审计、证券监管等政府部门应加强会计、审计和评估的监督检查，建立起定期、全面、有效的监管体系，行业协会也应加强行业自律监管，形成行政监管与行业自律的合力。针对公允价值计量中自由裁量权较大的特点，重点检查关联交易以及有报表粉饰动机情形下的公允价值计量行为。加强对重点企业、重点项目的监督检查，规范关联交易以及有报表粉饰动机等特殊情况下的公允价值计量评估行为，完善关联交易和公允价值计量信息披露制度，对于报告期内发生的重大关联交易及其所产生的财务状况和经营成果等，应在年度报告显著位置增加"风险提示"内容，以提醒投资者注意上市公司因关联交易、重要资产使用公允价值计量所产生的财务状况、经营成果。同时，督促企业建立良好的公司治理结构和内部控制制度，强化独立董事的独立作用，加强对关联交易的价格监管，建立严格的监督和惩罚机制，如可视情节轻重，采取取消企业"在若干年内配股和增发资格"并对管理层进行惩处等惩处措施。在此过程中，各监管主体应进一步加强信息交流，实行监管联动，形成有效合力。

（二）强化企业、审计、评估机构内部治理，营造良好的执业环境

公允价值计量只有在企业、审计、评估等三方共同努力的情况下，才能有效解决公允价值计量的可靠性问题，提供高质量的公允价值信息。而这些都有赖于企业、审计、评估等三方内部治理的完善和持续有效运行。在对资产评估机构的检查中发现，当前急需资产评估机构解决如下三方面问题：一

是内部治理需进一步加强。目前，评估机构基本上按照法律法规的规定建立了决策、执行和监督的现代公司治理机制，但在实际运作中没有系统化、制度化、有的缺乏可操作性。二是质量控制制度有待健全和有效落实，评估机构质量控制制度建设、执行方面仍存在薄弱环节。三是评估执业质量有待提高，具体表现在项目承接内控程序执行不严格、评估计划制订不完善和评估程序执行不到位等方面。为此，应通过监管部门、行业协会大力推动机构的内部治理，督促各机构建立有效的内部治理体系，并持续监督、检查其运行情况，营造良好的公允价值计量执业环境，最终提高公允价值计量的执业质量。

（三）规范资产评估等中介机构的执业行为，严格监督和惩罚机制

资产评估等中介机构多年来在国企改制、并购重组、股权投资、非货币性资产交换、债务重组、股份支付等经济行为中提供了大量的服务，为国内开展公允价值计量业务奠定了实践基础。2006 年，我国会计准则引入公允价值计量模式后，审计、评估行业在投资性房地产评估、金融工具评估、资产减值测试等各类公允价值计量方面广泛合作，并积累了一定经验。评估、审计行业每年举办多期公允价值计量业务研讨班和培训班，促进了评估、审计行业执业能力的提升。但新会计准则实施后，许多专业中介机构缺乏专门专业的能力或人员来开展与公司所承受的风险相关的商业行为。因此，从长远来看，行业协会则应根据行业自律管理的要求，加强执业准则体系建设，不断完善职业道德准则体系，改进和完善监管措施，切实加强对会计师、资产评估师执业质量、职业道德情况的监督检查，不断提高监管水平，进一步完善行业自律惩戒制度，提升行业声誉和公信力。健全和完善中介机构的诚信档案，以此推动资产评估等中介机构的诚信执业，提高评估质量。同时应建立严格的监督和惩罚机制，严厉惩罚就上市公司的关联交易发表或出具不适当意见的中介机构等。

附件1 我国公允价值计量评估的典型案例[①]

案例1 合并对价分摊——PPA

一、财务会计背景情况介绍

2006年2月15日，中国财政部发布了新的会计准则体系，包括修订后的1项基本准则和16项具体准则，以及新发布的22项具体准则。新的会计准则参考国际财务报告准则，引入了公允价值作为会计计量的属性，取消了一般原则中的历史成本原则，而将历史成本变更为与重置成本、可变现净值、现值和公允价值并列的计量属性。金融工具、企业合并、投资性房地产、生物资产、非货币性资产交换、债务重组等多项准则涉及公允价值计量。该准则体系自2007年1月1日起逐步开始在国内企业中实施。这是中国为适应新形势下国内外经济环境发展的需要做出的重大会计制度的改革，改革范围之广和程度之深是史无前例的。

2007年11月9日，基于服务于新的会计准则体系的需要，中国资产评估协会发布了《以财务报告为目的的评估指南（试行）》，对注册资产评估师执行合并对价分摊、资产减值测试、投资性房地产和金融资产的公允价值计量等在新会计准则体系下的以财务报告为目的的评估业务进行了规范和指

① 本书中所有案例采用的数据仅为方便案例分析所使用，不宜直接引用和参考。

导。服务于会计计量的公允价值评估为中国评估师开拓了一个全新的业务领域。在涉及公允价值评估的企业合并、投资性房地产、金融资产与金融负债等项目中，合并对价分摊（Purchase Price Allocation，PPA，也称为合并成本分配）的公允价值评估无疑是最具挑战性的工作。PPA 评估中最重要的是被收购企业无形资产的辨识，根据会计准则的要求，合并对价分摊需要分摊到被收购企业全部可辨识资产中，对于有形资产可以比较容易地辨识，但对于一些无形资产的辨识则具有较高的挑战性。这主要是由于在无形资产的分类方式上目前国内分类与国际分类存在较大差异，根据目前国内无形资产评估准则的规定，国内可辨识无形资产主要包括可辨认无形资产，如专利权、商标权、著作权、专有技术、销售网络、客户关系、特许经营权、合同权益等。国际会计准则对无形资产的分类如附表 1 – 1 所示。

附表 1 – 1

与营销相关的无形资产	以合同为基础的无形资产	以技术为基础的无形资产
商标、商号 服务标志、团体标志、证明标志 商品外观 报头 网络域名 非竞争性协议	许可、特许权和终止协议 广告、建筑、管理、服务或者供应合同 租赁协议 建筑协议 特许经营协议 采矿、水、空气、矿产、伐木和路线许可等使用权 抵押服务合同等服务合同	专利权 计算机软件和隐藏文档 非专利技术 数据库 秘密配方、程序或秘诀等商业秘密
与艺术品有关的无形资产	与客户关系有关的无形资产	商誉含有的要素
戏剧、歌剧和芭蕾 书籍、杂志、报纸和其他文学著作 音乐作品 图片和照片 录像和音像制品	顾客名单 产品订单 客户合同与相关客户关系 非契约的客户关系	劳动力 顾客服务能力 本地市场占有率 无工会联盟或其他工人势力 尚在执行的培训或者招聘新员工项目 在资本市场直接融资能力 良好的政府关系

我们可以看出国际可辨识无形资产包含的具体项目远多于国内无形资产准则中确认的可辨识无形资产，因此我们在进行 PPA 评估时需要按照所服

务企业所遵循的会计准则要求，分别按国内或国际可辨识无形资产的标准对被并购企业的无形资产进行辨识。

本案例即为基于国内评估准则——《以财务报告为目的的评估指南（试行）》和现行企业会计准则体系，以财务报告为目的的一个评估实例，所涉及的评估业务是协助企业在执行企业会计准则后对非同一控制下企业合并的合并成本进行分配。

二、案例内容

（一）评估项目背景

BM 公司是以生产高压、超高压电站锅炉及生物质发电锅炉为主体的，集科研、生产、配套、服务于一体的企业。其主要产品为循环流化床锅炉。BM 公司通过 ISO 质量体系认证，并拥有美国机械工程师学会颁发的 ASME 授权证书及“U”、“S”钢印。

2007 年 6 月，LJP 公司以 15 亿元人民币现金收购 BM 公司 100% 股权，构成了非同一控制下的企业合并，其合并对价即为 15 亿元人民币。

（二）评估要素分析

根据《企业会计准则第 20 号——企业合并》，非同一控制下的企业合并，购买方在购买日应当依据所取得的被购买方各项可辨认资产、负债及或有负债的公允价值，对合并成本进行分配。

为了明确本次评估的相关事项，确保评估报告符合《企业会计准则第 20 号——企业合并》及其他相关准则的要求，评估人员首先与审计人员、LJP 公司和 BM 公司管理层就下列事项进行了讨论，并取得了一致的意见：

1. 评估基准日

本项目评估基准日应为股权购买日，确定为 2007 年 6 月 30 日。

2. 评估对象和范围

本次评估对象为 BM 公司于评估基准日的各项可辨认资产、负债及或有负债的市场价值，涉及的资产范围包括账面资产和负债以及表外可辨认资产、负债。

3. 评估目的

本次评估系确定 BM 公司于评估基准日的各项可辨认资产、负债及或有负债的市场价值，为 LJP 公司管理层准备财务报告进行合并对价分摊提供价值参考意见。

4. 价值类型

本次评估采用持续经营前提下的市场价值作为选定的价值类型。

市场价值是指自愿买方和自愿卖方在各自理性行事且未受任何强迫的情况下，评估对象在评估基准日进行正常公平交易的价值估计数额。

持续经营是指被评估企业的生产经营活动会按其现状持续下去，并在可预见的未来，不会发生重大改变。

5. 评估方法

确定各项可辨认资产、负债及或有负债的公允价值的方法的选用应遵循《企业会计准则第20号——企业合并》应用指南的相关规定。

（三）评估过程说明

在上述分析的基础上，评估人员以“为LJP公司管理层准备财务报告进行合并对价分摊提供价值参考意见”为目的，对BM公司于评估基准日的各项可辨认资产、负债及或有负债在评估基准日2007年6月30日的市场价值进行了评估。相关评估过程简要说明如下：

1. 评估方法简介

本次评估范围内各项资产、负债的评估方法如下：

（1）货币资金，按清查核实后账面值确定评估值。

（2）应收款项，按应收金额减去估计的风险损失金额确定评估值。

（3）存货，包括原材料、材料采购、包装物、在产品和在用低值易耗品等。其中：①原材料、包装物和在用低值易耗品按其现行重置成本确定评估值；②材料采购按清查核实后账面值确定评估值；③在产品按完工产品的估计售价减去至完工仍将发生的成本、估计的销售费用、相关税费以及基于同类产成品的基础上估计出售可能实现的利润确定。

（4）长期股权投资：对拥有控制权且被投资单位正常经营的长期股权投资，采用同一评估基准日对被投资单位进行整体评估，以被投资单位整体评估后的净资产乘以持股比例确定长期股权投资的评估值。对参股且被投资单位仍在正常经营的长期股权投资，按权益法评估，以评估基准日被投资单位资产负债表中载明的净资产账面值乘以持股比例确认评估值。长期股权投资减值准备按评估相关规范的规定评估值确定为零。

（5）建筑物、在建工程、机器设备：对于有活跃市场报价的，以评估基准日市场价格为基础确定评估值；对于同类资产有活跃市场报价的，参照评估基准日同类资产的市场价格确定评估值；对于其他资产，采用重置成本法进行评估。重置成本法基本公式为：评估价值 = 重置价值 × 成新率。

（6）无形资产——土地使用权，本次评估基本思路是分别用市场比较法、基准地价系数修正法两种方法求取出让土地使用权价格，再按各自权重加和得到土地使用权价格。

（7）其他无形资产：包括应用软件、技术、客户关系、未结订单。其中：①应用软件按评估基准日市场价格作为评估值；②技术采用收益途径的许可费节约法（Royalty Saving Method）进行评估；③客户关系、未结订单采用收益途径的超额收益法进行评估，人力资源则采用成本法进行评估。

（8）应付款项、应付职工薪酬、应交企业所得税、应交其他税金和预计负债，按清查核实后的应支付债务金额确定评估值。

2. 可辨认无形资产评估简介

根据《以财务报告为目的的评估指南（试行）》和《企业会计准则第20号——企业合并》，本次评估对应的评估对象应当是合并中取得的被购买方可辨认资产、负债及或有负债。本案例中，被购买方可辨认资产既包括资产负债表中列示的所有资产，又包括未反映在资产负债表中的可辨认无形资产。评估师对 BM 公司表外无形资产进行了辨认和评估，经过现场调查、从企业内部和外部渠道获取相关资料，认为 BM 公司在评估基准日可辨认的无形资产主要包括锅炉制造技术（以下简称技术）、未结订单、客户关系等。

（1）市场需求与竞争分析。

①工业锅炉行业总体现状和未来需求态势。中国工业锅炉行业经过五十多年来的发展，取得了长足的进步，行业逐步规范和壮大，生产能力不断提高，已形成比较完整的产品体系。但另一方面，中国工业锅炉行业发展极不平衡，生产集中度不高，大而全、小而全的现象普遍存在。

近十年来，随着国民经济发展，同时受国家能源结构变化和日益严格的环境保护政策的制约，中国工业锅炉产品发展出现了新的变化。影响工业锅炉市场的主要因素以往是国民经济的发展速度和投资规模、北方地区采暖需要和住宅建设、第三产业和民营企业的发展、效率低污染重的落后锅炉淘汰改造以及正常的更新改造等。未来工业锅炉产品市场发展除了受上述因素影响外，越来越受到能源政策和节能、环保要求的制约。在国家倡导并推行热电联产和集中供热的形势下，大中城市的小容量燃煤锅炉的比重将会显著下降；循环流化床锅炉等采用清洁燃烧技术的锅炉将得到较快的发展；燃油燃气锅炉特别是燃气锅炉将会有长足的进步，小型燃机热电（冷）联产系统、燃气—蒸汽联合循环热电（冷）联产系统的开发应用会有较大进展；蓄热式电热锅炉系统随着电力工业改革和发展，其市场将进一步拓宽；燃生物质和生活垃圾的锅炉市场潜力较大。随着石油煤炭等资源价格的持续上涨，国家对节能减排、环保优先、鼓励可再生能源开发及利用等方面的扶持力度在不断加强。这一政策为行业内企业发展大型循环流化床锅炉、燃气轮机余热锅炉、秸秆锅炉、垃圾焚烧锅炉等提供了极好的机遇。与此同时，从市场竞争的角度看，随着世界经济的不断发展，国际市场的需求不断扩大，尤其是东南亚以及非洲等处于经济快速发展阶段的国家地区，也提供了良好的发展机遇。但是，受国家宏观调控、“上大压小”、“以大代小”的政策影响，小型锅炉的市场总量将会减少。

②BM 公司市场竞争分析。BM 公司的产品定位及生产能力处于行业中间水平。BM 公司多年来致力于循环流化床锅炉的开发与生产，曾一度处于行业的领先地位，拥有良好的业绩。近几年来，随着其他厂家技术的发展以及市场经营政策的辅助，公司的传统经营模式已无法再更多地拥有市场份额，尽管到目前为止，BM 公司在循环流化床锅炉市场仍有较高的占有率，但不可否认的是其他锅炉企业的市场份额在逐年提高，竞争对手成长迅速。目前 BM 公司尚不具备大型化产品的竞争能力，小型循环流化床锅炉的竞争异常激烈，且这些项目建设也都往综合利用转化，比如掺气、掺秸秆、掺垃圾、掺煤泥等，在市场价位偏低的情况下，目前也大多无竞争力。近年来，由于投资项目减少，造成了僧多粥少的局面。凡是有锅炉投标项目的，不论锅炉大小，竞争都相当激烈。锅炉的价格在招标中将成为越来越重要的因素。但 BM 公司的产品价格在各处招标中，往往处于偏高的劣势地位，价格竞争力较弱。

（2）技术评估。

①概况。BM 公司的技术为循环流化床锅炉制造技术，包括 9 项专利技术和相关专有技术。同类产品中，BM 公司研制的循环流化床锅炉具有以下特点：燃烧效率、锅炉热效率、脱硫效率高于同行业平均水平；锅炉连续运行时间大于同行业平均水平；超负荷运行能力大于 10%；燃料适应性广，可燃用烟煤、无烟煤、褐煤等燃料；已设计制造燃用烟煤、无烟煤、褐煤、煤泥、煤矸石、生活垃圾、油页岩、造纸污泥以及秸秆、稻壳、木屑、棕榈壳等生物制燃料等不同型号、参数的锅炉。

②评估方法介绍。结合本次评估的技术无形资产特点，确定采用收益途

径的节省许可费法。具体分为如下步骤：

- 确定技术的尚余经济寿命期，预测在经济寿命期内技术应用产生技术产品的销售收入；
- 根据市场交易案例分析同类技术的许可费率，确定技术年许可费对于销售收入的比率或称提成率；
- 根据技术贡献率计算技术寿命期内的可节省的年许可费；
- 采用适当折现率将技术年许可费折成现值，折现率应考虑相应的形成该现金流的风险因素和资金时间价值等因素；
- 将尚余经济寿命期内可节省年许可费现值求和，即可确定技术的价值。

③经济寿命周期确定。一般认为技术是有经济寿命周期的，经济寿命周期长的技术价值相对较高，经济寿命周期短的技术价值相对较低。技术经济寿命主要受新的可以取而代之的技术出现时间的影响，另外技术经济寿命也会由于产生污染或国家产业政策改变等原因对技术的经济寿命产生影响，对于专有技术，保护措施也会对其经济寿命产生影响。本次评估根据技术及产品市场特点，确定技术尚余经济寿命为4.5年。

④技术未来年许可费的计算。

第一，销售收入的预测。2007年下半年销售收入根据实际经营数据确定，2008年销售收入根据企业预算及实际订单确定，2009年销售收入根据2008年订单及市场情况分析确定。由于宏观政策的逐步转变、BM公司的产品技术结构的限制以及市场需求的影响，预计其未来产品销售收入将有一定程度下滑，故2010年和2011年的产品销售收入确定为50亿元/年。

第二，收入流失率的预测。考虑到被评估企业的产品目前正面临更新换代的压力，本次评估的技术对应的产品销售收入将逐年下降。故本次评估考虑技术产品2008~2011年的销售收入流失率分别为：20%、30%、40%、50%。

第三，技术贡献率的确定。评估人员对国内循环流化床锅炉生产技术的技术交易案例进行了检索和分析。相关案例如下：

A公司1994年引进的a系列循环流化床锅炉，技术引进费人民币2 299.34万元，技术贡献率为1%（估算）；2005年引进的c系列循环流化床锅炉，技术引进费为1 227万元人民币。

B公司2007年7月引进的b系列MW循环流化床锅炉，技术贡献率为

0.1%；2007 年 7 月引进的 b 系列以上亚临界循环流化床锅炉，技术引进入门费 220 万美元，合人民币 1 650 万元，使用费每台 420 美元。

BM 公司目前生产的循环流化床锅炉属于 b 系列循环流化床锅炉。根据上述分析，本次评估确定 BM 公司循环流化床锅炉生产技术与 B 公司 2007 年 7 月引进的 b 系列循环流化床锅炉技术比较接近，故本次评估取技术贡献率为 0.1%。因本次评估采用税后现金流计算，故考虑所得税后的技术贡献率为：2007 年为 0.1% ×（1 − 33%）= 0.067%，2008 年以后为 0.1% ×（1 − 25%）= 0.075%。

第四，确定技术许可费及其现值。技术许可费额 = 产品年收入 × 收入流失率 × 技术贡献率，将尚余经济寿命期内各年技术收益贡献额按适当的折现率进行折现。折现率取值为 16%。

⑤评估结果。经上述评估程序和参数估算，将技术收益贡献额折现加和即可得到本次评估技术的市场价值。具体详见附表 1 − 2。

附表 1 − 2　　技术评估计算表

评估基准日：2007 年 6 月 30　　金额单位：人民币万元

年　份		2007 年 7 ~ 12 月	2008 年	2009 年	2010 年	2011 年
项　目		0.25	1.00	2.00	3.00	4.00
技术产品销售收入		214 776.91	661 810.00	645 000.00	500 000.00	500 000.00
收入流失率			20.0%	30.0%	40.0%	50.0%
技术贡献率		0.067%	0.075%	0.075%	0.075%	0.075%
技术收益贡献额		143.90	397.09	338.63	225.00	187.50
技术收益贡献额折现	16.00%	138.66	342.32	251.65	144.15	103.55
技术市场价值		980.00				

（3）未结订单评估。

①概况。截至评估基准日，BM 公司拥有未结订单 56 项，总金额 304 643.35 万元。上述产品均为被评估企业设计生产的工业锅炉。

②评估方法介绍。对于未结订单，采用了超额收益法进行评估，主要估算步骤如下：

- 确定未结订单的经济寿命期，确定未结订单的销售收入；
- 计算未结订单收益贡献额；
- 采用适当折现率将未结订单收益贡献额折成现值；
- 将经济寿命期内未结订单收益贡献额的现值相加后确定未结订单的

市场价值。

其中，未结订单收益贡献额＝息税折旧/摊销前收益（EBITDA）－（营运资金贡献额－长期资产贡献额－技术现金流贡献额－人力资源贡献额）×未结订单销售收入/企业全部销售收入－所得税

EBITDA＝销售毛利－销售费用－管理费用－财务费用＋借款利息＋折旧/摊销

③经济寿命周期确定。根据未结订单合同约定交货期及评估基准日后实际产品生产销售情况，本次评估确定其经济寿命为8个月，即0.67年。

④计算未结订单收益贡献额及其现值。

第一，销售收入的预测。根据企业提供的未结订单清单，截至评估基准日未结订单总金额304 643.35万元。

第二，销售成本的预测。未结订单销售成本根据其寿命期内总体产品成本利润率及订单产品的实际成本利润率综合分析确定，即在2007年实际数据和2008年预测数据平均值的基础上，结合订单产品的实际成本利润率后综合分析确定。

第三，期间费用的预测。根据企业统计，产品销售费用主要有销售人员工资、差旅费、中标服务费和招待费，这四项费用分别占销售费用的32.78%、12.55%、21.07%和33.60%。当合同订单签订后，中标服务费不再发生，后面的销售费用主要为催收货款所发生的工资、差旅费、招待费，但发生的金额大大下降，工资、差旅费、招待费所占比例分别下降为10.4%、3%和6%，即订单的存续销售费用仅为全部销售费用的19.4%。根据未来财务预测，销售费用占收入比例为0.93%，故未结订单相关的销售费用为：0.93%×19.4%＝0.18%。管理费用预测在年度财务预测基础上，结合未结订单的具体情况，确定占收入比例为8.5%。考虑财务费用和利息支出基本相等，故不再具体预测。

第四，营业税金及附加。教育费附加和城市维护建设税总计为流转税的10%，流转税为应交增值税，税率为17%。

第五，确定营运资金贡献额。根据营运资金与营业收入的历史比例关系，估算未来各年营运资金占用金额，对于营运资金的预期收益率采用现行1年期贷款利率7.47%（税前），故税后贡献率为5.6%。

第六，确定固定资产等长期资产的贡献额。根据评估基准日的固定资产等长期资产的评估价值，考虑资本性支出（现有固定资产改造更新支出除

外）的影响，确定未来的年长期资产额。长期资产贡献率根据现行长期贷款利率确定为7.83% ×（1 −25%）=5.87%（税后）。

第七，确定人力资源贡献额。人力资源公允价值采用重置成本法确定为6 100万元（详见人力资源评估部分说明），预期收益率为16%（税后）。

第八，计算未结订单收益贡献额及其现值。根据上述计算即可得到未结订单收益贡献额，并采用适当的折现率将其进行折现。折现率取值为14%。

⑤评估结果。经上述评估程序和参数估算，将未结订单收益贡献额折现加和即可得到本次评估未结订单的市场价值。具体详见附表1 −3。

附表1 −3　　　　未结订单评估计算表

评估基准日：2007年6月30日　　　　金额单位：人民币万元

项　　目		
未结订单销售收入		304 643.35
减：销售成本	87.50%	266 562.93
税金及附加		647.37
销售利润（毛利）		37 433.05
减：销售费用	0.18%	548.36
管理费用	8.50%	25 894.68
EBIT		10 990.01
加：折旧/摊销		2 543.00
EBITDA		13 533.01
营运资金占用额	1.40%	4 143.15
营运资金贡献额	5.60%	232.02
固定资产等长期资产		135 721.70
长期资产收益贡献额	5.87%	7 966.86
技术		980.00
技术收益贡献额	16.00%	156.80
人力资源		6 100.00
人力资源收益贡献额	16.00%	976.00
企业销售收入总计		545 681.91
未结订单销售收入/企业销售收入	56.00%	
应扣除的其他资产贡献额		8 556.17
所得税	25.00%	2 747.50
未结订单贡献额		2 229.33
未结订单经济寿命		0.67
净现金流折现	14.00%	2 041.97

（4）客户关系评估。

①概况。BM 公司通过产品销售、售后服务、建立示范工程等多种形式与国内部分企业建立起了长久稳定的供应关系。锅炉产品属于大型专用设备，寿命周期长，其产品需求受客户投资规模、发展规划以及国家宏观政策等多种因素的影响，所以同一客户重复采购行为具有一定的周期性和很大的不确定性。

②评估方法介绍。对于客户关系，采用了多期超额收益法进行评估，主要估算步骤如下：

- 确定客户关系的经济寿命期；
- 预测经济寿命期内现有客户关系带来的销售收入；
- 计算客户关系收益贡献额；
- 采用适当折现率将客户关系收益贡献额折成现值；
- 将经济寿命期内客户关系收益贡献额的现值相加后确定客户关系的市场价值。

其中，客户关系收益贡献额 = 息税折旧/摊销前收益（EBITDA）－（营运资金贡献额 - 长期资产贡献额 - 技术现金流贡献额 - 人力资源贡献额）×客户关系销售收入/企业全部销售收入 - 所得税

EBITDA = 销售毛利 - 销售费用 - 管理费用 - 财务费用 + 借款利息 + 折旧/摊销

③经济寿命周期确定。根据对评估基准日前年度的客户关系维持情况和客户收入流失率的分析，综合考虑评估基准日的客户关系现状，本次评估确定其经济寿命为 4.5 年。

④计算客户关系收益贡献额及其现值。

第一，销售收入的预测。在公司产品销售收入预测的基础上，考虑现有客户销售收入增长率及现有客户流失率，即可得到未来年度现有客户带来的销售收入。其中，2007 年 7～12 月及 2008 年现有客户带来的销售收入中已扣除评估基准日未结订单的销售收入。

客户流失率主要是根据历史数据分析确定。本次评估中对 BM 公司前 10 年的重复采购客户情况进行了调查和统计。根据统计资料，分析了 2002 年至 2007 年客户情况，并估算历史客户流失率。结合现有客户关系现状，本次评估取年客户流失率为 40%。

第二，销售成本的预测。客户关系销售成本根据其寿命期内总体产品成

本利润率确定。

第三，期间费用的预测。客户关系销售费用和管理费用根据其寿命期内总体产品费用比率确定。根据未来财务预测，销售费用占收入比例为0.93%，管理费用占收入比例为9.98%。考虑财务费用和利息支出基本相等，故不再具体预测。

第四，营业税金及附加。教育费附加和城市维护建设税总计为流转税的10%，流转税为应交增值税，税率为17%。

第五，确定营运资金贡献额。根据营运资金与营业收入的历史比例关系，估算未来各年营运资金占用金额，对于营运资金的预期收益率采用现行1年期贷款利率7.47%（税前），故税后贡献率为5.6%。

第六，确定固定资产等长期资产的贡献额。根据评估基准日的固定资产等长期资产的评估价值，考虑资本性支出（现有固定资产改造更新支出除外）的影响，确定未来的年长期资产额。长期资产贡献率根据现行长期贷款利率确定为5.87%（税后）。

第七，确定人力资源贡献额。人力资源公允价值采用重置成本法确定为6 100万元（详见人力资源评估部分说明），预期收益率为16%（税后）。

第八，计算客户关系收益贡献额及其现值。根据上述计算即可得到客户关系收益贡献额，并采用适当的折现率将其进行折现。折现率取值为16%。

⑤评估结果。经上述评估程序和参数估算，将客户关系收益贡献额折现加和即可得到本次评估客户关系的市场价值。具体详见附表1-4。

附表1-4　　　　　　　　客户关系评估计算表

评估基准日：2007年6月30日　　　　　　　　　　　　　金额单位：人民币万元

年　　份	2007年 1~6月		2007年 7~12月	2008年	2009年	2010年	2012年
项　　目			0.25	1.00	2.00	3.00	4.00
现有客户销售收入	307 872.38		214 776.91	397 086.00	232 200.00	108 000.00	64 800.00
未结订单销售收入			214 776.91	89 866.44			
收入增长率				26.60%	-2.50%	-22.50%	0.00%
客户流失率				40.00%	40.00%	40.00%	40.00%
扣除未结订单的现有客户销售收入				307 219.56	232 200.00	108 000.00	64 800.00

续表

年　　份	2007 年 1～6 月		2007 年 7～12 月	2008 年	2009 年	2010 年	2012 年
项　　目			0.25	1.00	2 00	3.00	4.00
减：销售成本				262 672.73	197 370.00	91 000.80	54 503.28
占销售收入比例				85.50%	85.00%	84.26%	84.11%
税金及附加				757.30	592.11	288.99	175.04
销售利润（毛利）				43 789.53	34 237.89	16 710.21	10 121.68
减：销售费用				2 857.14	2 159.46	1 004.40	602.64
占销售收入比例				0.93%	0.93%	0.93%	0.93%
管理费用				30 647.22	23 163.51	10 773.73	6 464.24
占销售收入比例				9.98%	9.98%	9.98%	9.98%
息税前利润 EBIT				10 285.17	8 914.92	4 932.08	3 054.80
加：折旧/摊销				2 631.13	2 649.74	2 675.44	2 715.54
息税折旧/摊销前利润 EBITDA				12 916.30	11 564.66	7 607.52	5 770.34
减：其他资产贡献额							
营运资金占用额				4 178.19	3 157.92	1 468.80	881.28
营运资金贡献额		5.60%		234.08	176.92	82.29	49.37
固定资产等长期资产				154 092.94	160 002.64	161 779.40	163 170.72
长期资产贡献额		5.87%		9 045.26	9 392.15	9 496.45	9 578.12
技术现金流贡献	980.00	16.00%		156.80	156.80	156.80	156.80
人力资源贡献率	6 100.00	16.00%		976.00	976.00	976.00	976.00
企业销售收入合计				661 810.00	645 000.00	500 000.00	500 000.00
客户销售收入/企业销售收入				46.42%	35.00%	21.60%	12.96%
应扣除的其他资产贡献额				4 833.31	3 852.67	2 313.69	1 394.53
减：所得税		25%		2 571.29	2 228.73	1 233.02	763.70
客户关系收益贡献额				5 511.69	5 483.25	4 060.80	3 612.10
客户关系收益贡献额折现		16.00%		5 117.48	4 388.86	2 801.99	2 148.61
客户关系收益贡献折现和			14 456.93				

（5）人力资源评估。人力资源属于商誉类无形资产，不作为可辨认的无形资产。采用超额收益法评估客户关系等无形资产时，需要扣除人力资源

的收益贡献额。人力资源价值采用成本法进行评估，如附表 1 -5 所示。

附表 1 -5　　　　　　人力资源评估计算表

评估基准日：2007 年 6 月 30 日　　　　　　　　　　　　金额单位：人民币万元

项　目		
职工人数（人）		11 540
年工资总额		36 841.01
招聘费用	8%	3 070.08
培训费用	8%	3 070.08
人力资源公允价值		6 100.00

（6）折现率的确定。

①可比公司的选取。由于 BM 公司是非上市公司，无法直接计算其风险回报率，故采用在国内上市公司中选用可比公司并通过分析可比公司的方法计算 BM 公司折现率。

在本次评估中可比公司的选择标准如下：公司至少 2 年以上上市历史且为盈利企业；公司只发行人民币 A 股；公司为锅炉制造类上市公司。

根据上述标准，本次评估我们选定以下可比公司：

无锡华光锅炉股份有限公司，股票简称：华光股份，股票代码：600475

东方锅炉（集团）股份有限公司，股票简称：东方锅炉，股票代码：600786

②加权平均资本成本确定（WACC）。WACC 代表期望的总投资回报率，计算公式如下：

$$WACC = R_e \frac{E}{D+E} + R_d \frac{D}{D+E}(1-T)$$

其中：E 为股权价值；R_e为股权期望回报率；D 为负息债权价值；R_d为债权期望回报率；T 为企业所得税税率。

股权回报率利用资本资产定价模型（CAPM）确定。实际使用 CAPM 时，考虑了公司特有风险对股权收益率的影响。具体公式为：

$$R_e = R_f + \beta \times ERP + R_s$$

其中：R_e为股权回报率，R_f为无风险回报率，β 为风险系数，ERP 为市场风险超额回报率，R_s为公司特有风险回报率。

由于中国目前尚未建立起真正意义上的公司债券市场，本次评估采用中国人民银行公布的一年期贷款利率作为债权回报率。由于计算可比公司WACC是为了确定评估基准日预期的无形资产回报率，计算被评估公司WACC是为了确定评估报告日可预期的回报率，故可比公司WACC计算中采用评估基准日有效的一年期贷款利率作为债权回报率，被评估公司WACC计算中采用评估报告日有效的一年期贷款利率作为债权回报率。

WACC计算中各参数的估算说明本课题从略，计算结果详见附表1－6。

附表1－6　　折现率计算表　　单位：%

可比公司	D/E+D	E/E+D	R_f	ERP	β_L	β_U	R_s	R_e	R_d	T	WACC
华光股份	0.5	99.5			0.824	0.821	0.70	11.41	6.84	15	11.38
东方锅炉	2.8	97.8			0.886	0.865	0.70	11.80	6.84	15	11.63
平均值	1.6	98.4				0.843					
BM公司											
目标资本结构	1.6	98.4									
WACC	1.6	98.4	3.51	8.77	0.853	0.843	0.70	11.69	7.47	25	11.59

注：表中数据除β_L、β_U外均为百分数，数据来源于WIND资讯。

③无形资产期望回报率的确定。上述计算的WACC可以理解为投资企业全部资产的期望回报率，企业全部资产包括营运资金、固定资产和无形资产。WACC可以用下式表述：

$$WACC = W_c \times R_c + W_f \times R_f + W_i \times R_i$$

其中：W_c为营运资金占全部资产比例；W_f为固定资产占全部资产比例；W_i为无形资产占全部资产比例；R_c为投资营运资金期望回报率（税后）；R_f为投资固定资产期望回报率（税后）；R_i为投资无形资产期望回报率（税后）。

对于营运资金的期望回报率采用现行一年期贷款利率7.47%（税前），故税后贡献率为5.6%。固定资产等长期资产期望回报率根据现行长期贷款利率确定为5.87%（税后）。

通过上式，可以计算得到R_i，作为投资无形资产的期望回报率。经计算，可比公司无形资产期望回报率的平均值为16.9%。

④各类无形资产期望回报率的确定。我们可以认为计算出来的16.9%应该是各类无形资产期望回报率的加权平均值。我们可以在进一步分析可比公司无形资产组合特点的基础上，确认各单项无形资产的期望回报率如下：

第一，商誉：一般认为，企业商誉的期望回报率应在20%～30%之间，本次评估结合被评估企业所在的锅炉制造业的行业特点，确定商誉的期望回报率为25%。

第二，其他无形资产：其他无形资产的期望回报率应高于WACC，但低于组合无形资产的加权平均期望回报率；其他无形资产中，未结订单由于收益确定性较大，风险较小，故期望回报率应较客户关系、技术等其他无形资产低一些；基于上述分析，本次评估中未结订单期望回报率确定为14%，客户关系和技术的期望回报率确定为16%。

第三，人力资源：人力资源虽然有人将其在分类上归属于商誉，但一般认为其在商誉的无形资产组合中期望回报率相对较低，可以等同于商誉之外的其他无形资产。故本次评估确定人力资源的期望回报率为16%。

根据上述计算和分析确定的各项无形资产期望回报率即为本次评估采用的无形资产折现率。

3. 评估结论

经评估，BM公司的全部可辨认资产、负债及或有负债的市场价值如附表1-7所示。

附表1-7　　评估结果计算表

评估基准日：2007年6月30日　　单位：人民币万元

项　　目	账面价值	评估价值	评估增值
流动资产	224 541.2	226 787.5	2 246.3
长期投资	7 959.8	8 648.1	688.3
固定资产	53 144.6	79 825.5	26 680.8
无形资产	11 779.8	67 177.9	55 398.2
其他资产	20 794.7	20 794.7	—
资产总计	318 220.1	403 233.7	85 013.6
负债总计	191 336.5	191 336.5	—

4. 合理性测试

全部可辨认资产、负债及或有负债的公允价值经评估确定后，应对其合理性进行测试，结果如附表1-8所示。PPA合理性测试方法是将加权资产平均回报率（WARA）和加权平均资本成本（WACC）进行比较，一般认为，两者比较接近则表明公允价值评估是合理的；否则，应重新检查各项可辨认资产、负债及或有负债的公允价值是否合适，或者是否存在遗漏的资产、负债。

附表 1-8　　合理性测试计算表

评估基准日：2007 年 6 月 30 日　　单位：人民币万元

项　目	公允价值	回报率	资产比例	加权回报率
营运资金	7 115.0	5.60%	3.60%	0.20%
长期资产	123 135.0	5.87%	62.37%	3.66%
无形资产				0.00%
技术	980.0	16.00%	0.50%	0.08%
客户关系	14 456.9	16.00%	7.32%	1.17%
未结定单	2 042.0	14.00%	1.03%	0.14%
商誉	49 699.0	25.00%	25.17%	6.29%
合计	197 427.9		100.00%	
WARA				11.55%
WACC				11.59%

三、案例特点

BM 公司合并对价分摊的公允价值评估是在执行新会计准则背景下，以财务报告为目的的资产评估项目。该案例给出了一个合并对价分摊的公允价值评估（PPA 评估）的基本过程。通过对该案例的分析，可以梳理出 PPA 评估的一些特点。

1. PPA 评估的特殊性

PPA 评估作为一种以财务报告为目的的新兴评估业务，具有相对的特殊性。在新企业会计准则的执行过程中，部分企业和审计师忽视 PPA 评估的特殊性，认为可以采用股权收购时的成本法评估结果作为 PPA 的依据。这种观点是错误的，从本案例中可以看出，两者存在本质的差异，见附表 1-9。

附表 9　　PPA 评估与股权收购评估对比表

项　目	PPA 评估	股权收购评估
评估目的	为财务报告提供价值参考依据	为股权转让提供价值参考依据
评估对象	各项可辨认资产、负债及或有负债	全部或部分股东权益
评估方法	优先遵循会计准则及应用指南	遵循评估准则
评估基准日	与购买日一致	一般都早于购买日

2. PPA 评估方法的选用应遵循公允价值级次性要求

PPA 评估实质上是对不包含商誉的资产组或资产组组合的各项资产和负

债的公允价值进行评估，故属于部分资产评估，其评估方法选用应不同于企业价值评估。

《企业会计准则第20号——企业合并》应用指南对各项可辨认资产与负债的公允价值的确认方法进行了规定。PPA评估中，各类资产与负债的评估方法应首先符合该规定。该规定实质上是对各种公允价值的确认方法按照公允价值级次性理念进行了优先排序。

根据美国第157号财务会计准则公告（SFAS157）《公允价值计量》，公允价值级次（fair value hierarchy）将评估的资料分为3个等级，位于公允价值级次中最高优先地位的是活跃市场中的报价，位于最低优先地位的是不可观察的数据，例如报告主体自己的内部数据。采用收益法、成本法等估值技术获得的输入值则仅优于最低优先地位的不可观察的数据。

故在PPA评估中，优先选用的方法应为市场法。如选用收益法等其他方法也要求输入值选取时要优先使用来源于活跃市场的数据。在本案例中，技术贡献率、资产回报率等输入值的确定方法和过程均体现了上述原则。

3. PPA评估结果需进行合理性测试

如前所述，PPA评估中，应对合并对价分摊的合理性进行测试，如测试结果不合理，应重新检查各项可辨认资产、负债及或有负债的公允价值是否合适，或者是否存在遗漏的资产、负债。

目前，在PPA合理性测试中，对商誉的计算有两种模式：一种是计算会计商誉，即直接采用购买价与可辨认净资产的公允价值之差作为商誉价值；一种是计算评估商誉，即采用评估确定的企业价值与可辨认净资产的公允价值之差作为商誉价值。本案例中使用的是后者。但还有一种观点认为应该采用前者，对于这个问题，尚需要评估界进一步探索、研究。应该明确的是，如果采用会计商誉，则被评估的资产中应该包括全部经营性资产和非经营性资产；反之如果采用后者评估商誉，则被评估的资产中仅能包括经营性资产。

4. 可辨认无形资产与或有负债的评估是PPA评估的难点

《企业会计准则第20号——企业合并》对合并中取得的被购买方的可辨认无形资产与或有负债的确认以其公允价值是否能可靠计量为原则，并没有给出具体的、操作性强的确认和计量标准。而在实践中无形资产、或有负债是否存在，其公允价值是否能可靠计量，很多时候并不能有准确、唯一的答案。

从国内的评估实务来看，由于目前国内相关准则在确认可辨认的无形资产标准方面与国际上的相关规定比还有一些差距，如美国财务会计准则公告第141号（SFAS141）《企业合并》中列出了29种五大类可确认的无形资产分类，但国内相关准则没有明确列明如此众多的可辩认无形资产分类。因此，国内评估师往往会在无形资产辨认、评估模型和输入值的选用方面存在一些问题，特别是当需要承担按照国际会计准则要求进行的PPA评估时，需要与审计师进行较多的沟通与协调。

总之，PPA评估中的一些可辨认无形资产与或有负债的评估，如客户关系、未结订单、对外担保、涉讼事项等，对我国评估界而言，还属于较新的业务领域，评估经验和输入值积累尚有待丰富与完善，评估技术手段也尚有待规范与提高。另外，我们的相关准则和规范也需要与时俱进，及时解决对行业有重大影响的专业技术共性问题。

四、案例点评

（1）本案例给出了合并对价分摊的公允价值评估的一个基本步骤和模式，并对该评估业务的特点和难点进行了总结和分析，对财务报告目的评估工作有很强的实践指导意义。有助于评估人员加深对会计准则相关规定的理解，正确处理会计准则、评估准则在评估实务中的衔接，把握合并对价分摊工作的要点，有效应对在评估实务中出现的新问题和难点问题。

（2）本案例的评估结果为各项可辨认资产、负债及或有负债的公允价值，评估报告并未包括商誉（或合并收益）确认、公允价值计量形成的递延所得税项目等涉及合并对价分摊的会计事项，这与以审计师身份撰写的合并对价分摊案例有着显著的差异。这种差异也体现了在PPA评估业务中评估师、审计师与企业管理层的责任区分：评估师的责任是对各项可辨认资产、负债及或有负债的公允价值发表专业意见；根据评估师确定的公允价值进行合并对价分摊是企业管理层的责任；而对上述合并对价分摊事项（包括作为公允价值依据的评估报告）进行审核是审计师的责任。

（3）本案例的无形资产评估中，现金流和对应的折现率均为考虑所得税后的，体现了收益口径与折现率口径一致的原则。目前，在采用收益途径的无形资产评估实务中，关于所得税的处理有两种观点：一种是基于股东现金流的角度，认为应在无形资产预期现金流中扣除所得税；一种是基于公司现金流的角度，认为无形资产预期现金流中不应扣除所得税。目前较为统一的观点是折现率应与使用的现金流口径一致，即税后现金流应使用税后折现率，税前现金流则应使用税前折现率。

案例2－1 固定资产组减值测试评估

一、评估业务存在的前提及可能性

根据国际会计准则第36号（IAS36）或中国会计准则《企业会计准则第8号——资产减值》：

企业应当在资产负债表日判断资产是否存在可能发生减值的迹象，当资产出现减值迹象的，应当估计其可收回金额。

可收回金额应当根据资产的公允价值减去处置费用后的净额（Fair value less costs to sale，"可变现净值"）与资产预计未来现金流量的现值（Value in use，"在用价值"）两者之间较高者确定。

可变现净值应当根据：①公平交易中销售协议价格减去可直接归属于该资产处置费用的金额确定。②不存在销售协议但存在资产活跃市场的，应当按照该资产的市场价格减去处置费用后的金额确定。资产的市场价格通常应当根据资产的买方出价确定。③在不存在销售协议和资产活跃市场的情况下，应当以可获取的最佳信息为基础，估计资产的公允价值减去处置费用后的净额，该净额可以参考同行业类似资产的最近交易价格或者结果进行估计。④企业按照上述规定仍然无法可靠估计资产的公允价值减去处置费用后的净额的，应当以该资产预计未来现金流量的现值作为其可收回金额。

在用价值应当按照资产在持续使用过程中和最终处置时所产生的预计未来现金流量，选择恰当的折现率对其进行折现后的金额加以确定。预计资产未来现金流量的现值，应当综合考虑资产的预计未来现金流量、使用寿命和折现率等因素。

根据会计准则的上述规定，在资产存在减值迹象的情况下，为估计资产的可回收价值，确定可变现净值和在用价值的大小成为企业管理层和会计师必须解决的问题，而评估师因具备相关的技术和专业能力成为会计师的首选，在减值测试目的下的评估业务有了存在的前提和可能性。

二、评估的价值类型

在评估业务的实际操作中，最先需要解决的问题就是评估的价值类型。根据会计准则的前述规定，该类业务应采用的价值类型也有了清晰的界定，即可变现净值和在用价值。

在评估实务中，通常情况下在评估初期不会有明显证据证明可变现净值和在用价值之间的大小关系，因此大多数情况下需要同时确定可变现净值和在用价值，以确定可回收金额的大小，进而与资产的账面价值进行比较以确定减值的金额。

三、减值测试的评估基准日

会计主体应当在资产负债表日判断资产是否存在可能发生减值的迹象，当资产出现减值迹象的，应当估计其可收回金额。据此，通常情况下，减值测试的评估基准日即为资产负债表日。

但在实务操作中，基于重要性原则的考虑，可能会有一些特别状况。比如，提早于资产负债表日一个月或两个月。具体可以参照下文案例的相关内容。

四、减值测试的资产范围

根据 IAS36 或《企业会计准则第 8 号——资产减值》，就常见的资产而言，减值测试的资产范围不包括：存货、投资性房地产、生物资产、建造合同形成的资产、递延所得税资产和金融工具。

在评估实务中，涉及减值测试资产的类型主要包括商誉、未确定寿命年期的无形资产和固定资产或固定资产组等。

五、减值测试的评估方法

通常的评估方法包括：成本法、市场法和收益法。就减值测试本身的目的来讲，是为了确定资产的可回收价值，从而增强会计报告中财务信息的相关性和可靠性。考虑到资产的获得（或重建）成本与其可回收价值之间不具有相关性，因此成本法将不适用于减值测试。

此外，鉴于资产在某一时点的可回收价值通常体现在两个方面，即“继续使用前提下能带来的未来收益”和“即时出售所能实现的市场价值”，结合会计准则相关规定，即可回收价值应根据可变现净值或在用价值孰高的原则确定。因此，收益法和市场法成为该类业务的主要评估方法。

就确定减值测试中公允价值而言，评估师应根据资产的特点、所能获得的信息及其可靠性，选择市场法或收益法进行评估。根据《以财务报告为目的的评估指南》第二十五条第（三）款：注册资产评估师在协助计算公允价值减去处置费用的净额时，应当知晓会计准则允许直接以公平交易中销售协议价格，或与评估对象相同或相类似资产在其活跃市场上反映的价格，作为计算公允价值的依据。

当不存在相关活跃市场或缺乏相关市场信息时，注册资产评估师可以根据企业以市场参与者的身份，对单项资产或资产组的运营作出合理性决策，并适当地考虑相关资产或资产组内资产的有效配置、改良或重置的前提下提交的预测资料，参照企业价值评估的基本思路和方法，分析和计算单项资产或资产组的公允价值。注册资产评估师计算公允价值减去处置费用的净额时，应当根据会计准则的具体要求合理估算相关处置费用。

就确定减值测试中使用价值而言，由于要估计待估资产在剩余经济寿命年限内的未来净现金流，因此所能采用的方法只有收益法。同时，根据《以财务报告为目的的评估指南》第二十五条第（二）款：注册资产评估师在协助计算资产预计未来现金流量的现值时，应当知晓对资产预计未来现金流量的预测是基于特定主体现有管理模式下可能实现的收益。预测一般只考虑单项资产或资产组内主要资产项目在简单维护下的剩余经济年限，即不考虑单项资产或资产组内主要资产项目的改良或重置；资产组内资产项目于预测期末的变现净值应当纳入资产预计未来现金流量的现值的计算。

六、减值测试评估实务中的主要问题

在评估实务中，由于资产的独特性及包括评估师、会计师和企业在内的专业人士对会计准则的理解差异，以下事项应作为重点予以考虑：

1. 最小现金产出单元（Cash Generating Unit，CGU）的确定

识别资产所在 CGU 的实质是确定评估对象，这是评估程序中首先要解决的问题。根据《企业会计准则第 8 号——资产减值》第十八条：有迹象表明一项资产可能发生减值的，企业应当以单项资产为基础估计其可收回金额。企业难以对单项资产的可收回金额进行估计的，应当以该资产所属的资

产组为基础确定资产组的可收回金额。资产组的认定，应当以资产组产生的主要现金流入是否独立于其他资产或者资产组的现金流入为依据。

例如，在进行固定资产组（厂房、土地和生产线）的减值测试过程中发现，相关产品的出售借助了知名商标，且无法将该商标带来的超额收益进行拆分，同时该商标是通过企业兼并获得的，已经在企业的账面有账面值存在。在这种情况下，评估对象是否需要调整？是否需要对评估结论进行适当的调整？或者换一种情形，如果该商标在企业账面没有账面值，处理方式是否会有不同？

2. 收益法模型的搭建

如前所述，在采用收益法分别估计可变现净值和在用价值时，两个模型在收益预测、折现率、收益期、成本预测、营运资金、资本性支出等方面是否存在不同？如何处理？比如，根据会计准则的相关规定：在确定在用价值时，预计资产未来现金流应以资产的当前状况为基础，不应当包括与将来可能会发生的、尚未做成承诺的重组事项有关或者与资产改良有关的未来现金流。为了维护资产正常运转或者原定产出水平所必需的未来现金流出则应当考虑在内。但在确定可变现净值时，企业应当以市场参与者的身份，对单项资产或资产组的运营作出合理性决策，并适当地考虑相关资产或资产组内资产的有效配置、改良或重置的前提下进行现金流的预测。

收益期的确定也存在不同，可变现净值确定时收益期应该是一个持续经营的永续期间，而在用价值确定时收益期应当为单项资产或资产组内主要资产项目在简单维护下的剩余经济年限，是一个有限期的模型。此外，营运资金、资本性支出等方面也或多或少存在差异，也需要在进行模型搭建时充分注意。

3. 现金流预测过程中对非经营性资产的处理

通常情况下，企业的固定资产中会包括管理层用车、职工宿舍、外购住宅型商品房或者沿街店铺等，在进行现金流预测的时候，尤其是参照历史数据时，应剔除这些因素对收入及成本的影响，所有现金流的预测都必须与待估资产组直接相关。

七、减值测试案例分析

以下就一个案例来说明符合会计准则减值测试要求的固定资产组减值测试评估。

1. 案例背景

由某 A + H 股上市公司控制的一家生产企业 X 公司，最近两年连续亏损。经过分析发现，该企业拥有的两条生产线已经使用多年，与目前的相同产品的主流生产线在工艺上存在一些差距，存在减值的可能。因此，根据香港会计准则第 36 号（HKAS36）和中国会计准则《企业会计准则第 8 号——资产减值》的要求，需要对该生产线进行减值测试。

本次减值测试的目的为年报披露用途，初步确定的评估基准日为 2008 年 12 月 31 日。但考虑到该上市公司涉及的集团架构比较复杂，基于年报披露用途的评估任务非常艰巨，为能满足年报公布在监管方面的时间要求，本次减值测试在 2008 年 12 月初就必须启动，如果以 12 月 31 日为基准日，则只能在第二年 1 月初开始评估工作，同时，考虑到企业的整体经营成果不会因为最后一个月表现产生实质性的不同，因此，评估基准日最终被确定为 2008 年 11 月 30 日。

2. 评估对象的确定

就生产型企业而言，与产品相关的现金流入主要来自于产品的生产过程所依赖的实物资产（包括生产线、厂房和土地）的贡献。针对本案的具体情形，经和审计师及企业沟通，评估师了解到，该企业并没有对两条生产线分别核算，因此最终确定的作为减值测试的现金产出单元为包括两条生产线、生产厂房及生产性附属设施和厂房所占土地在内的固定资产组（以下简称"待估资产组"）。另外，经辨认，没有发现与现金流产生有重大相关性的其他无形资产。

根据管理层提供的资料，待估资产组于评估基准日的账面净值为人民币 46 823 259 元。

3. 评估技术思路和方法的选取

就本案而言，鉴于没有明显的证据直接证明可变现净值和在用价值之间的大小关系，因此评估师需要同时确定可变现净值和在用价值。

（1）在用价值的确定思路。基于前述分析，评估师确定的在用价值评估思路为：在生产线主要设备的剩余经济寿命年限内，对待估资产组的未来净现金流量，以适当的折现率折现后的现值总和。

（2）可变现净值的确定思路。可变现净值首先需要确定公允价值（Fair Value）。通过市场调查和分析，评估师认为待估资产组处于不活跃市场，缺乏相关的公平交易案例，市场法的采用受到限制。因此最终确定的公允价值评估方法为收益法，具体思路为：采用收益法下的现金流折现法（Discounted Cash Flow Method，DCF 分析），参照企业价值评估的基本思路，在持续经营的假设前提下，考虑待估资产组内资产的有效配置、改良或重置等情形，对资产组的未来收益进行预测，对净现金流以适当的折现率折现后的现值总和为其公允价值。

4. 评估的主要假设

根据前述思路，本案例中对公允价值和使用价值的评估都将采用收益法，需要确定的参数分别是各自的收益额、收益期和折现率。以公允价值估值模型为例说明如下：

（1）公允价值估值模型中的主要假设。

①假设 X 公司将会持续经营。

②综合考虑 X 公司的营运周期、生产及销售水平、技术及经济更替等因素，预测 X 公司 2008 年 12 月至 2013 年的营运表现，并假设通过 X 公司管理人员的努力，该营运表现的预测可合理地实现。

③为了实现业务的预期增长且保持竞争优势，X 公司可能需使用额外的资本投入。假设所有与 X 公司相关的设施和技术人员均可配套运作，并且有能力实现预期的业务增长。

④假设现行政治体制、法律、科学技术、财政政策或其他将对行业及 X 公司的业务造成重大影响的经济条件不会发生重大变化。

（2）公允价值估值模型中的主要参数确定。

①收入预测。根据 X 公司提供的预测，并结合评估师对 X 公司及其行业的研究，X 公司在 2008 年 12 月 ~2013 年各年度的销售量及销售收入预测如附表 1 – 10 所示。

附表 1 – 10 单位：元

项　目	2008 年 12 月	2009 年	2010 年	2011 年	2012 年	2013 年
销售量	3 300	69 834	73 340	77 741	82 405	87 349
销售收入	6 329 400	164 959 587	183 670 844	203 378 499	225 450 808	250 098 457
营业税	632 883	18 102 911	19 564 471	21 038 352	22 643 862	24 391 688

②成本及费用预测。业务成本包括直接生产销售成本和生产设备折旧支出；管理销售费用为与市场推广及管理相关的费用及支出。根据评估师对 **X** 公司历史业务成本的分析结果，2008 年 12 月 ~2013 年各年度的成本预测如

附表 1－11 所示。

附表 1－11 单位：元

项目	2008 年 12 月	2009 年	2010 年	2011 年	2012 年	2013 年
业务成本	4 000 954	113 393 354	124 001 974	135 717 200	148 349 950	164 351 273
营业费用	1 375 093	30 855 910	33 106 748	34 544 904	35 931 387	36 106 014
管理费用	623 653	13 299 155	14 623 789	14 623 789	14 623 789	14 623 789

③折旧和摊销预测。根据评估师对 X 公司的历史折旧和摊销分析的结果，X 公司 2008 年 12 月～2013 年各年度的折旧和摊销预测如附表 1－12 所示。

附表 1－12 单位：元

项目	2008 年 12 月	2009 年	2010 年	2011 年	2012 年	2013 年
折旧和摊销	525 370	6 250 737	6 639 582	6 757 037	6 104 437	6 104 437

④固定资产投资。根据对 X 公司的分析，评估师采用了管理层提供的未来固定资产投资预测，如附表 1－13 所示。

附表 1－13 单位：元

项目	2008 年 12 月	2009 年	2010 年	2011 年	2012 年	2013 年
固定资产投资	—	2 925 990	7 776 900	2 349 100	—	—

⑤终值。采用 GORDON 模型来计算该资产组合于 2013 年的终值，其中假设未来现金流的永续增长率为 2%，折现率为公司的折现率。

⑥折现率的确定。在使用现金流量折现法时，必须根据所评估资产的性质计算一个适当的折现率。该折现率可视为一个第三方的投资者对同类投资项目的预期回报率。该项投资的预期回报率与相应的项目风险有关。评估师已考虑以下各项风险因素：

利率风险即衡量总体利率水平的变化对投资回报的影响；购买力风险即衡量随时间变化因通货膨胀所丧失的购买力所造成的损失；变现风险即衡量在目前市场情况下出售该投资项目的变现能力；市场风险即衡量诸如经济和政治等综合市场因素对资产价格的影响；业务风险即衡量预期营运收入的不确定性。

就一项特定投资来说，风险因素如现行管理延续性、可变现性及其他因素是影响投资项目的可接受回报率的因素。此外，回报率亦需根据该投资中所涉及相应的风险程度，在基础回报率之上增加相应的风险回报补偿。本案所采用的折现率根据资本资产定价模型（CAPM）的方法计算。即：

基础投资回报率 = 无风险回报率 + 行业 β 系数 × 市场风险回报率

除上述方程所得出的基础投资回报率以外，有关项目的预期回报要求亦受其他非市场因素的影响。此等额外回报要求可视为个别项目风险，以希腊字母 ε 代表。综合得出的项目回报率方程为：

项目回报率（折现率） = 无风险回报率 + 行业 β 系数 × 市场风险回报率 + ε

确定本案折现率时所用的参数为：

无风险回报率 1.69%（评估基准日 10 年期中国香港特别行政区政府债券收益率）；市场回报率 11.92%（2008 年初至评估基准日 10 年期恒生指数年报酬率的平均值）；行业 β 系数 0.75（取香港上市的 X 公司所在行业的平均 β 系数）；个别项目风险 7.65%（包含流动性风险、业务风险及其他个别风险）。

综合上述计算结果，本案适用的股权资本回报率（或折现率），经行业债务水平调整前，为 17.01%。项目加权平均资本成本（Weighted Average Cost of Capital，WACC）为经考虑行业平均资本结构后，按行业平均债务水平，计算本项目的 WACC。所用的参数包括：行业平均债务/股东权益比为 0.1307，平均债务资本成本为 6.12%。

因此，本案的 WACC 为 15.57%。

（3）公允价值和在用价值估值模型中的主要不同。在上述收入和成本的预计方面，这两个模型基本相同，二者的主要差异体现在：①收益期的不同，即分别为有限年期和无限年期；②资本性支出的考虑不同；③营运资金最终处理方式不同；④资产组收益期末是否有处置收益的考虑不同。

5. 估值结论

根据上述分析，公允价值和在用价值的计算结果分别为人民币 9 700 000 元和人民币 36 600 000 元。为简化案例，我们假设处置费用（cost to sell）为零，则可变现净值等于公允价值。

基于上述计算和分析，即在用价值大于可变现净值但低于账面净值。所以，待估资产组的可回收价值为在用价值的价值即 36 600 000 元。因此该资产组存在减值，减值额为账面净值和在用价值的差额，即人民币 10 223 259元。

案例 2-2　无形资产（组）减值测试

一、财务会计背景情况介绍

根据国际会计准则第 36 号（IAS36）或中国会计准则《企业会计准则第 8 号——资产减值》的规定：

企业应当在资产负债表日判断资产是否存在可能发生减值的迹象，当资产出现减值迹象的，应当估计其可收回金额；

可收回金额应当根据资产的公允价值减去处置费用后的净额（资产可变现净值）与资产预计未来现金流量的现值（资产在用价值）两者之间较高者确定。

资产可变现净值应当根据：①公平交易中销售协议价格减去可直接归属于该资产处置费用的金额确定。②不存在销售协议但存在资产活跃市场的，应当按照该资产的市场价格减去处置费用后的金额确定。资产的市场价格通常应当根据资产的买方出价确定。③在不存在销售协议和资产活跃市场的情况下，应当以可获取的最佳信息为基础，估计资产的公允价值减去处置费用后的净额，该净额可以参考同行业类似资产的最近交易价格或者结果进行估计。④企业按照上述规定仍然无法可靠估计资产的公允价值减去处置费用后的净额的，应当以该资产预计未来现金流量的现值作为其可收回金额。

资产的在用价值应当按照资产在持续使用过程中和最终处置时所产生的预计未来现金流量，选择恰当的折现率对其进行折现后的金额加以确定。预计资产未来现金流量的现值，应当综合考虑资产的预计未来现金流量、使用寿命和折现率等因素。

根据会计准则的上述规定，在资产存在减值迹象的情况下，为估计资产的可回收价值，确定可变现净值和在用价值的大小成为企业管理层和会计师必须解决的问题。特别是对于无形资产，由于缺乏同类产品的活跃交易市场和交易数据，财务会计人员很难确定资产的公允价值，同时由于无形资产的特点决定了其投资风险等与企业整体投资和企业其他资产投资相比存在较大差异，因此企业财务人员在确定无形资产折现率等方面也存在较多困难。而评估师因具备相关的技术和专业能力成为会计师的首选，在减值测试目的下的评估业务有了存在的前提和可能性。

在评估业务的实际操作中，最先需要解决的问题就是评估的价值类型。根据会计准则的前述规定，该类业务应采用的价值类型也有了清晰的界定，即可变现净值和在用价值。

在评估实务中，通常情况下在评估初期不会有明显证据证明资产可变现净值和在用价值之间的大小关系，因此大多数情况下需要同时确定可变现净值和在用价值，以确定可回收金额的大小，进而与资产的账面价值进行比较确定减值的金额。

对于资产组，包括无形资产组，其可变现净值可能还存在多种变现方式的问题，如对资产组可以进行整体变现，也就是我们通常所说的“打包”变现估算总体可变现净值；也可以将资产组中的各组成资产分别变现，然后将各单元变现资产的可变现净值加总求得整体可变现净值。从会计准则的要求上，我们应该将上述多种可变现的模式都要进行考虑，以获得合理的可变现净值。

在考虑无形资产的在用价值时，会计准则没有明确的要求，但是根据对会计准则中资产在用价值的理解，我们认为在进行无形资产在用价值计量时应该考虑该无形资产账面价值的税务摊销收益（Tax Amortization Benefit，TAB）等附带收益。无形资产的附带收益可能还包括软件无形资产的增值税返还等。

无形资产评估一般是采用基于预期收益途径的方法，也就是所谓的许可费节约法。采用收益法评估无形资产十分关键的输入值就是收益提成率和无形资产评估的折现率，上述两个输入值的估计是十分重要的。参考国际上的先进方法，我们在案例中采用了“可比公司”的方法对上述两个输入值进行估算。

二、案例内容

1. 案例背景

ZD 公司是一家从事电力控制系统产品开发的科技企业，该公司 5 年前以吸收股东出资的方式引进了一套电力控制产品的制造技术，该技术当时成交价值 2 800 万元，经过几年的摊销后目前账面价值为 1 500 万元。由于该企业的竞争对手正在开发该技术的替代技术，并且预计替代技术在未来的 5 年内可以出台，为此 ZD 公司关注企业目前拥有的技术账面价值是否存在减值，需要委托评估机构进行无形资产减值测试。

2. 委托评估技术简介及价值类型定义

本次需要减值测试的技术主要用于发电厂、变电站自动化系统的和保护设备的设计、生产以及工程服务。该生产技术范围包括自动化系统和保护设备的设计、软件开发、硬件组装、工程调试、系统维护等各个方面，并形成了一系列组合技术，技术具体情况介绍省略。

本次评估的技术的权属为技术的所有权。

所谓所有权是指包括对技术的使用权、使用许可权和获取报酬权及转让权等权利。所谓使用权是指在符合国家有关法律、法规并不损害社会公共利益的前提下，以营利或非营利为目的直接或间接利用委估技术按特定目的生产、销售技术产品；所谓使用许可权和获取报酬权是指许可他人使用上述使用权规定的全部或部分权利并收取报酬的权利；转让权是指可以向他人转让上述使用权、使用许可权和获取报酬权的权利。

资产减值测试应当估计其可收回金额，然后将所估计的资产可收回金额与其账面价值比较，以确定是否发生了减值。资产可收回金额的估计，应当根据其公允价值减去处置费用后的净额与资产预计未来现金流量的现值两者之间较高者确定。

根据会计准则的要求，本次评估我们选择的价值类型为可回收价值。

这里可回收价值是指被评估资产市场价值减去处置费、相关税费后的净值与被评估资产在用价值的孰高者。

所谓市场价值是指有自愿交易意向的买卖双方，在公开市场上买卖委估资产所最有可能实现的合理交易价格。买卖双方对委估资产及市场，以及影响委估资产价值的相关因素均有合理的知识背景。相关交易方将在不受任何外在压力、胁迫下，自主、独立地决定其交易行为。

所谓处置费用和相关税费这里包括被评估无形资产需要卖方负担的转让手续费和营业税等。

资产在用价值这里定义为被评估资产作为企业组成部分或者要素资产按其正在使用的方式和程度及其对所属企业的贡献的价值估计数额。

3. 委估技术评估说明

（1）评估方法介绍。由于本次评估的技术可回收价值是被评估技术的市场价值扣除处置费用和相关税费后的净值与资产在用价值的孰高者，因此我们可以分别估算被评估资产市场价值扣除处置费用和相关税费后的净值和在用价值，如果其中有一个价值高于被评估资产的账面价值，则我们就可以得出可回收价值高于账面价值的结论，也就是资产不存在减值。

为此我们首先评估被评估资产的在用价值。所谓在用价值，根据其定义，是作为企业组成部分或者要素资产按其正在使用的方式和程度及其对所属企业的贡献的价值估计数额。由于本次评估的是无形资产——技术，因此我们采用了基于预期收益的方法估算其在用价值。

预期收益的方法是指分析评估对象预期将来的业务收益情况来确定其价值的一种方法。在国际、国内评估界广为接受的一种基于收益的技术评估方法为技术提成方法。所谓技术提成方法认为在技术产品的生产、销售过程中技术对产品创造的利润或者说现金流是有贡献的，采用适当方法估算确定技术对产品所创造的现金流贡献率，并进而确定技术对技术产品现金流的贡献，再选取恰当的折现率，将技术产品中每年技术对现金流的贡献折为现值，以此作为技术的评估价值。运用该种方法具体分为如下四个步骤：

确定技术的经济寿命期，预测在经济寿命期内技术产品的销售收入；

①分析确定技术对现金流的分成率（贡献率），确定技术对技术产品的现金流贡献。

②采用适当折现率将现金流折成现值。折现率应考虑相应的形成该现金流的风险因素和资金时间价值等因素。

③将经济寿命期内现金流现值相加，确定技术的评估价值。

（2）市场竞争与需求分析。（略）

（3）技术的经济寿命周期。技术的经济寿命主要受替代技术的出现时间影响。由于有迹象表明该技术的替代技术会在未来5年的时间内出现，因此被评估技术的贡献年限就只有5年，也就是其剩余经济寿命年限为5年。

（4）可比公司的选择。在本次评估中可比公司的选择标准如下：①可比公司近年为盈利公司；②可比公司必须至少有两年上市历史；③可比公司只发行人民币A股；④可比公司所从事的行业或其主营业务为电力设备制造行业。

根据上述四项原则，我们选取了以下3家上市公司作为可比公司：

可比公司一：国电南瑞

国电南瑞科技股份有限公司，股票简称：国电南瑞，股票代码：600406。

该公司是经国家经济贸易委员会批准，由南京南瑞集团公司作为主要发起人，并联合国电电力发展股份有限公司、南京京瑞科电力设备有限公司、江苏省电力公司、云南电力集团有限公司、黑龙江省电力有限公司、广东华电实业有限公司和济南英大国际信托投资有限责任公司共同发起设立。经中国证券监督管理委员会核准，公司于2003年9月24日向社会公众发行人民币普通股（A股）40 000 000股。

经营范围：发电、输电、变电、配电、供电控制系统和设备；计算机及外部设备；通信交换、通信终端及通信设备（不含卫星地面接收设备）；工业自动化仪表、电工仪器、电子测量仪器，工业过程控制系统和装置设计、制造、销售、服务；电子计算机软件的研制、开发、服务。经营本企业自产产品及技术的出口业务；经营本企业生产、科研所需的原辅材料、仪器仪表、机械设备、零配件及技术的进口业务（国家限定公司经营和国家禁止进出口的商品及技术除外）。

可比公司二：国电南自

国电南京自动化股份有限公司，股票简称：国电南自，股票代码：600268。

该公司系经国家经贸委批准，由国家电力公司南京电力自动化设备总厂作为独家发起人，于1999年8月25日经中国证券监督管理委员会批准，向社会公开发行人民币普通股4 000万股，以募集设立方式设立的股份有限公司。公司成立于1999年9月22日，在上海证券交易所A股上市。

经营范围：输变电保护、控制及自动化系统，发电厂保护控制及自动化系统，调度配网自动化系统、轨道交通自动化系统、工业控制及自动化设备、高低压电器及电气传动设备的研究、开发、生产、销售和咨询服务；储能工程和新能源及新技术的利用与开发，物料输送工程的系统设计及工程总承包，管道工程总承包；水、气、固体、噪音等环境保护工程设计、设备制造、施工总承包，以及变电站、电站工程总承包；经营本企业自产产品和技术的出口业务；公司生产科研用原辅材料、仪器仪表、机械设备、零配件及技术的进口业务，进料加工和“三来一补”。

可比公司三：许继电气

许继电气股份有限公司，股票简称：许继电气，股票代码：000400。

该公司成立于1993年3月，发起人是许昌继电器厂，1997年4月经批准发行社会公众股5 000万股，发行后股本为13 800万股。

经营范围：继电器、控制保护屏及综合自动化装置、中继断路器、计算、通讯设备、高低压开关柜，房屋租赁。

上述可比公司的股票 t 检验结论如附表 1－13 所示。

附表 1－13

股票代码	股票名称	样本容量	t 统计量	t 检验结论
600268	国电南自	58	13.8	通过
000400	国电南瑞	58	11.2	通过
600406	许继电气	58	14.0	通过

4. 评估预测估算说明

本次评估估算详细过程可以简述为以下两个步骤：

（1）技术产品销售收入预测。ZD 公司的主营业务收入分为两大部分，分别是硬件工程收入以及软件工程收入。硬件工程是指在提供集成软件服务的同时还向客户销售厂站控制系统所需的设备的工程，软件工程是指 ZD 公司提供软件调试集成服务，由客户提供硬件设备或只销售少量设备的工程。

ZD 公司的硬件和软件的销售收入是属于并行发展的。在 2003～2008 年间，公司营业收入的平均增长率为 6.5%，这主要归因于国家对电网、厂站的大力建设以及中国经济发展对于电力的旺盛需求。但是近期一方面中国经济受内外部因素的影响，经济放缓的趋势比较明显，经济放缓必将引起电力需求增速的放慢，从而间接影响厂站控制系统的需求；另一方面，由于进入厂站自动化领域厂商越来越多，国内外的竞争对手或有技术优势或有成本优势，导致竞争异常激烈，因此考虑 2010 年开始出现下降趋势。

在企业管理层的预测和评估师分析的基础上得出未来五年技术产品销售收入。

（2）确定技术贡献率。我们选取了国电南瑞、国电南自、许继电气作为可比公司，并假设以上述上市公司作为未来技术受让方的可能蓝本或可比对象来分析被评估技术可能为其产生的收益。上述三家可比公司的情况简介见收益法技术说明。

根据上述三家可比公司 2003～2007 年的财务报告，我们可以得出可比公司的资本结构如附表 1－14 所示。

附表 1－14

单位：万元

<table>
<tr><td colspan="2">序　号</td><td>1</td><td>2</td><td>3</td><td>4</td><td>5</td></tr>
<tr><td colspan="2">对比对象</td><td>国电南自</td><td>国电南瑞</td><td>许继电气</td><td rowspan="2">平均值</td><td rowspan="2">五年平均</td></tr>
<tr><td colspan="2">股票代码</td><td>600268. sh</td><td>600406. sh</td><td>000400. sz</td></tr>
<tr><td rowspan="5">营运资金比重</td><td>2003－12－31</td><td>40. 4%</td><td></td><td>41. 6%</td><td>41. 0%</td><td rowspan="5">34. 9%</td></tr>
<tr><td>2004－12－31</td><td>41. 2%</td><td>40. 2%</td><td>37. 4%</td><td>39. 6%</td></tr>
<tr><td>2005－12－31</td><td>38. 9%</td><td>37. 1%</td><td>43. 4%</td><td>39. 8%</td></tr>
<tr><td>2006－12－31</td><td>32. 8%</td><td>21. 2%</td><td>35. 8%</td><td>29. 9%</td></tr>
<tr><td>2007－12－31</td><td>27. 7%</td><td>11. 9%</td><td>33. 2%</td><td>24. 3%</td></tr>
<tr><td rowspan="5">有形非流动资产比重</td><td>2003－12－31</td><td>9. 3%</td><td></td><td>14. 7%</td><td>12. 0%</td><td rowspan="5">11. 0%</td></tr>
<tr><td>2004－12－31</td><td>10. 4%</td><td>0. 9%</td><td>19. 4%</td><td>10. 2%</td></tr>
<tr><td>2005－12－31</td><td>12. 0%</td><td>3. 0%</td><td>22. 6%</td><td>12. 5%</td></tr>
<tr><td>2006－12－31</td><td>9. 1%</td><td>9. 4%</td><td>17. 5%</td><td>12. 0%</td></tr>
<tr><td>2007－12－31</td><td>6. 8%</td><td>6. 4%</td><td>10. 7%</td><td>8. 0%</td></tr>
<tr><td rowspan="5">无形非流动资产比重</td><td>2003－12－31</td><td>50. 3%</td><td></td><td>43. 7%</td><td>47. 0%</td><td rowspan="5">54. 1%</td></tr>
<tr><td>2004－12－31</td><td>48. 4%</td><td>58. 9%</td><td>43. 2%</td><td>50. 2%</td></tr>
<tr><td>2005－12－31</td><td>49. 1%</td><td>59. 9%</td><td>34. 0%</td><td>47. 7%</td></tr>
<tr><td>2006－12－31</td><td>58. 1%</td><td>69. 5%</td><td>46. 6%</td><td>58. 1%</td></tr>
<tr><td>2007－12－31</td><td>65. 5%</td><td>81. 8%</td><td>56. 0%</td><td>67. 8%</td></tr>
</table>

由于可比公司是从事电力自动化的企业，对于技术的要求都比较高，因此，无形非流动资产比重较高。同时可比公司无形资产应为企业全部的无形资产，不仅是生产制造技术，而且包括其他无形资产（如商标、商誉等）。我们通过分析确定本次评估的产品制造技术应该占全部无形资产的70%，因此可以得到产品制造技术占全部资本的比例。根据可比公司的财务数据，我们可以进一步得出2003～2007年可比公司的技术贡献率，见附表1－15。

三家可比公司均为电力自动化行业的代表性企业，其技术贡献率应当反映了国内相同行业的技术贡献水平，因此，我们以三家公司的技术贡献率的平均值5. 21%作为对比技术贡献率。

另外，通过分析我们可以发现，技术贡献率的高低应该与技术产品的销售利润率的大小有关，高利润率的技术产品体现出的技术贡献就大，技术所占比率就高，反之则低。

我们通过分析发现三家可比公司的5年销售利润率加权平均值为31. 01%，

附表 1-15

可比公司名称	股票代码	年份	无形非流动资产在资本结构中所占比例	无形非流动资产中技术所占比重	技术在资本结构中所占比重	相应年份的业务税息折旧/摊销前利润(EBITDA)	技术对主营业务现金流的贡献	相应年份的主营业务收入	技术贡献率
国电南自	600268.sh	2003 年	50.3%	70.0%	35.2%	5 958.8	2 096.8	58 098.9	3.61%
		2004 年	48.4%	70.0%	33.9%	6 812.8	2 310.4	70 194.3	3.29%
		2005 年	49.1%	70.0%	34.4%	8 436.2	2 901.5	90 955.4	3.19%
		2006 年	58.1%	70.0%	40.7%	10 723.8	4 364.5	120 236.4	3.63%
		2007 年	65.5%	70.0%	45.9%	7 414.6	3 400.3	123 578.5	2.75%
国电南瑞	600406.sh	2004 年	58.9%	70.0%	41.2%	8 235.2	3 393.3	47 431.4	7.15%
		2005 年	59.9%	70.0%	41.9%	10 641.7	4 463.6	74 924.5	5.96%
		2006 年	69.5%	70.0%	48.6%	13 665.5	6 645.2	89 742.6	7.40%
		2007 年	81.8%	70.0%	57.2%	13 955.3	7 986.1	108 152.7	7.38%
许继电气	000400.sz	2003 年	43.7%	70.0%	30.6%	32 386.6	9 914.5	152 681.1	6.49%
		2004 年	46.6%	70.0%	32.6%	28 721.8	9 376.9	170 216.8	5.51%
		2005 年	46.6%	70.0%	32.6%	24 874.9	8 121.0	182 678.8	4.45%
		2006 年	46.6%	70.0%	32.6%	40 667.9	13 277.0	237 526.6	5.59%
		2007 年	56.0%	70.0%	39.2%	41 176.8	16 152.5	245 463.0	6.58%

即技术贡献率平均值 5.21% 对应的产品销售利润率大约为 31.01%。可比公司前 5 年的销售利润率数据如附表 1-16 所示。

附表 1-16　　单位：万元

项目	可比公司	2003-12-31	2004-12-31	2005-12-31	2006-12-31	2007-12-31	5 年平均值
销售收入	国电南自	58 098.87	70 194.32	90 955.39	120 236.36	123 578.51	92 612.69
	国电南瑞	37 250.93	47 431.43	74 924.47	89 742.63	108 152.71	71 500.43
	许继电气	152 681.10	170 216.83	182 678.80	237 526.60	245 462.98	197 713.26
	ZD 公司	13 523.44	15 202.60	17 369.83	18 150.36	17 208.24	16 290.89
销售成本	国电南自	39 256.50	45 834.99	61 297.29	88 171.75	92 187.27	65 349.56
	国电南瑞	24 848.69	30 240.26	50 760.66	62 384.20	77 024.64	49 051.69
	许继电气	98 860.77	116 877.32	136 009.17	167 049.37	170 479.47	137 855.22
	ZD 公司	12 023.18	10 166.16	13 436.35	13 691.81	12 707.05	12 404.91
销售利润率	国电南自	32.43%	34.70%	32.61%	26.67%	25.40%	30.36%
	国电南瑞	33.29%	36.24%	32.25%	30.49%	28.78%	32.21%
	许继电气	35.25%	31.34%	25.55%	29.67%	30.55%	30.47%
	平均值	33.66%	34.09%	30.14%	28.94%	28.24%	31.01%
	ZD 公司	11.09%	33.13%	22.65%	24.56%	26.16%	23.85%

根据上述被评估企业的销售利润率我们可以分析得出的技术贡献率如附表1－17所示。

附表1－17

产品名称	可比公司前5年平均销售利润率	企业前5年平均销售利润率	销售利润率差异	技术占全部资本结构比重平均值	可比公司技术贡献率	产品技术贡献率
	A	B	C＝A－B	D	E	F＝E＋C×D
被评估技术	31.01%	23.85%	7.16%	36.46%	5.21%	2.60%

由于我们评估的技术应该被理解为评估基准日的技术状态，因此随着时间的推移，上述技术会不断地得到改进和完善，表现为产品制造技术中不断会有新的技术改进或增加，使得截至评估基准日时的技术所占的比重呈下降趋势。另一方面，技术也会逐渐进入衰退期。上述两种因素综合表现在评估基准日的产品技术在全部制造技术贡献率上，也就是技术贡献率或提成率逐渐降低，因此我们根据这一情况，考虑技术在寿命期内逐渐下降。

（3）确定技术对现金流的贡献。通过上述技术贡献率的估算和对产品销售收入的预测，可以得出技术的贡献＝∑（技术产品年销售收入净值×年技术贡献率）。

（4）无形资产——技术账面价值摊销税务收益。本次评估的技术账面价值截至评估基准日为1 500万元，根据目前企业的折旧政策尚可以摊销6年，因此每年摊销额为250万元，可以取得税务收益62.5万元。

5. 折现率的估算

折现率，又称期望投资回报率，是基于收益法确定评估价值的重要参数。本次评估的折现率我们采用可比公司的无形资产投资回报率作为技术评估的折现率。

（1）可比公司税前加权平均资金成本确定（WACCBT）。WACCBT（Weighted Average Cost of Capital Before Tax）代表期望的总投资税前回报率。它是期望的税前股权回报率和债权回报率的加权平均值，权重取可比公司的股权与债权结构。

在计算总投资回报率时，第一步，需要计算截至评估基准日的税前股权资金回报率和利用公开的市场数据计算债权资金回报率。第二步，计算加权平均税前股权回报率和债权回报率。

①税前股权回报率的确定。我们利用税前资本定价模型（Capital Asset Pricing Model，CAPM）来确定税前股权回报率。税前CAPM是通常估算投资者收益要求并进而计算公司股权收益率的方法。它可以用下列公式表述：

$R_e = (R_f + \beta \times ERP + R_s) / (1 - T)$

其中：R_e为股权回报率；R_f为无风险回报率；β为贝塔风险系数；ERP为股市风险超额回报率；R_s为公司特有风险超额收益率；T为适用所得税税率。

分析税前CAPM我们采用以下四步：

第一步：确定无风险收益率。国债收益率通常被认为是无风险的，因为持有该债权到期不能兑付的风险很小，可以忽略不计。

我们在沪、深两市选择从评估基准日到国债到期日剩余期限超过5年期的国债，并计算其到期收益率，取所有国债到期收益率的平均值作为本次评估无风险收益率。

我们以上述国债到期收益率的平均值3.94%作为本次评估的无风险收益率。

第二步：确定股权风险收益率。股权风险收益率是投资者投资股票市场所期望的超过无风险收益率的部分。正确地确定风险收益率一直是许多股票分析师的研究课题。例如：在美国，Ibbotson Associates的研究发现从1926年到1997年，股权投资到大企业平均年复利回报率为11.0%，超过长期国债收益率约5.8%。如果以几何平均计算，这个差异被认为是股权投资风险收益率（ERP）。

参照美国相关部门估算ERP的思路，我们按如下方式计算中国股市风险收益率（ERP）：

确定衡量股市的指数：估算股票市场的投资回报率首先需要确定一个衡量股市波动变化的指数，中国目前沪、深两市有许多指数，但是我们选用的指数应该是能最好反映市场主流股票变化的指数，参照美国相关机构估算美国ERP时选用标准普尔500（S&P500）指数的经验，我们在估算中国市场ERP时选用了沪深300指数。

计算年期的选择：中国股市起始于20世纪90年代初期，但最初几年发展不规范，直到1996～1997年之后才逐渐走上正规，考虑到上述情况，我们在测算中国股市ERP时计算的时间从1998年开始，也就是我们估算的时间区间为1998年12月31日到2008年12月31日。

指数成分股的确定：上证 180 指数和深证 100 指数的成分股每年是发生变化的，因此我们在估算时采用每年年底时沪深 300 的成分股。对于1998～2004 年沪深 300 指数没有推出之前，我们采用外推的方式，即采用 2005 年年底沪深 300 指数的成分股外推到上述年份，既 1998～2004 年的成分股与 2005 年末一样。

数据的采集：本次 ERP 测算我们借助 Wind 资讯的数据系统提供的所选择的各成分股每年年末的交易收盘价。由于成分股收益中应该包括每年分红、派息和送股等产生的收益，因此我们选用的年末收盘价是 Wind 数据从 1998 年 12 月 31 日至 2008 年 12 月 31 日的复权交易年收盘价格，上述价格中已经有效地将每年由于分红、派息等产生的收益反映在价格中。

年收益率的计算采用算术平均值和几何平均值两种计算方法：

算术平均值计算方法：

设每年收益率为 R_i，则：

$$R_i = \frac{P_i - P_{i-1}}{P_i} \quad (i = 1, 2, 3, \cdots, 9)$$

其中：R_i为第 i 年收益率；P_i为第 i 年年末交易收盘价（复权）。

设第 1 年到第 n 年的收益平均值为 A_n，则：

$$A_n = \frac{\sum_{i=1}^{n} R_i}{N}$$

其中：A_n为第 1 年（即 1998 年）到第 n 年收益率的算术平均值，n = 1，2，3，…，9。

几何平均值计算方法：

设第 1 年到第 i 年的几何平均值为 C_i，则：

$$C_i = \sqrt[(i-1)]{\frac{P_i}{P_1}} - 1 \quad (i = 2, 3, \cdots, n)$$

其中：P_i为第 i 年年末交易收盘价（后复权）。

无风险收益率 R_{f_i}的估算：为了估算每年的 ERP，需要估算计算期每年的无风险收益率 R_{f_i}，本次测算我们采用国债的到期收益率（Yield to Maturate Rate）作为无风险收益率。国债的选择标准是每年年末距国债到期日剩余年限超过 5 年的国债，最后以选定的国债到期收益率的平均值作为每年年末的无风险收益率 R_{f_i}。

估算结论：

每年 ERP 的估算分别采用如下方式：

算术平均值法：

$ERP_i = A_n - R_{f_i}$　（i = 1，2，…，10）

几何平均值法：

$ERP_i = C_i - R_{f_i}$　（i = 1，2，…，10）

通过估算 1999～2008 年每年的市场风险超额收益率 ERP_i，计算的结果如附表 1－18 所示。

附表 1－18　　市场超额收益率（ERP）估算结论表

序号	年份	算术平均值（A_n）	几何平均值（C_i）	无风险收益率（R_f）	$ERP = A_n - R_f$	$ERP = C_i - R_f$
1	1999 年	－20.65%	9.87%	3.60%	－24.25%	6.27%
2	2000 年	32.47%	26.92%	3.46%	29.01%	23.47%
3	2001 年	15.06%	11.15%	2.92%	12.14%	8.23%
4	2002 年	7.49%	1.93%	2.79%	4.70%	－0.86%
5	2003 年	9.80%	3.89%	3.27%	6.53%	0.63%
6	2004 年	7.69%	1.93%	4.71%	2.98%	－2.78%
7	2005 年	4.49%	－0.78%	3.14%	1.36%	－3.91%
8	2006 年	23.86%	13.23%	3.18%	20.68%	10.05%
9	2007 年	52.60%	30.32%	4.03%	48.57%	26.30%
10	2008 年	44.28%	9.68%	3.42%	40.86%	6.26%
11	平均值	17.71%	10.82%	3.45%	14.26%	7.36%

由于几何平均值可以更好地表述收益率的增长情况，因此我们认为采用几何平均值计算的 C_i，并进而估算的 ERP = 7.36% 作为目前国内市场超额收益率。

第三步：确定可比公司市场风险系数 β。β 被认为是衡量公司相对风险的指标。投资股市中一个公司，如果其 β 值为 1.1，则意味着其股票风险比整个股市平均风险高 10%；相反，如果公司 β 值为 0.9，则表示其股票风险比股市平均低 10%。因为投资者期望高风险应得到高回报，β 值对投资者衡量投资某种股票的相对风险非常有帮助。我们了解到，目前中国尚没有一家机构从事于 β 的研究并定期公布 β 值。

我们了解到，目前中国国内 Wind 资讯公司从事于 β 的研究并给出计算 β 值的计算公式。本次评估我们选取该公司公布的 β 计算器计算可比公司的

β 值，指数选择沪深 300 指数。上述 β 值是含有可比公司自身资本结构的 β 值。

第四步：估算公司特有风险超额收益率 R_s。采用资本资产定价模型一般是估算一个投资组合（Portfolio）的组合收益，对于单个公司的投资风险一般认为要高于一个投资组合的风险。因此，在考虑一个单个公司或股票的投资收益时应该考虑该公司的特有风险所产生的超额收益。公司的特有风险目前国际上考虑得比较多的是公司的规模对投资风险大小的影响。公司资产规模小，投资风险就会增加；反之，公司资产规模大，投资风险就会相对减小。企业资产规模与投资风险这种关系已被投资者广泛接受。

在国际上有许多知名研究机构发表过相关文章详细阐述了公司资产规模与投资回报率之间的关系。如美国的 Ibbotson Associate 在其 SBBI 每年度研究报告中就有类似的论述。美国研究公司规模超额收益的另一个著名研究是 Grabowski - King 研究，附表 1 - 19 就是该研究的结论。

附表 1 - 19

组别	净资产账面价值（百万美元）	规模超额收益率算术平均值	规模超额收益率平滑处理后算术平均值
1	16 884	5.70%	4.20%
2	6 691	4.90%	5.40%
3	4 578	7.10%	5.80%
…	…	…	…
20	205	10.30%	9.80%
21	176	10.90%	10.00%
22	149	10.70%	10.20%
23	119	10.40%	10.50%
24	84	10.50%	11.00%
25	37	13.20%	12.00%

从附表 1 - 19 可以看出，公司规模超额收益率随着资产规模的降低由 4.2% 逐步增加到 12% 左右。

参考 Grabowski - King 研究的思路，我们对沪、深两市的 1 000 多家上市公司 1999 ~ 2006 年的数据进行了分析研究，得出以下结论：

我们将样本点按调整后净资产账面价值进行排序并分组，得到数据如附表 1 - 20 所示。

附表 1－20

组别	样本点数量	规模指标范围（亿元）	规模超额收益率（原始 β）	净资产（亿元）
1	7	0～0.5	3.22%	2.28
2	20	0.50～1.0	2.79%	2.04
3	28	1.0～1.5	2.49%	2.47
4	98	1.5～2.0	2.27%	3.08
5	47	2.0～2.5	2.02%	3.56
6	53	2.5～3.0	1.78%	4.43
7	88	3.0～4.0	1.49%	5.62
8	83	4.0～5.0	1.31%	6.37
9	57	5.0～6.0	0.99%	8.35
10	47	6.0～7.0	0.84%	10.09
11	34	7.0～8.0	0.64%	10.16
12	41	8.0～10.0	0.54%	11.11
13	79	10.0～15.0	5.05%	16.63
14	35	15.0～20.0	5.90%	24.52
15	35	20.0	7.41%	60.36

根据以上数据，我们以规模超额收益率作为纵坐标，以净资产规模作为横坐标，将能更明显看出规模超额收益率和净资产规模之间的关系，具体见附图 1－1。

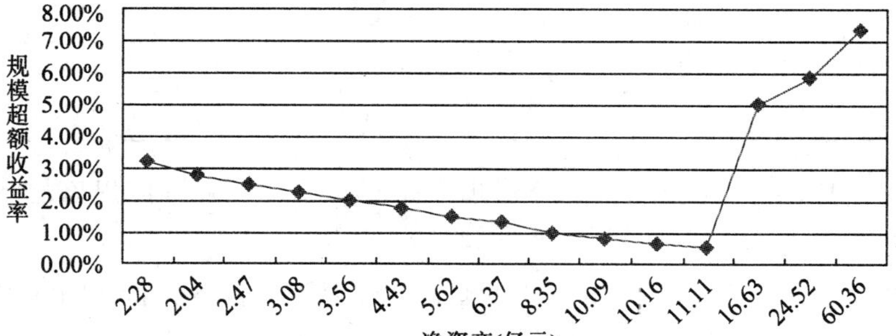

附图 1－1　规模超额收益率与净资产规模关系

从附表 1－20 和附图 1－1 中可以看出，规模超额收益率在净资产规模低于 10 亿元时呈现下降趋势，当净资产规模超过 10 亿元后不再符合下降趋势。根据附表 1－20 中的数据，我们可以采用线性回归分析的方式得出超额收益率与净资产之间的回归方程如下：

$R_s = 3.139\% - 0.2485\% \times NA \quad (R^2 = 90.89\%)$

其中：R_s为公司规模超额收益率；NA 为公司净资产账面价值（NA≤10 亿）。

根据以上结论，我们将被评估企业评估基准日净资产规模平均值代入上述回归方程即可计算被评估企业的规模超额收益率。本次评估我们仅以被评估企业的规模超额收益率作为其特有风险超额收益率 R_s的值。

第五步：计算现行股权收益率。

将恰当的数据代入 CAPM 公式中，就可以计算出可比公司的股权期望回报率。

第六步：调整为税前股权收益率。

将上一步计算得到的股权收益率除以（1－相应所得税税率），即可得到可比公司的税前股权收益率。

②债权回报率的确定。在中国，对债权回报率的一个合理估计是将市场公允短期和长期银行贷款利率结合起来的一个估计。

目前在中国，只有极少数国有大型企业或国家重点工程项目才可以被批准发行公司债券。事实上，中国目前尚未建立起真正意义上的公司债券市场，尽管有一些公司债券是可以交易的。然而，另一方面，官方公布的贷款利率是可以得到的。事实上，在评估基准日，有效的一年期贷款利率是 5.09%，但由于债权回报率实际上是对于未来的期望回报率的预测，因此目前应该采用最新的贷款利率为好，故本次评估将一年期贷款利率 5.94% 作为我们的债权年期望回报率。

③税前加权平均总资本回报率。可以用股权期望回报率和债权回报率，以可比公司实际股权、债权结构比例为权重，用加权平均的方法计算总资本加权平均回报率。计算公式如下：

$$WACCBT = R_e \frac{E}{D+E} + R_d \frac{D}{D+E}(1-T)$$

其中：WACCBT 为税前加权平均总资本回报率；E 为股权；R_e为税前股本回报率；D 为付息债权；R_d为债权期望回报率。

（2）无形资产投资回报率。上述计算的 WACCBT 可以理解为投资企业全部资产的期望回报率，企业全部资产包括流动资产、固定资产和无形资产。WACCBT 可以用下式表述：

$$WACCBT = W_c \times R_c + W_f \times R_f + W_i \times R_i$$

其中：W_c为流动资产（资金）占全部资产比例；W_f为固定资产（资金）占全部资产比例；W_i为无形资产（资金）占全部资产比例；R_c为投资流动资产（资金）期望回报率；R_f为投资固定资产（资金）期望回报率；R_i为投资无形资产（资金）期望回报率。

我们知道，投资流动资产所承担的风险相对最小，因而期望回报率应最低。我们取一年内平均银行贷款利率 5.09% 为投资流动资产期望回报率。投资固定资产所承担的风险较流动资产高，因而期望回报率比流动资产高，我们取银行 5 年以上平均贷款利率 5.94% 为投资固定资产的期望回报率。

通过上式，可以计算得到 R_i，作为投资无形资产的期望回报率。

对于流动资产我们在估算中采用企业营运资金，计算公式如下：

营运资金 = 流动资产合计 - 流动负债合计 + 短期银行借款 + 其他应付款等 + 一年内到期的长期负债等

对于固定资产我们在估算中采用企业固定资产账面净值和长期投资账面净值。

（3）无形资产折现率的确定。根据上述计算得出无形资产投资回报率的计算公式，并计算得出可比公司的无形资产投资回报率平均值为 19.9%。本次评估的折现率，我们选用 19.9%。

6. 缺乏流动性折扣率的估算

缺乏流动性会使企业股权价值减值，这一结论，在国外，已被许多这方面的研究证实。这些研究包括两类：一类是通过研究有流通限制的股票的交易价格与自由流通股票的交易价格之间的差异来确定缺乏流动性的减值折扣率；另一类是研究同一公司在未上市前的交易价格和上市的发行价格之间的差异确定缺乏流动性折扣率。

下面给出一些比较著名的美国研究及结论，见附表 1－21。

附表 1-21　　　　国外缺乏流动性折扣研究一览表

序号	研究报告	研究时期	平均折扣率（%）
1	SEC Overall Average	1966~1969 年	25.8
2	SEC Nonreporting OTC Companies	1966~1969 年	32.6
3	Gelman	1968~1970 年	33
4	Trout	1968~1972 年	33.5
5	Moroney	1969~1972 年	35.6
6	Maher	1969~1973 年	35.4
7	Standard Research Consultants	1978~1982 年	45
8	Willameette Management Assocs., Inc	1981~1984 年	31.2
9	Emory	1980~1981 年	60
10	Emory	1985~1986 年	43
11	Emory	1987~1989 年	45
12	Emory	1989~1990 年	45
13	Emory	1990~1992 年	42
14	Emory	1992~1993 年	45
15	Emory	1994~1995 年	45

自 1999 年以来，我们先后对中国上市公司中法人股的拍卖/转让案例价格与上市公司股权分置改革的对价进行了跟踪研究，分别得出了一些适合国内实际情况的股权缺乏流动性折扣的研究结论。

下面我们分别介绍通过法人股交易价格和股权分置改革对价方式研究的中国缺乏流动性折扣的过程及结论。

（1）采用法人股交易价格方式研究的缺乏流动性折扣。我们收集了 1998~2005 年发生的部分上市公司法人股转让案例。通过对比法人股转让价格和同一公司在法人股交易公告之日流通股的市场收盘价，发现交易价格与流通股市价比例如附表 1-22 所示。

附表 1-22　　　　法人股交易价格研究表

序号	法人股交易年度	案例数量	法人股价格/流通股价格平均值（%）
1	1998 年度	70	19.3
2	1999 年度	74	24.27
3	2000 年度	189	18.5
4	2001 年度	1 100	23.6
5	2002 年度	252	21.75
6	2003 年度	259	26.54
7	2004 年度	363	36.5
8	2005 年度	107	36.2
9	合计/平均	2 414	25.83

我们知道在股权分置改革前，上市公司的法人股是不可以在股市自由流通的，因此法人股是缺乏流动性的。通过附表 1 – 22 我们可以得到法人股转让的价格与同公司的可流通股权（股票）的流通转让价格之间存在显著差异，因此上述研究可以证明股权流动性对其交易价格是存在显著影响的。

（2）采用股权分置改革对价方式研究的缺乏流动性折扣。目前国内上市公司的股权分置改革已基本完成。股权分置改革的基本方式是持有上市公司非流通股（或称法人股）的股东通过支付给流通股股东股权对价“换取”流通股股东同意非流通股股东所持有的股权可以在一定时期之后解除流通限制，成为可流通股权。

通过上述介绍我们可以看出，股权分置改革的核心就是非流通股股东通过支付对价来换取自身的股权可以流通。因此，我们可以通过分析估算非流通股由不可流通到流通需要支付的对价成本来估算缺乏流动性的折扣率。

进一步分析国内股权分置改革的实质，我们还可以看到，上市公司非流通股为了获得自身股票的可流通，需要通过两个步骤来完成：第一，支付给流通股股东一定数额的对价，以取得自身股权在未来一个限制期限后可以流通；第二，非流通股股东股权支付一定的对价后获得的是在一个限制期限后开始流通，这个流动性需要在一定时期后才可以实施，因此从其流动性上分析，限制流通的全流动性之间仍然存在差异，因此两者之间还应该存在一个缺乏流动性的折扣问题。

为了估算现实可流通股权与现实完全不可流通股权两者在价值上的差异，我们可以按以下步骤进行估算，并进而估算整个缺乏流动性的折扣率：

①由存在一定期限限制的“流通股权”到完全不可流通股权之间的缺乏流动性折扣率 ξ_1。我们通过对国内上市公司股权分置改革实质的分析可以了解到，股权分置改革就是非流通股股东支付给流通股股东对价以换取自身股权的限制性流通，因此我们认为以非流通股股东每股支付给流通股股东对价为基础计算的“每股送出率”指标就是从不可流通转为限制流通的一个价值差异：

$$每股送出率=\frac{非流通股每股支付对价}{流通股股票交易收盘价}$$

上述指标就是缺乏流动性的折扣率 ξ_1。

②由完全流通到存在一定期限限制流通股权之间的缺乏流动性折扣率ξ_2。完全流通股权与存在一定期限限制流通股权相比两者之间差异仅为一个可流通的时间限制，如果限制流通股股东在持有限制流通股股权的同时还拥有一个与限制期限长度相同的股票卖出期权（Put Option），并且限制期期满后执行价格 X 与现实股票转让价格一致，则可以认为上述持有限制流通股股权加一个期权的效果与持有现实完全流通的股权的效果是相当的。也是就说，限制流通股实际上相当于股东放弃了一个卖出期权，因此该卖出期权价值代表限制流通股价值与完全流通股价值之间的差异。

通过上述分析，我们可以通过估算一个时间长度与限制股权限制期相同，并且期满后执行价格与现实股价相同的卖出期权的价值来估算由现实完全流通到存在一定期限限制流通股权之间的价值差异，以估算缺乏流动性折扣率ξ_2。

我们采用 Black-Scholes 期权定价模型计算上述卖出期权 P：

$$P = X \times e^{-rT} \times N(-d_2) - S \times e^{-\gamma T} \times N(-d_1)$$

式中：X 为期权执行价；S 为现实股权价格；r 为连续复利计算的无风险收益率（采用周复利收益率）；T 为期权限制时间（采用按周计算）；γ 为连续复利计算的股息率（采用周复利收益率）；N（ ）为标准正态密度函数；d_1、d_2为 Black－Scholes 期权定价模型的两个参数。

其中：$d_1 = \dfrac{\ln\left(\dfrac{S}{X}\right) + \left(r - \gamma + \dfrac{\sigma^2}{2}\right)}{\sigma\sqrt{T}}$，$d_2 = d_1 - \sigma\sqrt{T}$

上式中：X 为期权执行价；S 为现实股权价格；r 为连续复利计算的无风险收益率（本次计算采用周复利收益率）；γ 为连续复利计算的股息率（采用周复利收益率）；T 为期权限制时间（本次评估采用按周计算）；σ 为股票波动率。

③由完全流通到不可流通的缺乏流动性折扣率ξ_3。由一定期限的限制流通股权到不可流通股权之间的缺乏流动性折扣率为ξ_1，由完全流通到一定期限限制流通股权之间的缺乏流动性折扣率为ξ_2，因此由完全流通到不可流通的缺乏流动性折扣率ξ_3为：

$$\xi_3 = 1 - (1 - \xi_1) \times (1 - \xi_2)$$

附表 1－23 给出了采用股权分置改革方式估算的缺乏流动性折扣率。

附表 1－23

序号	样本点分类行业	样本数量	缺乏流动性折扣率 ξ_1 平均值（%）	缺乏流动性折扣率 ξ_2 平均值（%）	缺乏流动性折扣率 ξ_3 平均值（%）
1	采掘业	18	14.00	14.57	26.72
2	传播与文化产业	7	16.89	14.12	28.66
3	电力、煤气及水的生产和供应业	52	14.84	14.17	29.93
4	房地产业	46	17.89	15.20	30.26
5	建筑业	23	16.30	14.89	28.81
6	交通运输、仓储业	50	13.89	14.10	25.83
7	金融、保险业	11	10.65	16.68	25.60
8	农、林、牧、渔业	24	15.27	16.01	28.88
9	批发和零售贸易业	63	18.28	13.26	29.20
10	社会服务业	30	14.94	14.55	27.34
11	信息技术业	60	17.47	13.21	28.29
12	制造业——电子	39	16.71	14.52	28.76
13	制造业——纺织、服装、皮毛	45	16.38	16.15	29.82
14	制造业——机械、设备、仪表	163	17.40	15.05	29.93
15	制造业——金属、非金属	92	16.35	14.86	28.77
16	制造业——木材、家具	3	15.63	8.77	22.89
17	制造业——其他制造业	13	16.94	12.44	28.13
18	制造业——石油、化学、塑胶、塑料	116	19.68	15.03	31.69
19	制造业——食品、饮料	46	14.83	14.77	27.44
20	制造业——医药、生物制品	65	16.60	13.57	27.92
21	制造业——造纸、印刷	19	21.93	13.53	32.43
22	综合类	51	18.22	13.16	29.18
23	全部整体	1 036	16.94	14.50	29.00

对于本次评估所选择的三个可比公司其缺乏流动性折扣率分别是26.4%、20.9%和41.8%。

7. 评估结论

经评估，本次委托评估技术在用价值为1 500万元。

8. 减值测试结论

由于被评估无形资产的在用价值不低于被评估无形资产的账面价值，因此我们可以得出结论，本次评估的无形资产没有减值。

三、案例点评

（1）按照会计准则要求，资产的减值必须是预计未来现金流量的现值和可变现净值都低于资产的账面值，才能确定资产组的减值。本案例中，采用收益法评估所确定的资产预计未来现金流量的现值，也就是资产的在用价值高于账面价值，根据会计准则的规定，该资产不存在减值。评估人员也就不再需要进一步考虑变现净值。假如资产减值测试评估项目中，资产的在用价值小于账面价值，则应再考虑估算资产的可变现净值，即资产市场价值减去处置费用和税费后的净额，并将其与账面价值进行比较，以最终确定该资产是否存在减值。进行减值测试必须要对资产组的“可收回金额”有明确认识，对于资产的可收回金额应该包括两个层面的含义：

①预计未来现金流量的现值，也就是资产组的在用价值；

②资产的变现净值，也就是资产市场价值减去处置费用和税费后的净额，变现方式理论上包括整个变现和拆零变现两种。

（2）在估算被评估资产的在用价值时，应当考虑该资产账面价值的摊销税务收益问题。当然对于该问题业内尚有争论，目前国内评估界也没有统一规定，但我们认为，在估算无形资产在用价值时是应该考虑税务收益的，当在估算其他价值时是否需要考虑则需要另行分析。

案例2-3　商誉的减值测试

一、财务会计背景情况介绍

根据国际会计准则IAS36或中国会计准则《企业会计准则第8号——资产减值》（CAS8）的规定，企业商誉在财务报表中不再进行摊销处理，但需要在每年的财务报告日进行减值测试，根据减值测试的结果调整当期损益。

商誉的减值测试仍按照CAS8的规定，需要估算可回收金额，这里的可回收金额的定义与一般固定资产或无形资产减值测试时的定义相似。

根据会计准则的上述规定，在商誉减值测试时，为估计其可回收金额，必须首先确认需要进行减值测试的商誉所对应的资产组或者说是最小现金产生单元，并且通过商誉所对应的资产的在用价值和可变现净值来测算商誉的公允价值。因此，确定商誉可变现净值和在用价值的大小成为企业管理层和会计师必须解决的问题，由于商誉不存在活跃交易市场和交易数据，因此财务会计人员难以确定商誉的公允价值，而评估师因具备相关的技术和专业能力可以帮助财务人员估算商誉的公允价值。

在评估业务的实际操作中，最先需要解决的问题就是评估的价值类型。根据会计准则的前述规定，该类业务应采用的价值类型也有了清晰的界定，即可变现净值与在用价值金额。

商誉减值测试的一般步骤如下：

（1）确认资产组及相关负债以及所要测试的商誉所属的资产组；

（2）确认资产组中其他资产没有减值，负债的账面价值是公允价值；

（3）对资产组和相关负债形成的权益资产估算其未来预计现金流的现值；

（4）如果（3）结论 A 不低于资产组账面值，则结束测试，否则转入（5）；

（5）估算资产组的整体可变现净值扣除相关负债后的价值；

（6）估算资产组的整体可变现净值扣除负债后的净资产价值 B，如果 B 不低于资产组账面值，则结束测试，不存在减值，否则转入（7）；

（7）估算资产组中资产“拆整卖零”的可变现净值扣除负债后的净资产价值 C，如果上述 C 不低于资产组账面价值，则测试结束，否则转入（8）；

（8）判定商誉存在减值，减值额为商誉账面价值 - Max（A，B，C）。

二、案例内容

（一）一般情况简介

本案例为一例以财务报告为目的的评估，所涉及的评估业务是协助企业在执行新会计准则后对非同一控制下企业合并形成的商誉进行减值测试。这是一例基于国内新评估准则——《以财务报告为目的的评估指南（试行）》，根据会计准则的要求进行的一项商誉减值测试评估。

（二）评估项目背景

CSSJD 公司最早成立于 20 世纪 60 年代，经多次变迁后，于 2006 年整体转让给 CSS 集团，现为 CSS 集团的全资子公司。CSSJD 公司经营范围包括制造电工、电控、环保节能设备、非标准成套设备、冶金设备及备件的制造及相关技术咨询。

CSS集团于2006年8月取得对CSSJD公司的控制权。CSS集团收购CSSJD公司确认的商誉如下（金额单位：人民币万元）：

以现金支付的对价	A	12 600.00
取得的净资产	B	8 959.91
确认的商誉	C = A - B	3 640.09

本次评估是受CSS集团的委托，对其因并购CSSJD公司形成的商誉进行年末减值测试。

（三）评估要素分析

根据《企业会计准则第8号——资产减值》，因企业合并形成的商誉，无论是否存在减值迹象，每年都应当进行减值测试。企业至少应当在年度终了进行一次商誉减值测试，而且商誉必须分摊到相关资产组或资产组组合后才能据以确定是否应当确认减值损失。

为了明确本次评估的相关事项，确保评估报告符合《企业会计准则第8号——资产减值》的相关要求，评估人员首先与审计人员、CSS集团和CSSJD公司管理层就下列事项进行了讨论，并取得了一致的意见。

1. 资产组的确认

CSSJD公司管理层提出，根据会计准则的相关规定，将公司整体认定为一个资产组。评估人员与审计人员经过多次讨论，认为一方面CSSJD公司主营业务明确并且单一，该业务的原材料供应具有相对独立性，同时该主营业务的产品直接与市场衔接，由市场定价，符合资产组的相关要件；另一方面，企业内不再存在其他符合上述条件的经营业务。因此，评估人员最后确定将公司整体认定为一个资产组，并以该资产组为基础进行相关商誉的减值测试。

2. 评估基准日

本项目评估基准日应为商誉减值测试日，即年度财务报告日2007年12月31日。

3. 评估对象和范围

根据相关规定，与商誉减值测试相关的资产组或资产组组合，应当是能够从企业合并的协同效应中受益的资产组或者资产组组合。

故本次资产评估对象界定为CSSJD公司的全部主营业务经营性资产及

负债所形成的权益，涉及的资产范围为委托方指定的 CSSJD 公司 2007 年 12 月 31 日经过审计的资产负债表所反映的全部主营业务经营性有形和可确认的无形性资产和相关负债。

另外，CSSJD 公司拥有的交易性金融资产和长期投资，其中长期投资为一个参股投资。上述资产被界定为非主营业务资产，因此将其按非主营业务经营性资产处理，从涉及的资产范围中剔除。非经营性资产包括：

交易性金融资产	242.2 万元
其他应收账款	136.1 万元
长期股权投资——参股	27.0 万元
小计	405.3 万元
非经营性负债	136.1 万元
非经营性资产净值	269.2 万元

4. 评估目的

本次评估系确定 CSSJD 公司的全部经营性资产及负债所形成的权益在评估基准日的市场价值，为 CSS 集团公司管理层准备财务报告进行商誉减值测试提供价值参考意见。

5. 价值类型

根据本次评估目的，采用市场价值类型。市场价值是指自愿买方和自愿卖方在各自理性行事且未受任何强迫压制的情况下，对在评估基准日进行正常公平交易中，某项资产应当进行交易的价值估计数额。

6. 评估方法

根据资产减值准则的规定，资产减值测试应当估计其可收回金额，然后将所估计的资产可收回金额与其账面价值比较，以确定商誉是否发生了减值。资产可收回金额的估计，应当根据其公允价值减去处置费用后的净额与资产预计未来现金流量的现值两者之间较高者确定。

所以，本次评估中，依据评估目的和持续经营的基本假设，考虑所评估资产特点，首先采用收益法对确定的经营性资产和负债形成的权益资产未来预计产生的现金流量现值进行估算。测试收益法评估结果减去账面价值后的余额是否大于企业确认的商誉 3 640.09 万元，如果不低于，则可以认为企业不存在商誉减值，整个测试工作就可以完成。如果出现收益法评估结果扣除账面价值后的余额小于企业确认的商誉 3 640.09 万元的情况，则还需要测试组成资产组的资产公允价值扣除处置费用后的净额，再减去相关负债后余额，测试该余额价值扣除账面价值后剩余金额，以最终确定企业是否存在商誉减值。

（四）评估过程说明

在上述分析的基础上，评估人员以“为CSS集团公司管理层准备财务报告进行商誉减值测试提供价值参考意见”为目的，对CSSJD公司的全部主营业务经营性资产及负债所形成的权益在评估基准日2007年12月31日的市场价值进行了评估。相关评估技术简要说明如下：

1. 评估方法简介

如前所述，本次评估中首先采用收益法进行评估，以确定资产预计未来现金流量的现值。

所谓收益法是指分析被评估资产预期将来的业务收益情况来确定其价值的一种方法。该方法是基于一种普遍接受的原则。该原则认为一项资产价值可以用该项资产未来预期产生的收益的现值来衡量。该方法将资产经营产生的收益用一个适当的折现率折为现值。收益法的基本公式为：

$$P_0=\frac{DCF_1}{1+R}+\frac{DCF_2}{(1+R)^2}+\frac{DCF_3}{(1+R)^3}+\cdots+\frac{DCF_n}{(1+R)^n}+\frac{P_n}{(1+R)^n}$$

或：

$$P_0 = \sum_{i=1}^{n}\frac{DCF_i}{(1+R)^i}+\frac{P_n}{(1+R)^n}$$

式中：P_0为期初投资的市场价值；P_n为n年后投资的市场价值；DCF_i为第i年年内的经营现金收益；R为折现率。

该基本公式可以解释为期初投资的市场价值等于存续持有期间经营现金收益的现值和加上期末残值的现值。P_n可以理解为n年后企业价值，有时也称其为“残值”。对残值的估算，在持续经营假设条件下经常采用永续年金的方法或Gordon增长模型的方法，有时也可以采用市场比较的方法。

通常采用自由现金流折现模型。运用收益法，即用现金流的折现价值来确定资产的市场价值，通常分为如下四个步骤：

（1）逐年明确地预测预期未来一段有限时间内委估企业产生的净现金流量；

（2）采用适当折现率将净现金流折成现值，折现率应考虑相应的形成该现金流的风险因素和资金时间价值等因素；

（3）采用一种综合的方式，如永续年金法或Gordon增长模型法等，确定该有限时间段后的企业的剩余价值（残值），再将其折现为现值；

（4）将有限时间段现金流现值与有限时间段后的剩余价值现值相加，再经过适当折扣调整后确定被评估对象的市场价值。

2. 被评估企业主营业务简介

CSSJD 公司是中国 CSS 集团全资子公司，主营矿热炉机电成套设备、碳素机电成套设备、冶金矿山及钢铁企业配套的机电设备、各类标准变压器及电控设备的加工制造及技术咨询与服务。

CSSJD 公司现设有备料分厂、结构件分厂、机械分厂、变压器分厂、电控分厂五个生产分厂，企管部、技术开发部、安装工程部、市场经营部、财务部等 17 个职能管理部门。拥有各类加工设备 800 台（套），其中包括数控火焰切割机、数控折弯机、数控液压转塔冲床、数控落地镗床、数控龙门铣床、数控镗铣床、硅钢片数控横剪线、100/20 吨桥式吊车等大型、精密设备。CSSJD 通过了 ISO9001 质量体系认证和 ISO9001：2000 版转版审核，通过了电器类产品国家强制性产品 CQC 认证。

3. 财务报告的审查与调整

所谓财务报告的审查与调整是指评估人员对被评估单位提供的财务报告或审计报告进行必要的审查，对其资产和收益项目根据评估的特殊需要进行必要的分类或调整。

（1）非主营业务经营性资产。非经营性资产在这里是指对上述主营业务没有直接“贡献”的资产。根据企业提供的评估基准日的经审计资产负债表，企业存在非经营性资产 269.2 万元，其中交易性金融资产 242.2 万元，长期投资 27.0 万元。

根据本次评估目的及与委托方的约定，本次评估范围不包括企业拥有的非经营性资产。故本次评估结论中不包括上述非主营业务经营性资产 269.2 万元。

（2）负息负债。所谓负息负债是指那些需要支付利息的负债，包括银行借款、发行的债券、融资租赁的长期应付款等。根据企业评估基准日的资产负债表，CSSJD 公司的负息负债如下：

①银行借款：短期借款 5 355 万元，长期借款 5 400 万元；

②其他负息负债：其他应付款中应付 CSS 集团借款、应付国资委划拨改制成本，本次评估调整为短期借款；其他应付款中应付基建工程款与其他应收款中与基建工程相关的应收款项对冲后的余额调整为短期借款。

经调整后，CSSJD 公司的负息负债为短期借款 5 355 万元 + 母公司借款 6 022 万元 + 长期负债 5 400 万元 +56 万元，合计为 16 833 万元。

4. 市场需求和竞争分析

（略）

5. 未来现金流预测说明

（1）对未来年度收益的预测。预测的前提和假设如下：

假设前提一：CSSJD 公司生产、经营的产品、提供的服务符合国家的产业政策，各种经营活动合法，并在未来可预见的时间内不会发生重大变化。

假设前提二：本次评估的未来预测是基于现有的市场情况对未来的一个合理的预测，不考虑今后市场会发生目前不可预测的重大变化和波动。如政治动乱、经济危机、恶性通货膨胀等。

假设前提三：本次预测是基于现有的国家法律、法规、税收政策以及金融政策，不考虑今后的不可预测的重大变化。

①主营业务收入预测。CSSJD 公司的主营业务按产品可以分为四类：矿热炉机电成套设备、碳素机电成套设备、钢厂机电成套设备、标准变压器及电控设备。

从历史数据看，2006 年和 2007 年公司全部主营业务收入增长率分别为 65.8% 和 79.4%，公司主导产品矿热炉机电成套设备、碳素机电成套设备的销售收入以 100% ~200% 的速度递增。在加入 CSS 集团后，随着经济的发展和公司自身能力的提高，尤其是主打产品在技术和价格上都具有竞争优势，国家产业调整也为公司持续增长提供了空间，预计公司在未来 5 年内会有较大幅度的增长。

考虑到产能瓶颈的限制，预测公司的销售收入在 2008 年保持 20% 的增长速度，随着公司技术改造的逐步完成，2009 年增长率预计在 50% 左右，以后年度逐年递减，至 2014 年以后趋于稳定。

本次评估预测中考虑的其他业务收入为废料变现收入。该项收入根据历史数据按上述四项主营业务产品收入的 2% 考虑。

②主营业务成本预测。主营业务成本主要包括材料费、能源动力费、人工费和制造费用四大类。

材料费分别按矿热炉机电成套设备、碳素机电成套设备、钢厂机电成套设备、标准变压器及电控设备四大产品分类预测，在现有价格基础上根据物价变化趋势考虑一定的增长。

能源动力费主要是电费，分别按矿热炉机电成套设备、碳素机电成套设备、钢厂机电成套设备、标准变压器及电控设备进行分类预测，在现有价格基础上根据物价变化趋势考虑一定的增长，同时也考虑了产能提高后的节约效应。

人工费预测中，员工数量根据产量预测考虑了相应比例的增长；工资水平在现有基础上根据物价变化趋势考虑一定的增长。

制造费用主要包括折旧、低值易耗品、取暖费、机物料消耗、运输费、生产车间管理人员工资、水费、差旅费、统筹基金、失业基金、医疗保险、公积金、工会经费、教育经费、劳务费、医药费、供热费补贴和其他费用等。制造费用的预测是在产量预测的基础上，结合资本性支出、人工费预测等项目考虑的，在现有基础上根据物价变化趋势考虑一定的增长。其中，修理费根据新会计准则在管理费用中核算，故预测中不再考虑。

其他业务成本是与其他业务收入对应的废料变现成本，根据历史数据确定为其他业务收入的5%。

③销售费用的预测。销售费用主要包括人工工资、广告费、运输费、产品包装费、中标服务费和其他费用。销售费用预测结合主营业务收入增长情况考虑。

④管理费用的预测。管理费用主要包括人工工资、差旅费、税金、修理费、劳动保险及其他费用。管理费用预测结合公司规模扩张情况考虑。其中，修理费为全部资产发生的修理费用，2007年以后根据新执行的会计准则在管理费用中核算。

⑤财务费用的预测。财务费用包括利息支出、手续费支出等。财务费用预测中考虑了资本性支出需要的筹资成本，根据企业计划及可研报告，技术改造资金由其母公司中国CSS集团提供内部借款。

⑥补贴收入的预测。预测期内的补贴收入为已经获得税务机关批准于2008年可取得的技改项目国产设备抵免所得税收入。

⑦所得税预测。CSSJD公司目前执行的所得税税率为25%，本次评估按现有税率考虑。

（2）无负债净现金流的预测。

无负债净现金流 = 息前净利润 + 年固定资产折旧及长期资产摊销额 - 年资本性支出 - 年营运资金增加额

①息前净利润的预测。根据对以上各科目的预测值，可以直接求得未来每年的毛现金流。

毛现金流 = 营业收入 - 营业成本 - 营业税金及附加 - 销售费用 - 管理费用 - 财务费用 + 利息补贴收入 - 应交所得税 + 利息 ×（1 - 所得税税率）+ 折旧/摊销

②年固定资产折旧及无形资产摊销额的预测。根据被评估企业资产具体特点，考虑按资产原值，参照企业折旧摊销政策，即如下折旧/摊销年限确定评估基准日现有资产的折旧/摊销额：

房屋及建筑物：　　40 年

生产用设备：　　16 年

非生产用设备：　　22 年

无形资产——土地　　50 年

对于今后每年资本性支出形成的各类资产，对维护现有生产能力的资本性支出可认为是对现有设备的替代，故计算折旧时仅考虑新增生产能力的资本性支出形成的资产，按资本性支出原值，参照企业折旧摊销政策按综合折旧年限 10 年计算年折旧额。

③资本性支出的预测。资本性支出预测是为了保证企业生产经营可以正常发展的情况下，对企业每年需要进行的资本性支出进行预测。本次评估依据管理当局的预测，结合评估人员的分析预测资本性支出。

④营运资金增加额的预测。营运资金的预测，一般根据企业最近几年每年营运资金占销售收入的比例进行分析和判断，在历史平均比例水平基础上结合企业目前及未来发展加以调整。

根据历史数据我们可以得到企业营运资金周转情况如附表 1 - 24 所示。

附表 1 - 24

年　　份	2003 年	2004 年	2005 年	2006 年	2007 年
应收账款周转率（次）	14.57	23.90	32.00	23.45	16.98
应收账款周转天数（天）	24.70	15.06	11.25	15.35	21.20
存货周转率（次）	4.57	5.56	5.98	6.17	4.83
存货周转天数（天）	78.69	64.73	60.24	58.31	74.55
资金周转天数（天）	103.39	79.79	71.49	73.66	95.75
资金周转次数（次）	3.48	4.51	5.04	4.89	3.76

根据 2003 ~ 2007 年营运资金数据，取 5 年资金周转次数平均数 4.34 作为预测期内的企业资金年周转次数。

又根据未来付现成本的预测，我们可以得到附表1－25。

附表1－25 单位：万元

年　份	2008年	2009年	2010年	2011年	2012年
销售成本	38 222.05	56 583.47	75 115.52	89 445.80	96 616.23
销售费用	1 800.00	3 060.00	4 104.00	4 734.00	5 040.00
管理费用	5 447.12	7 918.52	9 997.52	11 194.52	11 840.72
财务费用	1 650.89	1 686.89	1 686.89	1 758.89	1 749.89
折旧/摊销	1 714.39	2 758.80	3 629.01	3 939.01	4 060.01
付现成本	45 405.68	66 490.08	87 274.92	103 194.20	111 186.84
资金平均周转次数	4.34	4.34	4.34	4.34	4.34
营运资金需求量	10 473.67	15 337.18	20 131.59	23 803.67	25 647.32
营运资金需求量/主营业务收入	21.1%	19.5%	19.3%	19.6%	19.6%

本次评估采用年销售收入的20%作为营运资金需求量。

⑤终值的预测。终值是企业在预测经营期之后的价值。终值的预测一般可以采用永续年金的方式，也有采用Gordon增长模型进行预测的。本次评估采用Gordon增长模型预测。假定企业的经营在2014年后每年的经营情况趋于稳定。

6. 折现率的确定

折现率，又称期望投资回报率，是基于收益法确定评估价值的重要参数。由于被评估企业不是上市公司，其折现率不能直接计算获得。因此本次评估采用选取可比公司进行分析计算的方法估算被评估企业期望投资回报率。为此，第一步，首先在上市公司中选取可比公司，然后估算可比公司的系统性风险系数β（Levered Beta）；第二步，根据可比公司资本结构、可比公司β以及被评估公司资本结构，估算被评估企业的期望投资回报率，并以此作为折现率。

（1）可比公司的选取。可比公司的选择标准如下：①可比公司近年为盈利公司；②可比公司必须至少有两年上市历史；③可比公司只发行人民币A股；④可比公司所从事的行业为冶金工矿设备制造业。

根据上述四项原则，我们选取了以下上市公司作为可比公司：

北京金自天正智能控制股份有限公司，股票简称：金自天正，股票代码：600560；

太原重工股份有限公司，股票简称：太原重工，股票代码：600169；

天地科技股份有限公司，股票简称：天地科技，股票代码：600582。

上述可比公司股票波动与上证 180 指数波动相关性 t 检验情况如附表 1－26 所示。

附表 1－26

股票代码	股票名称	样本容量	t 统计量	t 检验结论
600560	金自天正	58	22.84	通过
600169	太原重工	58	16.61	通过
600582	天地科技	58	17.50	通过

（2）加权平均资本成本的确定（WACC）。WACC 代表期望的总投资回报率。它是期望的股权回报率和所得税调整后的债权回报率的加权平均值。

在计算总投资回报率时：第一步，需要计算截至评估基准日的股权资金回报率和利用公开的市场数据计算的债权资金回报率；第二步，计算加权平均股权回报率和债权回报率。

①股权回报率的确定。

我们利用资本资产定价模型（CAPM）来确定股权回报率。CAPM 是通常估算投资者收益要求并进而求取公司股权收益率的方法。它可以用下列公式表述：

$$R_e = R_f + \beta \times ERP + R_s$$

其中：R_e为股权回报率；R_f为无风险回报率；β 为 β 风险系数；ERP 为市场风险超额回报率；R_s为公司特有风险溢价。

分析 CAPM 采用以下几步：

第一步：确定无风险收益率。国债收益率通常被认为是无风险的，因为持有该债权到期不能兑付的风险很小，可以忽略不计。

在沪、深两市选择从评估基准日到国债到期日剩余期限超过 5 年期的国债，并计算其到期收益率，取所有国债到期收益率的平均值作为本次评估无风险收益率。

以上述国债到期收益率的平均值 4.03% 作为本次评估的无风险收益率。

第二步：确定股权风险收益率。股权风险收益率是投资者投资股票市场所期望的超过无风险收益率的部分。正确地确定风险收益率一直是许多股票分析师的研究课题。例如：在美国，Ibbotson Associates 的研究发现从 1926 年到 1997 年，股权投资到大企业平均年复利回报率为 11.0%，超过长期国债收益率约 5.8%。如果以几何平均计算，这个差异被认为是股权投资风险收益率（ERP）。

参照美国相关部门估算 ERP 的思路，按如下方式计算中国股市风险收益率（ERP）：

确定衡量股市的指数：估算股票市场的投资回报率首先需要确定一个衡量股市波动变化的指数，中国目前沪、深两市有许多指数，但是选用的指数应该是能最好反映市场主流股票变化的指数，参照美国相关机构估算美国 ERP 时选用标准普尔 500（S&P500）指数的经验，在估算中国市场 ERP 时选用了上证 180 指数和深证 100 指数。

计算年期的选择：中国股市起始于 20 世纪 90 年代初期，但最初几年发展不规范，直到 1996～1997 年之后才逐渐走上正轨。考虑到上述情况，在测算中国股市 ERP 时计算的时间从 1998 年开始，也就是估算的时间区间为 1998 年 12 月 31 日到 2007 年 12 月 31 日。

指数成分股的确定：上证 180 指数和深证 100 指数的成分股每年是发生变化的，因此在估算时采用每年年底时上证 180 和深证 100 的成分股。对于 1998～2001 年上证 180 指数没有推出之前，采用外推的方式，即采用 2002 年年底上证 180 指数的成分股外推到上述年份，既 1998～2001 年的成分股与 2002 年年末一样。对于深证 100 指数也是采用同样的处理方式。

数据的采集：本次 ERP 测算借助 Wind 资讯的数据系统提供所选择的各成分股每年年末的交易收盘价。由于成分股收益中应该包括每年分红、派息和送股等产生的收益，因此选用的年末收盘价是 Wind 数据从 1997 年 12 月 31 日起至 2007 年 12 月 31 日的复权交易年收盘价格，上述价格中已经有效地将每年由于分红、派息等产生的收益反映在价格中。

年收益率的计算采用算术平均值和几何平均值两种计算方法：

算术平均值计算方法：

设每年收益率为 R_i，则：

$$R_i = \frac{P_i - P_{i-1}}{P_i} \quad (i = 1, 2, 3, \cdots, 9)$$

其中：R_i为第 i 年收益率，P_i为第 i 年年末交易收盘价（复权）。

设第 1 年到第 n 年的收益平均值为 A_n，则：

$$A_n = \frac{\sum_{i=1}^{n} R_i}{N}$$

其中：A_n为第 1 年（即 1998 年）到第 n 年收益率的算术平均值，n = 1，2，3，…，9。

几何平均值计算方法：

设第 1 年到第 i 年的几何平均值为 C_i，则：

$$C_i = \sqrt[(i-1)]{\frac{P_i}{P_1}} - 1 \quad (i = 2, 3, \cdots, n)$$

其中，P_i为第 i 年年末交易收盘价（后复权）。

无风险收益率 R_{fi}的估算：为了估算每年的 ERP，需要估算计算期每年的无风险收益率 R_{fi}，本次测算采用国债的到期收益率（Yield to Maturate Rate）作为无风险收益率。国债的选择标准是每年年末距国债到期日剩余年限超过 5 年的国债，最后以选定的国债到期收益率的平均值作为每年年末的无风险收益率 R_{fi}。

估算结论：

每年 ERP 的估算分别采用如下方式：

算术平均值法：

$$ERP_i = A_n - R_{fi} \quad (i = 1, 2, \cdots, 8)$$

几何平均值法：

$$ERP_i = C_i - R_{fi} \quad (i = 1, 2, \cdots, 8)$$

通过估算 1999～2007 年每年的市场风险超额收益率 ERP_i，计算结果如附表 1－27 所示。

附表 1－27　　市场超额收益率（ERP）估算结论表

序号	年份	算术平均值(A_n)	几何平均值(C_i)	无风险收益率(R_f)	$ERP = A_n - R_f$	$ERP = C_i - R_f$
1	1999 年	20.26%	17.77%	3.29%	16.97%	14.48%
2	2000 年	40.29%	35.03%	3.18%	37.11%	31.85%
3	2001 年	16.04%	9.04%	3.20%	12.84%	5.84%
4	2002 年	6.19%	0.13%	2.79%	3.40%	-2.66%
5	2003 年	9.47%	3.76%	3.27%	6.20%	0.49%
6	2004 年	5.97%	0.48%	4.71%	1.26%	-4.23%
7	2005 年	4.90%	-0.06%	3.14%	1.76%	-3.20%
8	2006 年	27.86%	16.39%	3.18%	24.68%	13.21%
9	2007 年	46.76%	27.21%	4.03%	42.73%	23.18%
10	平均值	19.75%	12.19%	3.42%	16.33%	8.77%

由于几何平均值可以更好地表述收益率的增长情况，因此采用几何平均值计算的 C_i，并进而估算的 ERP = 8.77% 作为目前国内市场超额收益率。

第三步：确定可比公司相对于股票市场风险系数 β（Levered Beta）。β 被认为是衡量公司相对风险的指标。投资股市中一个公司，如果其 β 值为 1.1，则意味着其股票风险比整个股市平均风险高 10%；相反，如果公司 β 值为 0.9，则表示其股票风险比股市平均低 10%。因为投资者期望高风险应得到高回报，β 值对投资者衡量投资某种股票的相对风险非常有帮助。

目前中国国内 Wind 资讯公司从事于 β 的研究并给出计算 β 值的计算公式。本次评估选取该公司公布的 β 计算器计算可比公司的 β 值，上证指数选择上证 180，深证指数选择深证 100 指数。上述 β 值是含有可比公司自身资本结构的 β 值。

第四步：计算可比公司 Unlevered Beta 和估算被评估企业 Unlevered Beta。

根据以下公式，可以分别计算可比公司的 Unlevered Beta：

$$\text{Unlevered Beta} = \frac{\text{Levered Beta}}{1 + (1 - T)\ (D/E)}$$

其中：D 为债权价值；E 为股权价值；T 为适用所得税税率。

将可比公司的 Unlevered Beta 计算出来后，取其平均值作为被评估企业的 UnLevered Beta。

第五步：确定被评估企业的资本结构比率。在确定被评估企业目标资本结构时，可参考可比公司资本结构平均值和被评估企业自身账面价值计算的资本结构，最后综合上述两项指标确定被评估企业目标资本结构。

第六步：估算被评估企业在上述确定的资本结构比率下的 Levered Beta。将已经确定的被评估企业资本结构比率代入下列公式中，计算被评估企业 Levered Beta：

$$\text{Levered Beta} = \text{Unlevered Beta} \times [1 + (1 - T) \times D/E]$$

其中：D 为债权价值；E 为股权价值；T 为适用所得税税率（取 25%）。

第七步：估算特有风险溢价 R_s

采用资本资产定价模型一般是估算一个投资组合（Portfolio）的组合收益，对于单个公司的投资风险一般认为要高于一个投资组合的风险。因此，在考虑一个单个公司或股票的投资收益时应该考虑该公司的特有风险所产生的超额收益。公司的特有风险目前国际上考虑得比较多的是公司的规模对投资风险大小的影响。公司资产规模小，投资风险就会相对增加；反之，公司资产规模大，投资风险就会相对减小。企业资产规模与投资风险这种关系已被投资者广泛接受，另外公司特有风险也与公司其他的一些特别因素有关，如供货渠道单一、依赖特定供应商或销售产品品种少等。

在国际上有许多知名研究机构发表过相关文章详细阐述了公司资产规模与投资回报率之间的关系。如美国的 Ibbotson Associate 在其 SBBI 每年度研究报告中就有类似的论述。美国研究公司规模超额收益的另一个著名研究是 Grabowski - King 研究，附表 1 - 19 就是该研究的结论。

从附表 1 - 19 可以看出，公司规模超额收益率随着资产规模的降低由 4.2% 逐步增加到 12% 左右。

参考 Grabowski - King 研究的思路，对沪、深两市的 1 000 多家上市公司 1999 ~ 2006 年的数据进行了分析研究，研究过程主要分为以下几步：

第一，选取样本点。

目前国内沪、深两市上市公司共有约 1 000 多家，由于研究的是国内股票的投资超额收益问题，因此，首先剔除了同时发行有国内 B 股、H 股和其他非国内 A 股的上市公司，也就是说样本点应该是仅发行国内 A 股的上市公司。

由于需要研究投资上市公司股票的收益与公司规模之间的关系，固应将公司经营方面产生的影响剔除，因此将全部 ST 上市公司剔除。

由于计算样本点 β 时，需要一定数量的历史统计数据，因此，将截至 2007 年底，上市历史不足两年的样本点剔除。另外，还剔除了其他一些非常规的样本。

经过上述样本点筛选，最后得到 730 多个样本点。

第二，样本点超额收益率的估算。

借助 Wind 资讯的数据系统提供的从 1998 年 12 月 31 日至 2007 年 12 月 31 日的复权交易年收盘价格作为基础数据，分别采用算术平均值和几何平均值方法计算每个选定的样本点 1998 ~ 2007 年每年收益的平均值：

算术平均值计算方法：

设每年收益率为 R_i，则：

$$R_i = \frac{P_i - P_{i-1}}{P_i} (i = 1, 2, 3, \cdots, 9)$$

其中：R_i为第 i 年收益率，P_i为第 i 年年末交易收盘价（复权）。

设第 1 年至第 n 年的收益平均值为 A，则：

$$A = \frac{\sum_{i=1}^{n} R_i}{N}$$

几何平均值计算方法：

设第 1 年至第 n 年的几何平均值为 C，则：

$$C = \sqrt[(n-1)]{\frac{P_n}{P_1}} - 1$$

其中：P_n为第 n 年年末交易收盘价（后复权）。

估算每个样本点的实际平均收益之后，采用 CAPM 模型估算收益率 R_e，即：

$R_e = R_f + \beta$（ERP）

其中 R_f取 2007 年底剩余年限超过 5 年的国债到期收益率平均值 4.03%，ERP 取 8.77%。

利用 $A - R_e$和 $C - R_e$就可以分别得出采用实际股票计算得出的收益率与采用资本资产定价模型计算得出的收益率之间的差异，即超额收益率。

由于几何平均值相比算术平均值可以更好地反映实际情况，因此将主要考虑将 $C - R_e$作为规模超额收益率。

第三，样本点公司规模数据的选择。

对于样本点的规模采用净资产账面值作为衡量样本点规模的指标。但由于国内 A 股市场存在一个特殊的情况——存在非流通股，尽管目前大多数上市公司已经进行了全流通的股权分置改革，但目前改革后的非流通股仍然处于不可流通期。股票价格的波动与流通盘存在关系，但由于存在不可流通的股份，流通盘的大小与净资产不存在直接关系，也就是说可能净资产大的上市公司，由于其流通盘并不一定也大，因此可能会对收益与规模之间的关系产生一些干扰。为了反映上述客观情况，我们选择了两类“净资产”数据，一类即通常意义的净资产账面价值；另一类通过如下计算公式计算得出，将其称为调整后的净资产账面价值。

$$调整后净资产账面价值 = 净资产账面价值 \times \frac{流通股股数}{流通股股数 + 非流通股股数}$$

采用 Wind 资讯系统分别采集、计算每个样本点 1999 ~ 2006 年的净资产账面值的平均值和调整后净资产账面值的平均值。

第四，估算结论。

将样本点按调整后净资产账面价值进行排序并分组，得到数据如附表1－28所示。

附表1－28

组别	样本点数量	规模指标范围（亿元）	规模超额收益率	调整后净资产账面价值（亿元）	净资产账面价值（亿元）
1	7	0～0.5	3.22%	0.40	2.28
2	20	0.50～1.0	2.79%	0.73	2.04
3	28	1.0～1.5	2.49%	1.26	2.47
4	98	1.5～2.0	2.27%	1.75	3.08
5	47	2.0～2.5	2.02%	2.25	3.56
6	53	2.5～3.0	1.78%	2.74	4.43
7	88	3.0～4.0	1.49%	3.50	5.62
8	83	4.0～5.0	1.31%	4.43	6.37
9	57	5.0～6.0	0.99%	5.52	8.35
10	47	6.0～7.0	0.84%	6.50	10.09
11	34	7.0～8.0	0.64%	7.42	10.16
12	41	8.0～10.0	0.54%	8.88	11.11
13	79	10.0～15.0	5.05%	11.99	16.63
14	35	15.0～20.0	5.90%	17.39	24.52
15	35	20.0	7.41%	51.54	60.36

根据表中数据，绘制规模超额收益率和净资产规模关系如附图1－1所示。

从附表1－28和附图1－1中可以看出，规模超额收益率在净资产规模低于10亿元时呈现下降趋势，当净资产规模超过10亿元后不再符合下降趋势。根据附表1－28中的数据，可以采用线性回归分析的方式得出超额收益率与净资产之间的回归方程如下：

$R_s = 3.139\% - 0.2485\% \times NA \quad (R^2 = 90.89\%)$

其中：R_s为公司规模超额收益率；NA为公司净资产账面价值（NA≤10亿）。

根据以上结论，将被评估企业的净资产规模代入上述回归方程即可计算被评估企业的规模超额收益率。本次评估仅以被评估企业的规模超额收益率作为其特有风险超额收益率R_s的值。

本次评估没有考虑被评估企业其他因素引起的超额风险收益率。

第八步：计算现行股权收益率。

将恰当的数据代入CAPM公式中，就可以计算出对被评估企业的股权期望回报率。

②债权回报率的确定。

在中国，对债权回报率的一个合理估计是将市场公允短期和长期银行贷款利率结合起来的一个估计。

目前在中国，只有极少数国有大型企业或国家重点工程项目才可以被批准发行公司债券。事实上，中国目前尚未建立起真正意义上的公司债券市场，尽管有一些公司债券是可以交易的。然而，另一方面，官方公布的贷款利率是可以得到的。事实上，在评估基准日，有效的一年期贷款利率是7.47%。固采用该利率作为债权年期望回报率。

③总资本加权平均回报率的确定。

可以用股权期望回报率和债权回报率，以评估对象实际股权、债权结构比例为权重，用加权平均的方法计算总资本加权平均回报率。计算公式如下：

$$WACC = R_e \frac{E}{D+E} + R_d \frac{D}{D+E}(1-T)$$

其中：WACC 为加权平均总资本回报率；E 为股权价值；R_e为期望股本回报率；D 为付息债权价值；R_d为债权期望回报率；T 为企业所得税税率。

（3）被评估企业折现率的确定。根据上述计算得到被评估企业总资本加权平均回报率为14.60%，故以14.60%作为被评估公司的折现率。

7. 缺乏流动性折扣率的确定

被评估企业是非上市公司，其股权不能像上市公司流通股一样在股票交易市场上公开交易，这种缺乏流动性对其价值是有影响的。缺乏流动性影响股票价值这一事实是普遍存在的，有很多这方面的研究。附表1－21列示了一些比较著名的美国研究及结论。

上述研究可以有力证明，缺少流通能力对股权的价格有很大的减值影响。这种影响如果与可流通股相比较存在减值折扣率，折扣率一般在30%～45%之间。

目前在国内已有关于股权不可流动性减值方面的专项研究。其中一方面的研究是通过分析国内法人股的交易情况来研究缺乏流动性的折扣。在中国股市全流通股权分置改革之前，上市公司的国有股、国有法人股以及其他法人股是不可流通的。但这些不可流通的法人股是可以通过其他渠道转让的，如果可以得到上述法人股的转让价格，并与上述法人股同一上市公司的流通股股权交易价格相比，就可以分析得出不可流通交易价格与可流通交易价格之间的差异，并进而得到缺乏流动性的折扣率。对1998年到2005年8年的一些法人股交易案例进行的研究结果可以概括如附表1－22所示。

上述研究可以从一个角度证明不可流动性对股票价格的影响在中国也是存在的。在进行企业整体价值评估时需要考虑上述差异对评估价值的影响。

股权不可流动性的另一方面的研究是通过分析近年来中国上市公司的股权分置改革中全流通股改对价的方式进行的。

股权分置改革的基本方式是持有上市公司非流通股（或称法人股）的股东通过支付给流通股股东股权对价，流通股股东同意非流通股股东所持有的股权可以在一定时期之后解除流通限制，成为可流通股权。因此，可以通过分析估算非流通股由不可流通到流通需要支付的成本来估算缺乏流动性的折扣率。

通过对国内上市公司股权分置改革内容的分析了解到，股权分置改革的实质就是非流通股股东支付给流通股股东对价以换取自身股权的限制性流通，因此以非流通股股东每股支付给流通股股东对价为基础计算的“每股送出率”指标就是由不可流通转为限制流通的一个价值差异，同时也是缺乏流动性的折扣率。

选择制造业——机械、设备、仪表行业内的156例上市公司全流通股改案例，分析非流通股支付给流通股的对价情况和每股送出率指标，得到结论如附表1－29所示。

附表1－29

项　目	每股送出率
平均值	16.20%
最大值	33.83%
最小值	3.93%
中间值	15.63%

8. 评估结论

经评估，截至2007年12月31日，委托评估的CSSJD公司的全部经营性资产与负债所形成的权益未来预计现金流的现值，在持续经营前提下，以为CSS集团管理层准备财务报告进行商誉减值测试提供价值参考为目的之价值为11 400万元。

由于企业账面价值为13 371.1万元，则预计现金流现值评估值为11 400万元，该值小于13 371.1万元，因此企业商誉是否存在减值还不能确定，还需要进一步确定资产组可变现净值扣除相关负债后的余额是否高于资产组账面价值。

9. 可变现净值的估算

由于我们认定被评估企业全部经营性资产组成了一个资产组，因此对于该资产组存在两种变现方式：一种是将资产组中的全部资产整体变现；另一种是将资产组中的相关资产拆整卖零变现。因此，我们在考虑可变现净值时必须要综合考虑上述两种变现模式，以上述两种变现模式中的孰高者作为资产组的可变现净值。

（1）变现方式一：资产组资产整体变现。上述可变现净值的考虑方式是采用资产组的收益法对 CSSJD 全部经营性资产组成的资产组市场价值进行评估，然后考虑适当比率的变现税费后得到可变现净值。

在资产组收益法评估中，我们对比未来预计现金流现值的估算说明，需要主要关注以下问题：

①预测收益期限。由于未来预计现金流现值可以假设企业经营是无限的，但对于估算资产组的价值则一般需要按资产组中主要核心资产的寿命确定收益年限，本次评估我们综合确定资产组未来收益期限为 16 年，也就是 2008～2023 年。

②资本性支出的安排。资产组收益法评估中的资本性支出主要是更新资产组中非核心部分资产以保障该资产组可以正常运行 16 年。根据分析，我们合理预测每年资本性支出的数据。

③2023 年后终值的确定。2023 年后终值包括两部分：一是营运资金的回收；二是按当时固定资产账面价值的 50% 考虑残值收入。

④折现率。考虑采用 CAPM 模型计算的股权投资回报率，β 采用资产 β，或者说是去财务杠杆的 β。

有关资产组收益法的说明可以参见未来预计现金流现值的方式估算。

⑤估算结论。采用资产组收益法估算 CSSJD 全部经营性资产组成的资产组的市场价值为 25 900 万元，也就是说，该资产的整体出售价值应该可以达到 26 200 万元。

相关税费和变现成本按 5% 考虑，则资产组整体可变现净值为：

26 200 ×（1 －5%）＝24 890（万元）

考虑上述价值中扣除付息负债 16 697.4 万元，则净资产为：

24 890 －16 697.4 ＝8 192.6（万元）

8 192.6 万元 < 资产组账面价值 13 371.1 万元。

（2）变现方式二：资产组资产拆整卖零变现。该种方式变现要求将组成资产组的资产拆零后变现，最后得出可变现净值。该种方式变现的说明略。最后结论为 6 750 万元，小于 13 371.1 万元。

10. 商誉减值测试结论

通过测算未来预计现金流现值和可变现净值，我们最终得到企业在 2007 年 12 月 31 日的商誉为 1 669.08 万元，与原企业确认的商誉 3 371.7 万元相比，减值为：

13 371.1 − max（11 400，8 192.6，6 750）= 1 971.1（万元）

三、案例特点

CSSJD 公司商誉减值测试评估是在执行新会计准则背景下，以财务报告为目的的资产评估项目。该案例给出了一个商誉测试的基本过程，从中可以勾画出商誉测试中包含的基本步骤。

1. 本案例中，企业管理层将公司整体认定为一个资产组，故不存在商誉分摊的问题。如一个企业存在多个资产组或资产组组合，根据资产减值准则的规定，商誉还必须分摊到相关资产组或资产组组合后才能据以分别确定需要进行测试的商誉是否存在减值损失。相应的，评估师应对资产组或资产组组合分别进行评估，确认其“可收回金额”。

2. 按照会计准则的要求，必须是资产组的预计未来现金流量的现值和可变现净值扣除账面价值后都低于资产组的商誉的账面价值，才能确定资产组的商誉减值。本案例中，采用收益法评估所确定的资产预计未来现金流量的现值扣除账面价值后的余额和资产组全部资产整体变现和拆零变现的可回收价值扣除账面价值后的余额都低于商誉价值，根据会计准则的规定，该资产组存在减值。

进行商誉减值测试必须要对资产组的“可收回金额”有明确认识，对于资产组的可收回金额应该包括两个层面的含义：（1）预计未来现金流量的现值，也就是资产组的在用价值；（2）资产组的可变现净值。预计未来现金流量的现值相当于评估师采用收益法对资产组的评估结论；资产组的可变现净值是将资产组公允价值扣除相关处置费用后的净值。需要关注的是这里的资产组的可变现净值不能简单地理解为就是资产组中各单项资产分别变现的净值之和，这里包含资产组本身整体变现的可能，也就是将该资产组整体变现的价值扣除相关费用。

3. 本案例中，CSSJD 公司为 CSS 集团的全资子公司，故不存在 CSSJD 公司归属于少数股东权益的商誉。但实务中有可能存在归属于少数股东权益的商誉问题。根据《企业会计准则第 20 号——企业合并》的规定，在合并财务报表中反映的商誉，不包括子公司归属于少数股东权益的商誉。但对相关的资产组或资产组组合进行减值测试时，应当将归属于少数股东权益的商誉包括在内，调整资产组或资产组组合的账面价值。

4. 从本案例的评估技术分析、评估过程及评估结论描述中，可以看出，在以商誉减值测试为目的的评估业务中，审计师与评估师分别扮演着不同的角色，双方即相互合作，又各有分工。具体表现为：

（1）项目前期对于资产组的认定、商誉的确定和分摊、评估基准日的确定等是审计师依据会计准则协助企业管理层确定的；

（2）评估方法及相关评估参数的选用是评估师的责任，审计师由于需要对企业管理当局编制的报表发表审计意见，因此需要关注减值测试工作，对评估师出具的评估报告进行必要的复核，作为对商誉减值发表审计意见的依据；

（3）评估师需根据会计准则和相关评估准则的要求，对减值测试对应的资产组的“可收回金额”发表专业意见；将“可收回金额”与账面价值进行比较以确定资产是否发生减值，应该是企业管理层的责任；而对上述减值测试事项进行复核则是审计师的责任。

案例 3　投资性房地产公允价值评估

一、评估业务存在的前提及可能性

国际会计准则第 40 号（IAS40）在初始确认、后续计量和投资性房地产转换等方面，都引入了公允价值概念。尽管它并没有强制要求公允价值的确定一定要依赖独立评估师的意见，但在会计准则需要公允价值的情况下，就可能会产生以财务报告为目的的对投资性房地产进行评估的业务，主要包括以下几个方面：

（1）会计主体采用公允价值模式对其投资性房地产进行后续计量的情

况下，财务报告需要确定投资性房地产的公允价值，以满足财务报告之计量目的。

（2）融资租入的房地产资产，如果满足投资性房地产定义的，在确认其初始成本时要按照公允价值与最小租金支出现值孰低的原则来确定。

（3）以非货币性交易方式取得的投资性房地产需要以公允价值作为其入账成本。

（4）采用公允价值模式计量的投资性房地产转为自用或存货房地产时，采用公允价值计量模式的会计主体应按照转换用途日的公允价值确定其入账成本。

（5）会计主体采用成本模式对其投资性房地产进行后续计量的情况下，财务报告需要披露投资性房地产的公允价值，或公允价值无法可靠计量的原因，如有可能，还应披露公允价值的估计范围。

中国会计准则《企业会计准则第3号——投资性房地产》第十条规定：采用公允价值模式计量的投资性房地产，应当同时满足下列条件：①投资性房地产所在地有活跃的房地产交易市场；②企业能够从房地产交易市场上取得同类或类似房地产的市场价格及其他相关信息，从而对投资性房地产的公允价值作出合理的估计。

在中国会计准则体系下，尽管缩小了采用公允价值的范围并对其进行了条件限制，但在需要公允价值的情况下，依然需要解决如何确定公允价值的问题。

总结来讲，即会计准则的相关规定产生了确定公允价值的需求，同时为评估业务的产生提供了前提条件和可能。

二、评估的价值类型

从上述会计准则的规定来看，以财务报告为目的的投资性房地产评估的目的是确定投资性房地产的公允价值。同时，根据《以财务报告为目的的评估指南》第二十四条：在符合会计准则计量属性规定的条件时，会计准则下的公允价值一般等同于资产评估准则下的市场价值。因此，该类业务的价值类型是市场价值。

三、评估对象

就投资性房地产所包含的范围而言，国际会计准则除将“已经出租的房地产”及“目前正空置的但持有目的在于租出的房屋”作为投资性房地产外，IAS40还将未确定用途的土地、在建中的未来拟作为投资性房地产的在建房地产、融资租入房地产再出租的均列入投资性房地产的范围。但中国会计准则投资性房地产的范围仅包括：①已出租的土地使用权；②持有并准备增值后转让的土地使用权；③已出租的建筑物。

四、评估基准日

根据会计准则的相关要求，评估基准日可以是资产负债表日、投资性房地产转换日等。

五、评估方法

与国际财务报告准则相比，中国的投资性房地产会计准则增加了采用公允价值模式的前提条件，只有在有确凿证据表明投资性房地产的公允价值能够持续可靠取得的情况下，才可以对投资性房地产采用公允价值模式进行后续计量。

从投资性房地产公允价值计量需同时满足的两个条件来看，在某种程度上，中国会计准则限制了采用除市场法以外的其他估值方法来确定公允价值。由于其他的估值技术（比如收益法）通常含有较多的假设，与参照活跃的交易市场价格来确定公允价值相比，有较大的主观性，也就容易产生争议。因此，在上述前提条件的限制下，中国会计准则从另一个侧面提高了投资性房地产采用公允价值模式的可靠性。

但是，就带有租约的投资性房地产而言，收益法因其能将租约内租金相对于市场租金的高低对评估价值的影响很好地量化，可能更为适当。或者，在使用市场法时，选择带有类似租约出售的交易实例为可比案例。

此外，根据前述内容，在IAS40下，如投资性房地产的公允价值无法可靠计量，在可能的情况下，财务报告应该披露投资性房地产公允价值很可能处于的估计范围。据此，成本法的采用也有了一定的可能。

综上所述，基于IAS40的投资性房地产公允价值评估可以采用市场法、收益法或成本法；而基于中国会计准则的投资性房地产评估可以采用市场法或收益法；对带有租约的投资性房地产，收益法可能是更为适宜的评估方法。

六、案例分析

1. 案例背景

某H股上市公司持有多项投资性房地产，该上市公司对投资性房地产的后续计量采用了成本模式，尽管根据中国会计准则不需要估计投资性房地产的公允价值，但根据香港会计准则，需要在会计师报告的附注中披露投资性房地产的公允价值。因此委托某评估机构根据会计准则的要求对其全部投资性房地产进行评估。本案例选取了其中的一项进行分析。

根据中期会计师报告的需要，评估基准日为2009年6月30日。

2. 评估对象分析

评估对象为位于某市中心城区的某购物广场的一至五层。根据管理层提供的资料，一至五层总建筑面积60 307.22平方米，可出租面积约为28 436.79平方米，除第五层外目前大部分已经出租给不同的租户作为零售商铺使用。

截至评估基准日，评估对象整体出租率约为70%，采取档口散租的形式，整体经营状态良好，于2007年2月开始运营。评估对象的第五层目前正在装修，预计2009年年底可以投入使用。

评估对象的土地性质为出让，用途为商业，到期日为2044年4月16日。

在2009年7月评估师对委估房地产进行了现场勘察，并收集了房屋所有权证书、土地使用权证书、房地产租赁合同等信息；同时还对同一商圈的类似房地产出租情况、租金水平、售价情况进行了市场调查。

在评估过程中，评估师根据评估对象的特点和租赁情况，也采用了评估机构数据库中的市场租金及售价信息。

3. 评估技术思路和方法

中国会计准则《企业会计准则第3号——投资性房地产》第十条规定：采用公允价值模式计量的，应当同时满足下列条件：①投资性房地产所在地有活跃的房地产交易市场；②企业能够从房地产交易市场上取得同类或类似房地产的市场价格及其他相关信息，从而对投资性房地产的公允价值作出合理的估计。

前述会计准则并没有对“活跃房地产交易市场”进行详细描述。评估师认为，本案评估对象对应的房地产交易市场应该为带租约出售的房地产交易市场及房地产租赁市场。由于评估基准日附近缺乏与评估对象类似的大型购物中心的成交案例，市场法的运用受到限制，而类似商业房地产的租赁市场非常活跃。鉴于此，并考虑到以下因素，评估师决定采用收益法中的折现现金流分析的方法（DCF 分析）进行评估。

（1）评估对象作为一种商业房地产，尤其是大型的购物中心，通常情况下投资人或产权人持有类似房地产的目的是为了获得稳定的收益。因此，房地产本身的收益将是决定其价值的主要方面。

（2）由于评估对象运营时间不长，且五层还处于装修期，因此其价值的实现受一系列因素的影响，如稳定期、稳定的出租率、租金水平及增长率以及市场回报率等，只有将这些因素放入一个共同的模型框架下，才可以对其价值有一个客观的判断，而收益法中的 DCF 分析方法可以较好地解决这些问题。

DCF 分析是通过将未来预测期内的现金流用一个折现率折现到评估基准日，用一个资本化率将预测期以后的现金流资本化到预测期的最后一年，再用上述折现率折现到评估基准日。评估过程中，评估师根据目前的市场状况，对收入、支出、租金增长率等进行了合理的估计，以反映评估对象在市场上的经营表现，并考虑了委估房地产在相关的预测期后于市场出售的价值。

4. 评估参数的确定

在 DCF 分析中，根据评估对象的市场状况，采用了一系列假设，主要包括：

（1）预测期。预测期为 2009 年 6 月 30 日到 2013 年 12 月 31 日。

（2）折现率与资本化率。确定市场上的类似房地产的投资回报率是收益法评估中的一个重要问题。在本案的 DCF 分析中，回报率的确定包含了折现率和资本化率两个方面。通常可以采用市场提取法来确定资本化率，即根据市场交易的租金和价格的情况确定合理的市场资本化率水平。由于该回报率包含了所有的风险，隐含了租金的增长和物业资本价值的增值，如此得到的资本化率仅可以用在出租率达到稳定以后的期间，对于在稳定期之前的回报率应该采用可以反映租金和出租率增长的折现率。

通过对评估对象所在城市的大量类似商业物业的市场调查，并考虑评估对象的位置、交通便利性以及在营运期内的相关风险（如营运风险、房地产风险、现金流动风险以及其他风险）进行分析和调整，最终确定评估时的折现率和资本化率分别为 9% 和 6% 。

（3）租金及租金增长率。截至评估基准日，评估对象带租约运营，因此评估师分析租金收益时按租期内和租期外两种情况考虑，租期内采用租约租金，租期外采用市场租金。同时考虑到委估房地产历史租金增长情况和周边市场租金增长率情况，确定租金年涨幅为3%。

（4）出租率及稳定期。考虑到评估对象本身的特点、周边商业的出租状况，以及当地经济、房地产市场的未来发展趋势，确定评估对象的稳定期为3年，稳定期出租率为95%。同时，鉴于目前的出租率为70%，预计2009年底达到75%，2009~2011年的出租率分别为75%、85%%、90%。

（5）免租期。租期外免租期采用当地商业市场平均水平，确定为每年0.5个月免租期。

（6）费用支出。

营业税金及附加：占有效总收入的5.5%。

房产税：按照租金收益的12%计算。

财产保险费：按照评估对象账面价值（不包括土地）0.15%的费率计算。

土地使用税：按照每年土地使用面积每平方米30元征收。

经营费用：根据历史的费用水平，预测期内按每年3%的增长率增长。

市场推广费用：按照年有效总收入的0.5%计算。

（7）收益期。以基准日至土地使用权终止日之间的期间为收益期，即34.8年。

5. 评估结论

通过上述分析，DCF分析的计算模型如附表1-30。

附表1-30

期间		1	2	3	4	5	6
		2009-06-30 2009-12-31	2010-01-01 2010-12-31	2011-01-01 2011-12-31	2012-01-01 2012-12-31	2013-01-01 2013-12-31	2014-01-01 2014-12-31
总租金收益		31 147 386	119 912 240	139 514 185	166 446 481	171 007 963	176 138 202
出租率		75%	85%	90%	95%	95%	95%
经营费用	25.59%	23 483 395	24 187 897	24 913 534	25 660 940	26 430 768	27 223 691
租金增长率		3%	3%	3%	3%	3%	3%
市场推广费用	0.50%	155 737	599 561	697 571	832 232	855 040	880 691
营业税金及附加	5.50%	1 713 106	6 595 173	7 673 280	9 154 556	9 405 438	9 687 601
房产税		1 832 781	1 832 781	1 832 781	1 832 781	1 832 781	1 832 781
土地使用税	30	514 902	514 902	514 902	514 902	514 902	514 902
保险费	0.15%	254 553	254 553	254 553	254 553	254 553	254 553
总费用		27 954 474	33 984 867	35 886 621	38 249 964	39 293 482	40 394 219
租金净收益		3 192 912	85 927 372	103 627 565	128 196 517	131 714 481	135 743 983
折现率	9.0%						
资本化率	6.0%						
评估值		1 618 231 968					
取整		1 618 000 000					

即评估对象的市场价值为人民币1 618 000 000元。

案例4　金融衍生产品公允价值评估案例

随着中国金融市场的发展及现代企业管理的需求，金融工具被越来越多的公司使用，如期权、远期合约及可转换债券等，此类金融衍生产品的收益与损失及涉及的风险也成为投资者或利益相关方对公司经营及财务状况了解与分析的重要组成部分。根据相关会计准则的要求，公司应对相关的金融衍生产品公允价值进行测量。金融衍生产品的设计的灵活性，决定了其差异性（非标准化衍生产品众多）及复杂性（单个产品中集合多种权利与义务）。评估师依据其专业的评估知识与技能对具体的合约内容进行分析，建立合理的评估模型，并对该类金融产品的风险进行辨别，对其公允价值进行评估，以作为公司财务报告的重要组成部分，帮助公司财务报告的使用者及其他利益相关方全面了解公司的财务状况。

金融衍生产品的评估经常用到的评估技术模型包括了布莱克—斯科尔斯定价模型（Black－Scholes Option Pricing Model）、二叉树期权定价模型（Binomial Tree Option Pricing Model）和蒙特卡罗模型（Monte Carlo Model）。针对评估对象的特点，评估师应采用适当的评估方法。

以下为一金融衍生产品公允价值的评估案例。

一、案例背景介绍

BM公司为一家香港上市公司，在美国的业务为其经营中重要的组成部分，每年其在香港地区的销售收入大约为1亿美金。公司为在一定程度上规避其汇率风险向AC公司购买了汇率期权和约。其合约主要内容简述如下：

甲方：BM公司

乙方：AC公司

合同起始日：2008年1月1日

合同结束日：2013年12月31日

支付日：2008年至2013年每年12月31日

乙方向甲方支付（港币）：750 000 000元

甲方向乙方支付（美元）：750 000 000元/约定汇率

约定汇率：当即期汇率大于6（包含6）小于10时约定汇率为10，当即期汇率大于10或小于6时约定汇率等于即期汇率。

即期汇率：根据每一个支付日前第一个工作日彭博系统美元/港币即期汇率的报价平均值确定。

二、评估目的

根据BM公司的委托需要独立的评估师对该合约在2009年1月1日的公允价值进行评估，以作会计参考。

三、评估方法分析

从本合约的内容我们可以发现，在每一个支付日美元/港币的汇率决定了BM公司从本合约中可能的得利金额。当即期美元/港币汇率大于10或小于6时，BM公司执行该合约没有任何得利或损失。当即期美元/港币汇率大于6（含6）或小于10时，BM公司从该合约所能获得的利益为750 000 000 ×（10－即期汇率）/10港元。以图形的方式表达BM公司的得利模式如附图1－2所示。

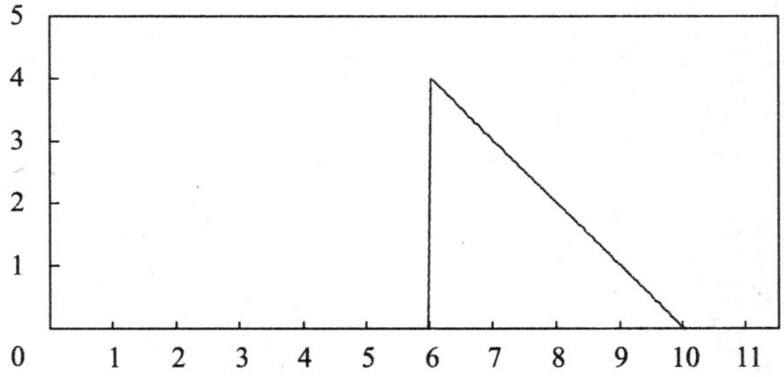

附图1－2　合约得利模型

我们知道一般的看跌期权的得利模式如附图1－3所示。

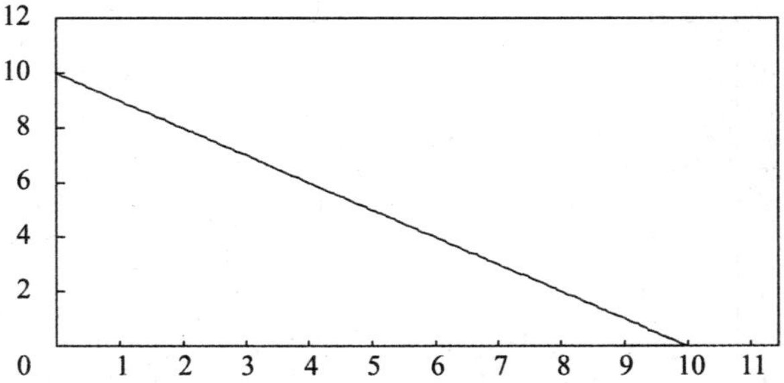

附图1－3　一般看跌期权得利模型

从以上的分析我们可以看到，BM 公司在本协议下的得利模式及图形均表明其得利模型与一般的看跌期权得利模型相似。对以上图形的进一步分析，我们可以对一般的看跌期权得利模型进行分割而得到我们此次评估合约的得利模型，如附图 1－4 所示。

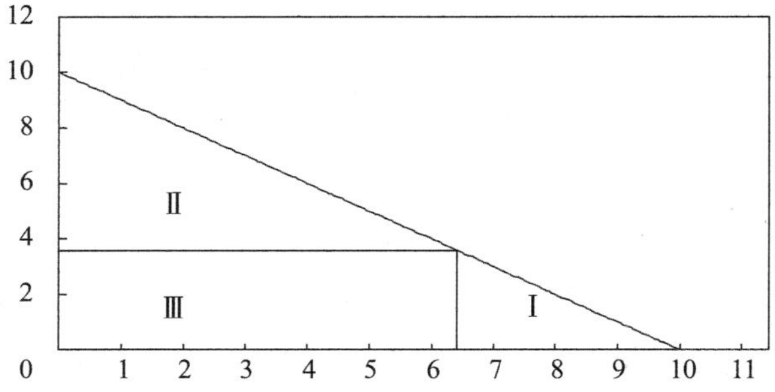

附图 1－4　一般看跌期权得利模型分解

附图 1－4 所示的“I”即此次评估所需确定的合约价值，我们可以通过确定“I＋II＋III”、“II”及“III”的价值以得到“I”的价值。我们可以将以上得利模型分解为几个部分分别见附图 1－5、附图 1－6 和附图 1－7。

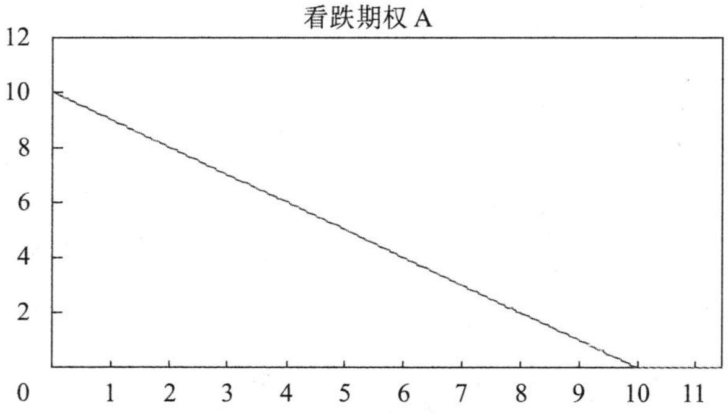

附图 1－5　I＋II＋III：看跌期权 A

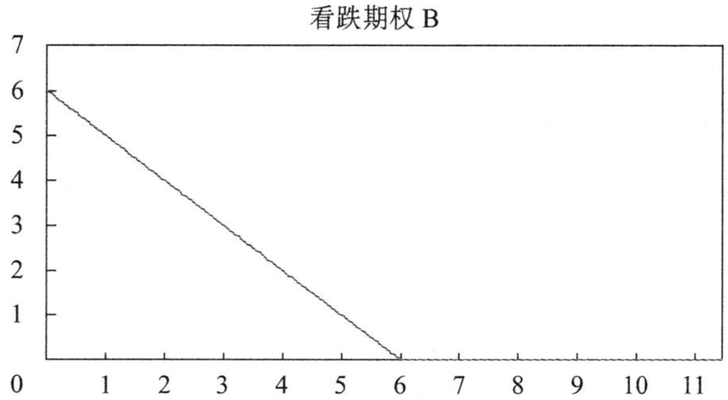

附图 1－6　II：看跌期权 B

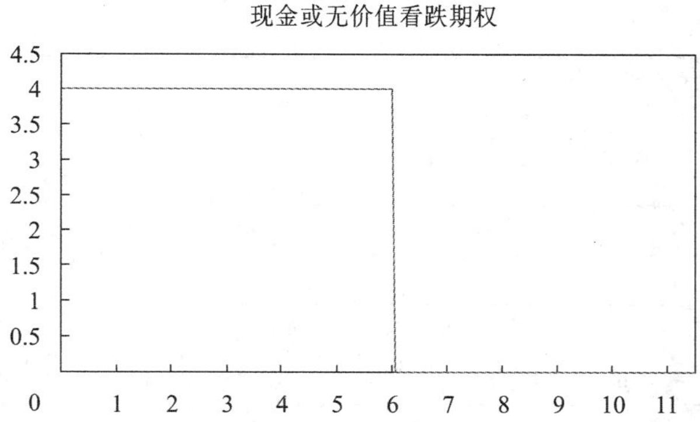

附图 1－7　III：现金或无价值看跌期权

从以上分析我们可以看到该合约价值计算过程如下：

标的合约价值＝看跌期权 A－看跌期权 B－现金或无价值看跌期权

从合约的条款我们知道，在本合约中从评估时点到合约的结束期，BM 公司会分别在以下时点进行货币的互换：

（1）2009 年 12 月 31 日；

（2）2010 年 12 月 31 日；

（3）2011 年 12 月 31 日；

（4）2012 年 12 月 31 日；

（5）2013 年 12 月 31 日。

从以上分析我们可以知道，根据合约约定 BM 公司需要在每个约定支付日执行 3 个已预先约定的期权，此类在期权结束日才能执行的期权被称为欧式期权。Black－Scholes 期权定价模型可以被合理地用于此类金融工具的评估。

四、评估参数选择

根据合约条款，合约项下各项权利执行的对象为 75 000 000 美元（750 000 000/10），为计算简单起见，我们在此次评估案例中将其视为 75 000 000 份1 美元的合约来进行计算，附表 1－31 为 Black－Scholes 期权定价模型中所使用的参数在以上所列的各期权中参数的确定。

附表 1－31

参　　数	对应信息	
	看跌期权 A	看跌期权 B 及现金或无价值看跌期权参数
评估日汇率	评估基准日美元/港币汇率	
行权汇率 A	10	6
期权期限	每一个支付日至评估基准日的期间（年）	
无风险回报率——港币	对应支付日期间港币政府债券利率	
汇率波动率	可以从彭博或其他金融信息的提供商查询获得在市场上活跃交易的金融产品价格隐含的市场对该汇率的波动风险预期	
无风险回报率——美元	对应支付日期间港币政府债券利率	

附件 2　国内外股权流动性价值影响实证分析

企业价值评估通常是针对被评估企业股权进行的，一般多采用收益途径的方法（收益现值法）和市场途径的方法（市场比较法）。目前，在中国评估界，采用上述两种方法一般需要利用证券市场上股票的交易价格确定收益法中的折现率和市场法中的价值比率。折现率和价值比率是收益法和市场法中非常重要的参数。但是由于被评估企业通常都是非上市公司，或者被评估的股权是不可以在股市上流通的非流通股，然而在评估估算时通常又需要借用股权可以流通的上市的相关数据估算折现率和价值比率，这样就导致实际应用到被评估企业上的折现率和价值比率等均是代表股权可流通的上市公司特性的参数，不能直接反映“非流通”的被评估企业的价值，因此必须要对股权的“流动性”对其价值的影响进行分析修正和折扣。

（一）股权流动性对价值影响的分析

流动性定义为：资产、股权、所有者权益以及股票等以最小的成本，通过转让或者销售方式转换为现金的能力。

缺乏流动性折扣定义为：在资产或权益价值基础上扣除一定数量或一定比例，以体现该资产或权益缺乏流动性。

流动性实际上是资产、股权、所有者权益以及股票在转换为现金时其价值不发生损失的能力，缺乏流动性就是资产、股权等在转换为现金时其价值发生一定损失。国际评估界在谈论缺乏流动性时一般包含两个层面的含义：（1）对于控股股权，一般认为其缺乏流动性折扣实际上主要表现在股权“缺少变现性”（Discount for Lack of Liquidity ，DLOL），即该股权在转换为现金的能力方面存在缺陷，也就是股权缺乏流动性折扣就是体现该股权在不减少其价值的前提下转换为现金的能力方面与具有流动性的股权相比其价值会出现的一个贬值；（2）对于少数股权，一般认为其缺乏流动性折扣实际主要表现在股权“缺少交易市场”（Discount for Lack of Marketability, DLOM），即由于这类股权没有一个系统的有效的交易市场机制使这些股权可以方便地交易，造成这类股权交易的活跃程度等方面受到制约，不能与股票市场上的股票交易一样具有系统的市场交易机制，因此这类股权的交易价值与股票市场上交易的股票相比存在一个交易价值的贬值。

股权缺少变现性和缺少交易市场两者之间实际上是存在差异的，但是，由于这两者共性是由于“流动性”方面的差异而对其价值存在一个折扣，因此通常又是相互混用的。

缺乏流动性会使企业股权价值减值，这一结论，在国外，已被许多这方面的研究证实。这些研究包括两类：一类是通过研究有流通限制的股票的交易价格与自由流通股票的交易价格之间的差异来确定缺乏流动性的减值折扣率；另一类是研究同一公司在未上市前的交易价格和上市的发行价格之间的差异确定缺乏流动性折扣率。

下面给出一些比较著名的美国研究及结论，见附表 2－1。

附表 2－1　　　　国外缺乏流动性折扣研究一览表

序号	研究报告	研究时期	平均折扣率（%）
1	SEC Overall Average	1966～1969 年	25.8
2	SEC Nonreporting OTC Companies	1966～1969 年	32.6
3	Gelman	1968～1970 年	33
4	Trout	1968～1972 年	33.5
5	Moroney	1969～1972 年	35.6
6	Maher	1969～1973 年	35.4
7	Standard Research Consultants	1978～1982 年	45
8	Willameette Management Assocs., Inc	1981～1984 年	31.2
9	Emory	1980～1981 年	60
10	Emory	1985～1986 年	43
11	Emory	1987～1989 年	45
12	Emory	1989～1990 年	45
13	Emory	1990～1992 年	42
14	Emory	1992～1993 年	45
15	Emory	1994～1995 年	45

在中国也有不少学者和评估行业专家对缺乏流动性折扣进行了研究，下面通过法人股交易价格和股权分置改革对价对股权价格的影响，总结缺乏流动性折扣的相关研究成果。

（二）采用法人股交易价格方式研究的缺乏流动性折扣

我们收集了1998～2005年发生的部分上市公司法人股转让案例。通过对比法人股转让价格和同一公司在法人股交易公告之日流通股的市场收盘价，发现交易价格与流通股市价比例如附表2－2所示。

附表2－2　　法人股交易价格研究表

序号	法人股交易年度	案例数量	法人股价格/流通股价格平均值（%）
1	1998年度	70	19.3
2	1999年度	74	24.27
3	2000年度	189	18.5
4	2001年度	1 100	23.6
5	2002年度	252	21.75
6	2003年度	259	26.54
7	2004年度	363	36.5
8	2005年度	107	36.2
9	合计/平均	2 414	25.83

在股权分置改革前，上市公司的法人股是不可以在股市自由流通的，因此法人股是缺乏流动性的。通过附表2－2可以得到法人股转让的价格与同公司的可流通股权（股票）的流通转让价格之间存在显著差异，因此上述研究可以证明股权流动性对其交易价格是存在显著影响的。

（三）采用股权分置改革对价方式研究缺乏流动性折扣

目前国内上市公司的股权分置改革已基本完成，股权分置改革的基本方式是持有上市公司非流通股（或称法人股）的股东通过支付给流通股股东股权对价“换取”流通股股东同意非流通股股东所持有的股权可以在一定时期之后解除流通限制，成为可流通股权。

通过上述介绍可以看出，股权分置改革的核心就是非流通股股东通过支付对价来换取自身的股权可以流通。因此，可以通过分析估算非流通股由不可流通到流通需要支付的对价成本来估算缺乏流动性的折扣率。

进一步分析国内股权分置改革的实质，还可以看到，上市公司非流通股为了获得自身股票的可流通，需要通过两个步骤来完成：①支付给流通股股东一定数额的对价，以取得自身股权在未来一个限制期限后可以流通；②非流通股股东股权支付一定的对价后获得的是在一个限制期限后开始流通，这个流动性需要在一定时期后才可以实施，因此从其流动性上分析，限制流通的全流动性之间仍然存在差异，因此两者之间还应该存在一个缺乏流动性的折扣问题。

为了估算现实可流通股权与现实完全不可流通股权两者在价值上的差异，我们可以按以下步骤进行估算，并进而估算整个缺乏流动性的折扣率：

（1）由存在一定期限限制的“流通股权”到完全不可流通股权之间的缺乏流动性折扣率 ξ1。通过对国内上市公司股权分置改革实质的分析可以了解到，股权分置改革就是非流通股股东支付给流通股股东对价以换取自身股权的限制性流通，因此可以认为以非流通股股东每股支付给流通股股东对价为基础计算的“每股送出率”指标就是从不可流通转为限制流通的一个价值差异：

$$每股送出率 = \frac{非流通股每股支付对价}{流通股股票交易收盘价}$$

上述指标就是缺乏流动性的折扣率 ξ1。

（2）由完全流通到存在一定期限限制流通股权之间的缺乏流动性折扣率 ξ2。完全流通股权与存在一定期限限制流通股权相比两者之间差异仅为一个可流通的时间限制，如果限制流通股股东在持有限制流通股股权的同时还拥有一个与限制期限长度相同的股票卖出期权（Put Option），并且限制期期满后执行价格 X 与现实股票转让价格一致，则可以认为上述持有限制流通股股权加一个期权的效果与持有现实完全流通的股权的效果是相当的。也就是说，限制流通股实际上相当于股东放弃了一个卖出期权，因此该卖出期权价值代表限制流通股价值与完全流通股价值之间的差异。

通过上述分析，可以通过估算一个时间长度与限制股权限制期相同，并且期满后执行价格与现实股价相同的卖出期权的价值来估算由现实完全流通到存在一定期限限制流通股权之间的价值差异，以估算缺乏流动性折扣率 ξ2。

采用 Black - Scholes 期权定价模型计算上述卖出期权 P：

$$P = X \times e^{-rT} \times N(-d_2) - S \times e^{-\gamma T} \times N(-d_1)$$

其中：X 为期权执行价；S 为现实股权价格；r 为连续复利计算的无风险收益率（采用周复利收益率）；T 为期权限制时间（采用按周计算）；γ 为连续复利计算的股息率（采用周复利收益率）；N（ ）为标准正态密度函数；d1、d2 为 Black - Scholes 期权定价模型的两个参数。

其中：$d1 = \frac{\ln\left(\frac{S}{X}\right) + \left(r - \gamma + \frac{\sigma^2}{2}\right)}{\sigma\sqrt{T}}$，$d2 = d1 - \sigma\sqrt{T}$

上式中：X 为期权执行价；S 为现实股权价格；r 为连续复利计算的无风险收益率（本次计算采用周复利收益率）；γ 为连续复利计算的股息率（采用周复利收益率）；T 为期权限制时间（本次评估采用按周计算）；σ 为股票波动率。

（3）由完全流通到不可流通的缺乏流动性折扣率 ξ3。由一定期限的限制流通股权到不可流通股权之间的缺乏流动性折扣率为 ξ1，由完全流通到一定期限限制流通股权之间的缺乏流动性折扣率为 ξ2，因此由完全流通到不可流通的折扣率 ξ3 为：

$\xi3 = 1 - (1 - \xi1) \times (1 - \xi2)$

附表 2-3 给出了采用股权分置改革方式估算的缺乏流动性折扣率。

附表 2-3

序号	样本点分类行业	样本数量	缺少流动性折扣率 ξ1 平均值（%）	缺少流动折扣率 ξ2 平均值（%）	缺少流动折扣率 ξ3 平均值（%）
1	采掘业	18	14.00	14.19	26.39
2	传播与文化产业	7	16.89	14.07	28.62
3	电力、煤气及水的生产和供应业	52	14.84	14.01	26.79
4	房地产业	46	17.89	15.15	30.22
5	建筑业	23	16.30	14.65	28.61
6	交通运输、仓储业	50	13.58	14.04	25.78
7	金融、保险业	11	10.65	16.62	25.56
8	农、林、牧、渔业	24	15.27	15.53	28.47
9	批发和零售贸易业	63	18.28	13.32	29.16
10	社会服务业	30	14.94	14.49	27.29
11	信息技术业	60	17.47	13.37	28.41

续表

序号	样本点分类行业	样本数量	缺少流动性折扣率ξ1平均值（%）	缺少流动折扣率ξ2平均值（%）	缺少流动折扣率ξ3平均值（%）
12	制造业——电子	39	16.71	14.54	28.78
13	制造业——纺织、服装、皮毛	45	16.38	16.10	29.77
14	制造业——机械、设备、仪表	163	17.52	5.05	13.77
15	制造业——金属、非金属	92	16.35	14.84	28.78
16	制造业——木材、家具	3	15.63	11.66	25.46
17	制造业——其他制造业	13	18.01	12.40	28.10
18	制造业——石油、化学、塑胶、塑料	116	19.68	14.98	31.65
19	制造业——食品、饮料	46	15.05	14.53	27.41
20	制造业——医药、生物制品	65	16.60	13.46	27.83
21	制造业——造纸、印刷	19	21.93	14.15	32.92
22	综合类	51	18.42	13.51	29.46
23	全部整体	1 036	16.94	14.42	28.92

（四）新股发行定价研究方式

所谓新股发行定价研究方式就是研究国内上市公司新股IPO的发行定价与该股票正式上市后的交易价格之间的差异来研究缺乏流动性折扣的方式。国内上市公司在进行IPO时都是采用一种所谓的询价的方式为新股发行定价，新股一般在发行期结束后便可以上市交易。新股发行的价格一般都要低于新股上市交易的价格。可以认为新股发行价不是一个股票市场的交易价，这是因为此时该股票尚不能上市交易，也没有“市场交易机制”，因此尚不能成为市场交易价，但是一种公允的交易价。当新股上市后这种有效的交易市场机制就形成了，所以可以认为在这两种情况下价值的差异就是由于没有形成有效市场交易机制的因素造成的。因此，我可以通过研究新股发行价与上市后的交易价之间的差异来定量研究缺乏流动性折扣率。

通过收集从2000年到2009年800多个新股的发行价，分别研究其与上市后第一个交易日收盘价、上市后30个交易日均价、60个交易日均价以及

90 个交易日均价之间的关系，得出结论如附表 2－4 和附表 2－5 所示。

附表 2－4　新股发行价方式估算缺少流通折扣率计算表（按行业）

序号	行业名称	样本点数量	发行价平均值	第一天交易价	30 日交易均价	60 日交易均价	90 日交易均价	缺少流通折扣率（%）				
								第一天交易价计算	30 日交易均价计算	60 日交易均价计算	90 日交易均价计算	平均值
1	采掘业	28	9.92	20.63	21.17	21.01	20.52	44.60	44.60	44.20	43.61	44.25
2	传播与文化产业	6	11.20	30.24	29.17	28.98	28.14	65.30	64.75	64.59	63.44	64.52
3	电力、煤气及水的生产和供应业	27	6.31	12.69	12.74	12.65	12.65	47.81	47.64	46.84	46.31	47.15
4	电子业	50	10.40	24.56	23.26	23.19	22.90	52.97	51.87	51.84	51.54	52.05
5	房地产业	22	9.62	20.53	20.71	21.03	20.96	50.79	51.51	52.12	50.42	51.21
6	纺织、服装、皮毛业	39	9.28	16.59	16.16	16.03	16.03	39.51	38.64	38.41	38.71	38.82
7	机械、设备、仪表业	137	12.27	25.97	25.47	25.21	24.98	48.48	47.27	46.89	46.39	47.26
8	建筑业	23	8.57	14.33	14.67	14.75	14.69	39.50	40.15	40.28	39.50	39.86
9	交通运输、仓储业	38	7.08	13.20	13.36	13.53	13.93	42.45	44.22	45.59	46.84	44.78
10	金融、保险业	19	12.90	19.89	20.29	20.30	20.21	32.58	34.53	35.28	35.42	34.45
11	金属、非金属业	78	8.75	18.10	18.04	18.08	17.94	45.21	44.79	45.24	45.32	45.14
12	木材、家具业	5	9.00	14.53	13.70	13.06	12.57	28.20	25.25	21.48	17.47	23.10
13	农、林、牧、渔业	25	11.33	24.31	24.30	24.37	24.20	50.52	49.56	48.76	47.80	49.16
14	批发和零售贸易业	25	7.20	21.62	22.20	22.32	22.24	55.11	55.38	55.38	55.20	55.27
15	其他制造业	17	11.50	24.12	23.68	24.02	24.53	48.10	47.02	47.64	48.31	47.77
16	社会服务业	24	11.56	25.81	25.85	26.74	26.74	53.10	52.74	53.38	52.99	53.05
17	石油、化学、塑胶、塑料业	86	9.77	20.45	19.83	19.79	19.68	49.21	47.73	47.45	46.75	47.78
18	食品、饮料业	28	13.68	26.28	26.02	25.58	25.34	49.44	48.88	48.17	47.78	48.57
19	信息技术业	70	16.69	34.78	34.46	34.18	33.70	48.39	48.13	47.79	47.04	47.84
20	医药、生物制品业	55	14.20	28.16	27.38	27.29	26.94	49.47	48.03	47.82	47.15	48.12
21	造纸、印刷业	24	11.30	20.36	19.86	19.66	19.44	43.15	41.17	40.29	39.52	41.03
22	综合类	3	8.35	15.72	15.92	15.88	15.93	47.39	47.64	47.56	48.03	47.65
23	合计/平均值	829	10.49	21.49	21.28	21.26	21.10	47.43	46.82	46.71	46.31	46.82

附表 2－5　新股发行价方式估算缺少流通折扣率计算表（按上市年份）

序号	年份	样本点数量	发行价平均值	第一天交易价	30日交易均价	60日交易均价	90日交易均价	缺少流通折扣率（%）				
								第一天交易价计算	30日交易均价计算	60日交易均价计算	90日交易均价计算	平均值
1	2000年	140	8.45	20.66	20.88	21.02	21.16	56.22	56.70	57.09	57.45	56.87
2	2001年	64	9.40	21.01	20.93	20.90	20.77	51.61	51.71	51.82	51.73	51.72
3	2002年	68	7.19	15.37	15.46	15.33	15.17	51.46	52.21	51.88	51.57	51.78
4	2003年	67	7.48	12.18	12.09	12.14	12.16	38.07	37.71	37.79	37.94	37.87
5	2004年	97	8.52	14.01	13.39	13.04	12.77	36.09	34.17	32.47	30.95	33.42
6	2005年	14	6.87	9.96	10.00	9.94	9.90	29.00	29.23	29.17	28.94	29.08
7	2006年	76	8.33	15.79	15.88	16.35	17.03	41.70	42.56	44.92	47.38	44.14
8	2007年	118	11.59	33.71	33.28	33.20	32.59	62.46	62.40	62.71	62.04	62.40
9	2008年	74	12.03	23.65	21.20	20.20	19.01	45.84	39.37	36.66	32.62	38.62
10	2009年	111	23.48	39.18	39.21	39.38	39.34	38.37	38.36	38.49	38.26	38.37
11	合计/平均值	829	10.33	20.55	20.23	20.15	19.99	47.43	46.82	46.71	46.31	46.82

因此可以看出采用上述方式研究得出的总体缺乏流动性折扣率平均值为46.82%。

按行业分析折扣率，折扣率最高的行业为传播与文化产业，折扣率为64.52%，最低的行业为木材、家具行业，折扣率为23.1%。

按年度分析折扣率，折扣率最高的年份为2007年，折扣率为62.4%，折扣率最低的年份为2005年，折扣率为29.08%。

（五）影响缺乏流动性折扣率大小的因素分析

可以证明缺乏流动性对股票价值是有减值折扣的，或者说存在缺乏流动性折扣。但为什么会存在缺乏流动性折扣呢？这一折扣的大小受哪些因素影响呢？

一般认为缺乏流动性的股权与流通股之间的折扣主要由下列因素造成：

（1）承担的风险不同。流通股的流动性很强，一旦发生风险事项后，流通股持有者可以迅速出售所持有股票，减少或避免风险。缺乏流动性的股权持有者在遇到同样情况后，则不能迅速作出上述反应而可能遭受损失。因此由于两种投资者承担的风险不同，价值亦存在差异。

（2）交易的活跃程度和市场参与者数量。流通股交易活跃，参与买、卖的人员较多，因此一般价格较高。缺乏流动性的股权缺乏必要的参与交易人员，因而与流通股相比，交易缺乏活跃，价格较低。

通过进一步研究股权缺乏流动性的折扣，总体来说，与下列因素有关：

（1）销售收入和利润的质量。企业销售收入和利润的质量对缺乏流动性折扣率有直接影响。稳定的销售收入和利润，对于投资者来说承担的风险相对较小，因此缺乏流动性股权与可流通股权之间的投资风险相比差异相对较小，相应的折扣率也会相应减小。

（2）红利分配政策。企业的红利分配政策也会对缺乏流动性折扣有影响。如果公司处于快速增长期，经常会少分红利或不分红利，对于投资者来说由于无法得到现金回报，使得承担的风险加大，因此折扣率也会相应加大；另一方面，如果公司是处于成熟的行业，就会给投资者较高的红利分配，这就表明股东可以收到较多的现金进行再投资，这样股东承担的风险相对较小，因此，缺乏流动性折扣率也较小。

（3）股权规模。股权规模的大小也会对缺乏流动性折扣率的大小产生影响。对于小股东而言，一般认为股权规模越大参与交易的人员人数就会降低，交易价格会降低，因此折扣率就会越高。但股权规模发展到具有控股地位时，由于控股股东据有企业的经营控制权，因此股东应对风险和获取回报的途径与非控股股东相比发生了实质性改变，此时影响交易价格因素矛盾的主要方面发生改变，这时候由于投资者承担的风险发生了性质上的改变，因此此时缺乏流动性折扣会大幅降低。

（4）公司经营波动因素。公司经营情况波动越大，其风险对投资者来说就越高，这是因为其未来的分红、资本升值等风险加大，对其目前的投资就会有高风险。为此，公司经营情况变化越大，缺乏流动性折扣率就应该越大。

（5）公司的资本结构。经营良好的公司会有一个非常好的资产负债表，并有较低的资产负债结构。公司有比较低的资产负债率可以有能力应付财务风险。相反，高资产负债率公司更可能会在经济困难期遇到重大问题，通常必须要求有更好的效益投资机会。因此高资产负债率的公司应该有高折扣率，反之，低资产负债率的公司应该有较低的折扣率。

上述影响因素基本上是定性分析的因素，如果将其定量化则还需要进行大量的研究。

（六）缺乏流动性折扣率实际应用

对于一个特定企业，目前还没有一个十分完善有效的缺乏流动性折扣率的估算确定方法。但可以在上述行业缺乏流动性折扣率结论的基础上初步设计估算一个特定企业缺乏流动性折扣率的一套比较实际的估算方法。估算方法是通过选取可比公司的方式估算缺乏流动性折扣率。在实际评估实务中可以参考上述行业平均折扣率，通过以下方法分析确定适当的折扣率。

（1）根据被评估企业的主营业务确定企业所在行业。

（2）根据企业的资产规模、年经营业绩，在其所在的行业上市公司中选取与企业经营规模、资产大小相当的可比公司。

（3）计算可比公司的平均折扣率，并以此作为缺少折扣率的基准。

（4）通过分析委估企业与可比公司“销售收入和利润质量”、“红利分配政策”、“委估股权的规模”、“委估股权公司股票价格的风险因素”、“公司的资本结构”的差异分析确定修正系数：

①销售收入和利润质量。一般可以根据上市公司近3～5年年报、中报，采用调整后每股收益和每股净利润作为销售收入和利润质量的衡量指标，通过分析确定调整系数；

②红利分配政策。红利分配政策可以通过查阅样本点公司近3～5年红利分配的公告，通过分析样本点交易案例和委估股权公司的红利分配情况确定调整系数；

③委估股权规模。通过分析委估股权的规模与样本点交易案例所涉及的股权规模确定调整系数；

④委估股权公司股票价格的风险因素。股票价格风险因素可以采用近3～5年股票价格的波动均方差来衡量。

⑤公司的资本结构。资本结构可以采用资产负债率和股东权益与负债比率作为衡量指标。

（5）确定被评估企业股权的缺乏流动性折扣率。

缺乏流动性折扣率 $D = D_m \prod (1 + F_i)$

其中：D_m为基准折扣率；$\prod$为连乘符号；F_i（$I = 1, 2, \cdots 7$）为各项因素调整系数。

确定缺乏流动性折扣是企业价值评估过程中一个非常重要的参数，还需要继续在此方面积极研究，特别是定量方面的研究，使得折扣率的估算方法可以更科学、准确。

（七）大宗交易折扣估算

在市场经济社会中的商品交易活动中都存在一个规律，那就是购买的商品量大，商品的单价就会相对较低，也就是大宗交易的单价与一般交易的单价相比存在一个折扣，这个折扣就被称之为大宗交易折扣。很多实际经验数据表明，在股票交易中也存在所谓大宗交易折扣的问题，例如对于同样的股票在股票交易所交易的价格与在“大宗交易市场”上交易的价格就存在差异，这种差异就是由于股票交易所交易的股票量相对较小，一般多以几千股、几万股为单位进行交易，而大宗交易市场上交易的股票可能会是数千万股或上亿股，这个交易数量上的差异就会引起交易单价的差异。

企业股权一般存在流动性控股状态、流动性少数股权状态、非流动性控股状态和非流动性少数股权状态等四种状态，这四种状态价值可以用附图2－1表述。

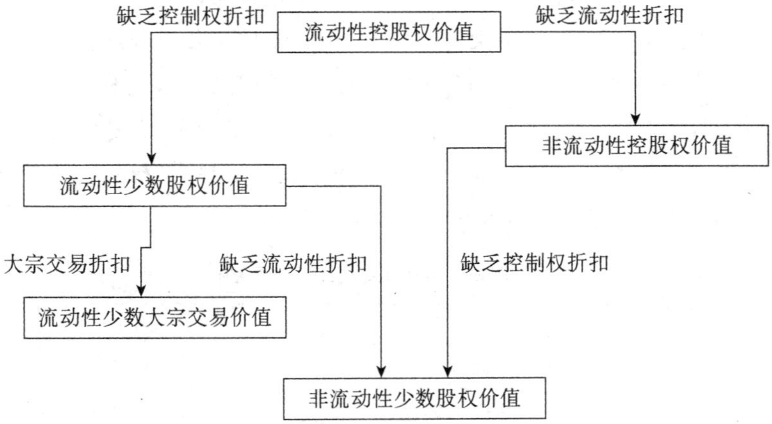

附图 2－1

大宗交易价值实际上是在流动性少数股权价值下面增加的一个新状态，一般而言，股权大宗交易都是针对流通股票的。

所谓股票大宗交易就是指企业股票交易时，由于一次性交易的数量规模较大，因此会造成有能力的市场参与人员减少，对交易股票的单位交易价格与规模较小的股票单位交易价格相比产生一个减值，用来表述这种减值的折扣就称为股票大宗交易折扣。

从理论上说这里定义的“大宗交易”中的股权规模越大，折扣率就应该越高；股票规模相对较小，则这个折扣就应该相对较小。但必须要明确两个标准：(1) 该宗交易的股票的数量仍然是缺乏控制权的或者说是代表少数股权的股票，没有达到控制状态数量的股票；(2) 股票的价值类型属于是市场价值类型，不包括对投票权产生作用的“摇摆股票”(Swing Stock)。所谓摇摆股票，以一个案例说明，假设一个公司有三个股东，其中两个股东各持有49%的股票，第三个股东持有2%的股票，当这2%的股票转让给上述两个股东的任一个，都会使得其拥有控制权，这2%的股权对于上述两个股东而言就是“摇摆股票”，也就是说当考虑上述2%的股票转让给上述两个49%股票持有者的股东的价值应该是投资价值，不是市场价值。当评估上述这种投资价值时一般不应考虑大宗交易折扣。

参照中国证监会关于股权分置改革解禁股必须上大宗交易市场交易的规定，在此定义大宗交易股票规模为交易股票超过该公司全部流通股的1%，并且绝对数量不低于100万股。

在上述定义下，收集了2010年9月30日前发生在国内大宗交易市场的交易案例1 400多个，以大宗交易成交单价除以大宗交易日同一公司流通股均价，得到交易均价占流通股均价的比例。为了剔除大宗交易数据中可能包含的控股股权的情况，剔除了所有大宗交易价高于交易日流通股均价的样本，最后得到合格样本点1 069个，按行业分类得到这1 069个样本点的大宗交易折扣数据表如附表2-6所示。

附表2-6　　大宗交易折扣率汇总表（按行业）

序号	行业名称	样本点数量	大宗成交均价	成交量（万股）	大宗成交量/全部流通股	交易日流通股均价（元）	成交价/当日流通均价	大宗交易折扣率（当日流通价计算）
1	采掘业	18	9.03	1 035.13	1.44%	9.84	93.56%	6.44%
2	传播与文化产业	1	19.95	1 000.00	9.62%	20.29	98.32%	1.68%
3	电力、煤气及水的生产和供应业	15	15.09	479.97	2.92%	16.37	92.39%	7.61%
4	电子业	61	8.58	498.14	2.92%	9.14	93.15%	6.85%
5	房地产业	73	9.23	544.69	1.70%	10.01	92.06%	7.94%

续表

序号	行业名称	样本点数量	大宗成交均价	成交量（万股）	大宗成交量/全部流通股	交易日流通股均价（元）	成交价/当日流通均价	大宗交易折扣率（当日流通价计算）
6	纺织、服装、皮毛业	41	8.27	509.24	2.24%	8.82	94.59%	5.41%
7	机械、设备、仪表业	169	10.77	523.5	2.55%	11.57	93.16%	6.84%
8	建筑业	15	7.09	553.38	2.31%	7.68	91.60%	8.40%
9	交通运输、仓储业	26	10.88	828.71	2.47%	11.62	92.74%	7.26%
10	金融、保险业	8	22.83	875.00	1.68%	24.20	94.03%	5.97%
11	金属、非金属业	63	11.94	498.34	2.33%	12.79	93.19%	6.81%
12	木材、家具业	7	8.41	369.10	1.90%	9.16	91.68%	8.32%
13	农、林、牧、渔业	20	17.11	338.46	2.75%	18.80	90.90%	9.10%
14	批发和零售贸易业	43	10.17	467.98	2.30%	10.94	93.40%	6.60%
15	其他制造业	54	10.90	588.74	3.22%	11.63	93.92%	6.08%
16	社会服务业	35	9.40	329.27	3.32%	10.12	93.03%	6.97%
17	石油、化学、塑胶、塑料业	151	11.85	394.39	2.38%	12.81	92.83%	7.17%
18	食品、饮料业	35	12.99	585.07	2.25%	13.99	93.09%	6.91%
19	信息技术业	107	13.77	464.19	2.20%	14.77	93.29%	6.71%
20	医药、生物制品业	57	10.88	444.76	2.62%	11.71	93.23%	6.77%
21	造纸、印刷业	22	8.73	479.88	1.85%	9.23	94.70%	5.30%
22	综合类	48	10.07	579.13	2.49%	10.62	94.24%	5.76%
23	合计/平均值	1 069	11.72	563.05	2.70%	12.55	93.32%	6.68%
24	合计/中位值	1 069	10.82	503.79	2.36%	11.60	93.18%	6.82%

原始数据来源：Wind 资讯。

由附表 2－6 可以得到中国证监会行业分类的各类大宗交易折扣，大宗折扣最大的为农、林、牧、渔业的 9.1%，最小为传播与文化产业的 1.68%，全部平均值为 6.68%，中位值为 6.82%。

进一步分析，可以发现大宗交易折扣与大宗交易额之间的关系，这个关系就是随着交易额的增加，大宗交易折扣成增加趋势。附表 2－7 是大宗交易折扣率与交易额的数据关系统计表，二者的关系图见附图 2－2。

附表 2－7　　　　大宗交易折扣率汇总表（按交易额）

序号	分组名称	样本点数量	大宗成交均价	交易日流通股均价（元）	成交价/当日流通均价	大宗交易折扣率
1	0～5 000 万元	722	9.91	10.66	93.14%	6.86%
2	5 000～10 000 万元	251	13.06	13.99	93.32%	6.68%
3	10 000～20 000 万元	80	14.86	15.97	92.93%	7.07%
4	20 000～30 000 万元	10	16.20	17.66	92.93%	7.07%
5	30 000 万元以上	6	11.80	12.84	91.60%	8.40%

原始数据来源：Wind 资讯。

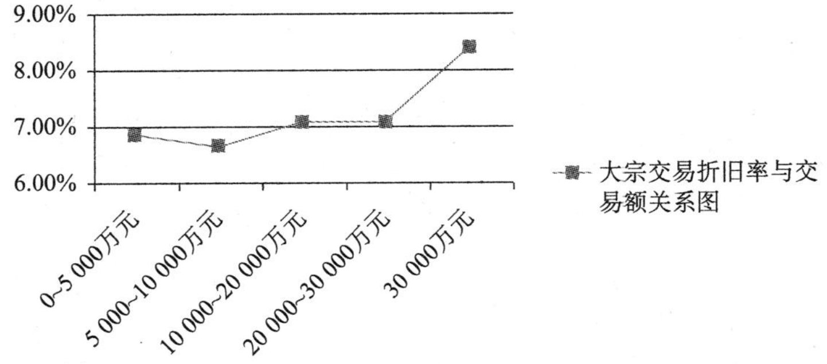

附图 2－2

另一方面，大宗交易折扣实质上也可以认为是一种缺乏流动性的折扣。目前仅能实际应用到大宗股票交易的情况下，对于一般非上市公司的股权转让，暂可以不考虑大宗交易折扣问题。

附件3　不同收益方式的无形资产提成率/分成率估算方法

（一）直接收益型无形资产提成率/分成率估算方法

由于直接收益型的无形资产的收益源于无形资产的直接或间接的销售，因此我们可以通过这个销售收入扣除相关成本、费用以及再扣减成本、费用投入所应该获得的机会成本后的余额作为无形资产的贡献。即软件贡献收益为：

软件收益 = 销售收入 -（直接销售成本 + 期间费用分摊）×（1 + 行业平均成本、费用回报率）+ 无形资产相关附带收益

这里的销售收入是指无形资产相关产品直接或间接销售所取得的收入；这里的直接销售成本是指形成无形资产销售中的直接销售成本；期间费用分摊是指被评估无形资产产品销售收入应该分摊的企业全部期间费用；行业平均成本、费用回报率可以取对比上市公司的平均成本、费用回报率；无形资产相关附带收益是指由于无形资产的存在而给企业产生的额外附带收益，如著作权软件相关增值税返还，被评估无形资产是计算机软件，企业由于拥有该计算机软件则可以被认定为软件企业，从而享受国家对软件企业的“增值税返还”优惠政策，使得软件企业实际增值税税负不超过3%，企业超额部分给予返还。

由于软件销售成本主要是材料费、人工费，期间费用则包括销售费用和管理费用等，因此上述人工费和期间费等需要在被评估著作权软件业务和其他业务之间进行分摊。

通过直接收益型无形资产收益的估算，我们可以以其收益除以销售收入

获得被评估无形资产的销售收入提成率。

（二）间接收益型无形资产许可费率（提成率/分成率）估算方法

间接收益型性无形资产许可费率（提成率/分成率）的估算一般有以下几种常用的方法：

1. “三分法”

所谓“三分法”通常是针对无形资产中的技术类无形资产而言的，该方法的核心是认为企业产品的生产、销售主要是由资金、人力和技术三因素共同的贡献，并且进一步假定上述资金、人员和技术在产品生产过程中的贡献是相同的，因此技术对企业收益的贡献应该占全部收益的三分之一，既33%，也就是所谓的“三分法”，33%是分成率，即技术对收益的贡献是33%。“三分法”实际上是利润分成法，但是我们通常估算无形资产的预期收益都是采用现金流口径的收益，因此需要将利润分成折算为现金流分成或提成，具体折算方式为：

设：被评估技术拟实施企业净利润与 EBITDA 的比率为 γ，被评估技术拟实施企业销售净利润率为 δ，则现金流口径的分成率和提成率分别为：

税前现金流分成率 $\xi = \frac{\lambda}{\gamma}$

税前提成率 $\theta = \frac{\lambda \times \delta}{\gamma}$

2. “四分法”

在“三分法”后，评估界又出现了所谓的“四分法”。“四分法”认为企业产品的生产、销售应该是资金、人员、技术和管理的共同贡献。与“三分法”相比增加了“管理”一项。与“三分法”的假设相同，“四分法”仍然假设上述四项因素对企业现金流的贡献是相同的，即技术的贡献率（分成率）应该是四分之一，即25%。将“四分法”估算的利润口径预期收益折算为现金流口径的方式与“三分法”方式一样。

3. 交易案例法

所谓交易案例法就是从市场上寻找相同或相似无形资产成交交易案例的提成率/分成率数据，并根据成交案例的提成率/分成率分析确定被评估无形资产所应该具有的提成率/分成率。

“三分法”和“四分法”实际上是经验数据，是对各行业无形资产贡献率进行“平均”的一种结果，这种结果对于传统行业的企业存在某种合理性，但对于新经济时代的现代企业多不适用。我们知道现代企业无形资产的发展，特别是高新技术企业中无形资产的发展，使得无形资产在经济发展中所处的地位得到明显的提高，在一些技术密集型企业，无形资产的贡献比率越来越高。因此采用传统的无形资产贡献率来衡量现代高新技术行业的技术无形资产的贡献率，显然是不恰当的。

交易案例法应该说在理论上是十分合理地估算无形资产提成率/分成率的一种方法，但该方法具有十分明显的局限性。在评估实务中由于各种原因，很难找到与被评估无形资产相同或相似的符合条件的无形资产交易案例。出于商业利益方面的考虑，许多公司不愿意将无形资产成交的有关数据公开，因此造成评估师难于找到符合条件的无形资产交易案例，使得交易案例法也无法有效地在评估实务中得到应用。

4. 可比公司法

估算无形资产许可费率的第三种方式是可比公司方式。根据目前国际上无形资产评估的有关理论，结合目前我国国内的客观实际，我们研究探索了一种无形资产提成率/分成率的估算模式，该评估模式的主要思路是首先选取“可比公司”，所谓可比公司就是选择上市公司，该等上市公司具有与被评估无形资产相同、相似或相近特性的无形资产，然后通过分析“可比公司”的资产结构和收益流，确定“可比公司”中与被评估无形资产相似的无形资产的提成率/分成率，利用可比公司中相似无形资产与被评估无形资产具有的相似可比性，分析确定被评估无形资产的提成率/分成率。

（1）该估算模式主要包括如下步骤：

第一步：选取可比公司。

所谓可比公司就是在上市公司中选取若干个上市公司，该等上市公司具有与委估无形资产相同或相似的无形资产，如果评估专利、专有技术，则可以选择具有与上述被评估专利、专有技术相同或相似的专利、专有技术的上市公司作为可比公司；如果评估商标，则可以选择具有与被评估商标类似商标的上市公司作为可比公司等。

我们选择上市公司作为可比公司，其目的就是通过对可比公司所采用的无形资产对其经营收益的贡献进行分析并得出提成率/分成率的分析结论，由于可比公司的生产经营所采用的无形资产与被评估无形资产具有某种“相似性”，因此我们可以将可比公司的无形资产提成率/分成率，采用适当方式应用到我们要评估的无形资产中。

由于上市公司有关财务资料公开，便于查阅，更重要的是上市公司股权的公允价值可以直接估算，这样就可以比较方便地估算企业整体资产的价值以及资产结构等评估中需要的重要数据。

第二步：计算可比公司中无形资产占全部资产的比例。

对于一般公司，其资产可以分为流动资产（营运资金）、固定资产、长期投资和无形资产四大类。

上市公司的整体资产价值，可以根据资产、负债平衡原则通过如下方式估算：

全部资产公允价值 = 股权公允价值 + 付息债权公允价值

其中，股权价值可以通过股票交易市价测算：

股权公允价值 = 全部股数 × 评估基准日收盘价

对于采用流通股收盘价计算的股权公允价值还需要考虑缺乏流动性折扣问题，也就是说：

股权公允价值 = 全部股数 × 评估基准日收盘价 × （1 - 缺乏流动性折扣率）

对于债权的公允价值我们可以采用以下方式估算：

债权的公允价值 = 短期借款公允价值 + 应付债券公允价值 + 其他应付款公允价值 + 一年内到期的长期负债公允价值 + 全部长期负债公允价值等

需要说明的是，我们这里的负债应该理解为是付息负债，不包括应付账款等由企业正常经营活动中产生的一些往来账款。

通过股权和债权的公允价值，我们可以得到上市公司全部资产的价值，即：

全部资产公允价值 = 股权公允价值 + 债权公允价值

进一步分析，我们可以将全部资产分解为：

全部资产 = 营运资金 + 固定资产 + 长期投资 + 无形资产

在上式中：

营运资金 = 流动资产除去付息负债外的其他流动负债

企业的全部资产包括营运资金、固定资产、长期投资和无形资产。我们可以以下式表达：

全部资产 = 流动资金 + 固定资产 + 长期投资 + 无形资产公允价值

全部资产 = 股权公允价值 + 债权公允价值

即：无形资产 = 全部资产 − 营运资金 − 固定资产 − 长期投资

上述采用割差方式估算的无形资产应该是可比公司无形资产的组合，不是某项单一的无形资产，这点非常重要，也就是说我们得出的无形资产的公允价值实际上是可比公司无形资产组合的公允价值，无形资产占全部资产中的比率也是无形资产组合占全部资产的比例，即：

$$K = \frac{\text{对比公司无形资产组合价值}}{\text{对比公司全部资产价值}} \quad (A)$$

第三步：估算可比公司全部无形资产组合中与被评估无形资产类似的单项无形资产或单类无形资产在全部资产中的比例。

我们知道在下列公式中：

全部资产 = 营运资金 + 固定资产 + 长期投资 + 无形资产

定义的无形资产从理论上说，应该是包括可比公司的全部无形资产，或者称之为可比公司无形资产的组合。它应该包括技术、商标等多种可确指的和不可确指的无形资产的组合。因此，我们如果需要评估的无形资产是技术或商标等其中的一种或一类无形资产，则需要将可比公司中与被评估无形资产相似的单项或单类无形资产从整个无形资产组合中分离出来。

分离单项或单类无形资产的方法可以采用分析判断的方法。将企业可以确指的无形资产逐一列出，再分析判定企业是否具有不可确指的无形资产。

通过分析可确指无形资产和不可确指无形资产对企业主营业务的贡献，分析判断与被评估无形资产相似的无形资产应该占全部无形资产组合的比率。

分析判断可比公司中与被评估无形资产类似无形资产占全部无形资产组合比率过程中可以考虑以下几点惯例：

对于从事传统行业的公司，技术等无形资产所占比例应该相对较低；反之，对于高新技术行业，技术等无形资产所占比例应该较高。

对于家用电器类行业，从目前国内的情况看，其技术与商标（或品牌）相比，则应该商标在产品的销售环节中的贡献相对较大，也就是需要给商标较高比例。

根据分析判断得出可比公司中与被评估无形资产类似的无形资产在全部无形资产组合的比例 L 为：

$$L = \frac{\text{与被评估无形资产类似无形资产价值}}{\text{对比公司无形资产组合价值}} \quad (B)$$

根据上述分析，我们可以得到在可比公司的资产结构中，可比公司所拥有的与被评估无形资产类似的无形资产在其整体资产中所占的比例 M 为：

$$M=\frac{\text{与被评估无形资产类似无形资产价值}}{\text{对比公司全部资产价值}}$$

$$=\frac{\text{对比公司无形资产组合价值}}{\text{对比公司全部资产价值}}\times\frac{\text{与被评估无形资产类似无形资产价值}}{\text{对比公司无形资产组合价值}}$$

$$=K\times L$$

第四步：计算可比公司经营收益流。

根据可比公司的销售收入、成本和费用等情况估算可比公司的经营收益流。

经营收益流 = 销售收入 - 销售成本 - 销售费用 - 管理费用 - 财务费用 + 折旧/摊销

这里还可以根据需要估算可比公司其他形式的收益流。

第五步：估算可比公司中与被评估无形资产类似无形资产对收益流的贡献。

我们可以认为企业的全部经营收益流是由企业全部资产创造的，各类资产对收益流的贡献与各类资产占全部资产的比例相当。因此，无形资产对企业收益流的贡献率与无形资产公允价值占全部资产公允价值的比率一致，则可比公司与被评估无形资产类似无形资产对收益流的贡献 P 为：

$$P=\text{可比公司经营收益流}\times\frac{\text{与被评估无形资产类似无形资产价值}}{\text{对比公司全部资产价值}}$$

$$=\text{可比公司经营收益流}\times\frac{\text{对比公司无形资产组合价值}}{\text{对比公司全部资产价值}}$$

$$\times\frac{\text{与被评估无形资产类似无形资产价值}}{\text{对比公司无形资产组合价值}}$$

$$=\text{可比公司经营收益流}\times K\times L \quad (C)$$

第六步：估算可比公司中与被评估无形资产类似无形资产的分成率/提成率。

可比公司中与被评估无形资产类似无形资产的分成率 ξ 为：

$$\xi=\frac{\text{对比公司中与被评估无形资产类似无形资产对收益流的贡献（P）}}{\text{对比公司全部经营收益流}}$$

可比公司与被评估无形资产类似无形资产提成率 δ 为：

$$\delta=\frac{\text{对比公司中与被评估无形资产类似无形资产对收益流的贡献（P）}}{\text{对比公司销售收入}}$$

第七步：委托评估无形资产分成率/提成率的确定。

根据上述第一步至第六步，我们可以分别计算每个可比公司的分成率/提成率。同时，我们还可以计算评估基准日前3～5年每个可比公司每年的分成率和提成率，并且可以将各可比公司每年的分成率/提成率进行（加权）平均，得到可比公司前3～5年的平均分成率/提成率，以此作为估算被评估无形资产分成率/提成率的基础。

根据上述第一步至第六步，我们估算的实际上是可比公司中与被评估无形资产类似无形资产的分成率/提成率，但可比公司与被评估无形资产类似无形资产并不是被评估无形资产，它们可能在无形资产的剩余寿命期、获利能力等方面都存在差异，因此表现在分成率/提成率上也应该是存在差异的。因此，需要对被评估无形资产与可比公司中类似无形资产由于寿命期以及获利能力等方面的差异对分成率/提成率的影响进行差异调整。

我们利用可比公司的销售毛利率与被评估无形资产产品销售毛利率的差异作为基础，进行分成率/提成率的差异调整。选择销售毛利率作为调整基础，是由于销售毛利率是反映无形资产产品获利能力的一个比较恰当的指标，我们进行调整的方式如下：

$$\text{被评估无形资产许可费率}=\text{对比公司无形资产许可费率}\times\frac{\text{目标无形资产产品毛利率}}{\text{对比公司无形资产产品毛利率}}$$

（2）采用上述方法估算分成率/提成率应该注意的问题。

采用上述方法估算无形资产分成率/提成率应该注意以下几点：

我们在选择可比公司时，需要关注可比公司中与被评估无形资产类似的无形资产是在可比公司的母公司中实施，还是在母公司的下属长期投资中实施。如果在母公司中实施，则一般选择可比公司母公司报表为基础进行分成率/提成率估算；如果与被评估无形资产类似的无形资产是在可比公司的一个或几个长期投资的子公司中实施，则原则上应该选择合并口径的报表为基础进行估算。

我们上述估算分成率/提成率主要针对被评估资产是属于间接受益性无形资产而言的。所谓间接受益性无形资产是指无形资产为其所有者提供利益的途径是其拥有者利用无形资产生产制造产品或提供服务，通过产品和服务的经营收益来受益，如技术、商标等无形资产都是间接受益性无形资产。与间接受益性无形资产相对应的是直接受益性无形资产，直接受益性无形资产的受益方式是直接销售无形资产取得收益，如图书、音像制品著作权（版权），其受益方式就是直接销售版权图书、音像制品等取得收益。直接受益性无形资产资产的贡献率可以采用售价扣除成本和机会成本的方式估算。

采用可比公司方式估算无形资产的许可费率具有以下优点：①可比公司直接来自国内市场，因此可以直接反映国内市场情况；②可以根据选择不同行业的可比公司，合理反映不同行业无形资产的特点；③不但适合传统行业无形资产评估，也适合高新行业的无形资产评估。但是该方法也存在如下缺陷：①不是市场上无形资产成交的直接许可费率数据，是一个通过推导计算得到的间接数据；②国内上市公司数量有限，可比公司的选择空间有限，可能会影响评估结论的可靠性；③可比公司总资产的市场价值容易受到股票市场干扰因素的影响；④估算过程中存在近似处理，过程有瑕疵。因此在使用过程中最好能采用其他方式对可比公司方式估算的结论进行必要的验证，如可以利用国外交易案例数据等。

（3）相关表格。为了估算无形资产分成率/提成率，我们可以设计一套表格，下面就是我们设计的相关表格形式，见附表3－1至附表3－5。

附表3－1　　可比公司资产比例计算表

序号	对比对象	股票代码	营运资金比重（%）					有形非流动资产比重（%）					无形非流动资产比重（%）				
			2003年	2004年	2005年	2006年	2007年	2003年	2004年	2005年	2006年	2007年	2003年	2004年	2005年	2006年	2007年
1																	
2																	
3																	
4																	
5																	
6	平均值																
7	5年平均																

附表 3－2　　可比公司无形资产提成率估算表

单位：万元

序号	可比公司名称	股票代码	年份	无形非流动资产在资本结构中所占比例	无形非流动资产中类似无形资产所占比例	类似无形资产在资本结构中所占比例	相应年份的业务税息折旧/摊销前利润 EBITDA	无形资产对主营业务现金流的贡献	相应年份的主营业务收入	无形资产提成率
A	B	C	D	E	F	G = E × F	H	I = G × H	J	K = I/J
1			2003－12－31							
			2004－12－31							
			2005－12－31							
			2006－12－31							
			2007－12－31							
2			2003－12－31							
			2004－12－31							
			2005－12－31							
			2006－12－31							
			2007－12－31							
……										
5			2003－12－31							
			2004－12－31							
			2005－12－31							
			2006－12－31							
			2007－12－31							

附表 3－3　　可比公司、被评估无形资产产品销售毛利分析表

单位：万元

项目	可比公司名称		2003 年	2004 年	2005 年	2006 年	2007 年	5 年平均值
销售收入	公司 1							
	…							
	公司 5							
	被评估无形资产	产品一						
		…						
		产品五						

续表

<table>
<tr><th>项目</th><th colspan="2">可比公司名称</th><th>2003 年</th><th>2004 年</th><th>2005 年</th><th>2006 年</th><th>2007 年</th><th>5 年平均值</th></tr>
<tr><td rowspan="6">销售成本</td><td colspan="2">公司 1</td><td></td><td></td><td></td><td></td><td></td><td></td></tr>
<tr><td colspan="2">…</td><td></td><td></td><td></td><td></td><td></td><td></td></tr>
<tr><td colspan="2">公司 5</td><td></td><td></td><td></td><td></td><td></td><td></td></tr>
<tr><td rowspan="3">被评估无形资产</td><td>产品一</td><td></td><td></td><td></td><td></td><td></td><td></td></tr>
<tr><td>…</td><td></td><td></td><td></td><td></td><td></td><td></td></tr>
<tr><td>产品五</td><td></td><td></td><td></td><td></td><td></td><td></td></tr>
<tr><td rowspan="7">销售毛利率</td><td colspan="2">公司 1</td><td></td><td></td><td></td><td></td><td></td><td></td></tr>
<tr><td colspan="2">…</td><td></td><td></td><td></td><td></td><td></td><td></td></tr>
<tr><td colspan="2">公司 5</td><td></td><td></td><td></td><td></td><td></td><td></td></tr>
<tr><td colspan="2">平均值</td><td></td><td></td><td></td><td></td><td></td><td></td></tr>
<tr><td rowspan="3">被评估无形资产</td><td>产品一</td><td></td><td></td><td></td><td></td><td></td><td></td></tr>
<tr><td>…</td><td></td><td></td><td></td><td></td><td></td><td></td></tr>
<tr><td>产品五</td><td></td><td></td><td></td><td></td><td></td><td></td></tr>
</table>

附表 3-4　　可比公司前 5 年提成率与销售毛利率分析表

<table>
<tr><th rowspan="2">序号</th><th rowspan="2">可比公司</th><th rowspan="2">项目</th><th colspan="5">日期</th></tr>
<tr><th>2003-12-31</th><th>2004-12-31</th><th>2005-12-31</th><th>2006-12-31</th><th>2007-12-31</th></tr>
<tr><td rowspan="2">1</td><td rowspan="2"></td><td>提成率</td><td></td><td></td><td></td><td></td><td></td></tr>
<tr><td>销售毛利率</td><td></td><td></td><td></td><td></td><td></td></tr>
<tr><td rowspan="2">2</td><td rowspan="2"></td><td>提成率</td><td></td><td></td><td></td><td></td><td></td></tr>
<tr><td>销售毛利率</td><td></td><td></td><td></td><td></td><td></td></tr>
<tr><td rowspan="2">3</td><td rowspan="2"></td><td>提成率</td><td></td><td></td><td></td><td></td><td></td></tr>
<tr><td>销售毛利率</td><td></td><td></td><td></td><td></td><td></td></tr>
<tr><td rowspan="2">4</td><td rowspan="2"></td><td>提成率</td><td></td><td></td><td></td><td></td><td></td></tr>
<tr><td>销售毛利率</td><td></td><td></td><td></td><td></td><td></td></tr>
<tr><td rowspan="2">5</td><td rowspan="2"></td><td>提成率</td><td></td><td></td><td></td><td></td><td></td></tr>
<tr><td>销售毛利率</td><td></td><td></td><td></td><td></td><td></td></tr>
<tr><td rowspan="2">6</td><td rowspan="2">平均值</td><td>提成率</td><td></td><td></td><td></td><td></td><td></td></tr>
<tr><td>销售毛利率</td><td></td><td></td><td></td><td></td><td></td></tr>
</table>

附表 3－5　　　　　　　　被评估无形资产提成率计算表

序号	被评估无形资产名称	可比公司前5年平均销售利润率	被评估无形资产产品前5年平均销售利润率	销售利润率差异	被评估无形资产占全部资本比重平均值	可比公司类似无形资产提成率平均值	无形资产提成率
		A	B	C = A − B	D	E	F = E − C × D
1							
2							
3							
4							
5							

附件4　员工持股计划（ESOP）评估案例

一般而言，对于存在活跃市场的期权等权益工具，应当按照活跃市场中的报价确定其公允价值；对于不存在活跃市场的授予的权益工具，应当采用期权定价模型估算其公允价值。而员工持股计划的特点决定了并不存在一个活跃市场，无法取得市场报价，需要采用期权定价模型估算其公允价值。期权定价模型的选择需要考虑以下因素：①模型能够满足员工持股计划的特定条件；②模型能够满足企业会计准则对公允价值计量的要求；③模型是建立在成熟的金融理论基础上；④模型能够充分反映员工持股计划的各项实质性条款和限制条件。在评估实务中，员工持股计划的评估主要还是参考期权的评估方法，一般可以采用布莱克—斯科尔斯（Black-Scholes）期权定价模型或二项式（Binominal）模型。

（一）Black-Scholes期权定价模型介绍

在20世纪70年代，Fischer Black 和 Myron Scholes 推导出复杂的公式（Black－Scholes期权定价模型）用于计算股票的欧式看涨期权和看跌期权。由于Black－Scholes期权定价模型的推导过程涉及复杂的数学推理，超出本书的范围和目的，本书仅对Black－Scholes期权定价模型以及其实际运用做简单介绍。Black－Scholes股票期权定价模型在现代期权定价中被广泛应用，其公式表现形式如下：

$$c = S_0 N(d_1) - X e^{-rT} N(d_2),\quad p = X e^{-rT} N(-d_2) - S_0 N(-d_1)$$

$$d_1 = \frac{\ln(S_0/X) + (r + \sigma^2/2)T}{\sigma\sqrt{T}},\quad d_2 = d_1 - \sigma\sqrt{T}$$

其中，c为看涨期权的价格；p为看跌期权的价格；S_0为所交易金融工具现价；X 为期权行权价格；r 为无风险收益率；T 为期权有效期；σ 为金融工具价格波动率（年标准差）。

Black - Scholes 模型的基本假设：没有交易费用和税负；无风险利率是常数；市场连续运作；股价是连续的，即不存在股价跳空；股票不派发现金股息；期权为欧式期权；股票可以卖空且不受惩罚，而且卖空者得到交易中的全部利益；市场不存在无风险套利机会。

随着 Black - Scholes 模型的出现，Robert C. Merton 教授对该模型进行了进一步的扩展，推导出支付红利的股票的定价模型，该公式为：

$$c = S_0 e^{-dT} N(d_1) - X e^{-rT} N(d_2), p = X e^{-rT} N(-d_2) - S_0 e^{-dT} N(-d_1)$$

$$d_1 = \frac{\ln(S_0/X) + (r - d + \sigma^2/2)T}{\sigma\sqrt{T}}, d_2 = d_1 - \sigma\sqrt{T}$$

其中，d 为股票的红利率。

如上所述，Black - Scholes 模型中总共涉及 5 个参数，金融工具的初始价格、行权价格、无风险收益率、期权有效期和价格的波动率。其中金融工具初始价格是可以从市场上直接得到或通过评估得到；行权价格通过期权合同得到；无风险收益率可以通过彭博等财经网站得到；期权有效期和价格的波动率也可以通过计算或其他方法得到。

（二）Lattice 模型

Lattice 模型通常用于计算期权的公允价值。该模型假设将评估日与期权有效日之间的期限 T 分成 n 份（T/n）。那么对时点 t 来说，由于未来的不确定性，在时点 t + T/n 的结果就有无限种可能。Lattice 模型通过建立树形图将发生的概率分配给从 t 到 t + T/n 可能出现的结果，然后用倒推的方法来计算期权的价值。常见的 Lattice 模型为二叉树模型、三叉树模型等。这里我们将介绍最常用并且较简单的二叉树模型。

1. 二叉树（Binomial Tree）模型简介

在主要应用于欧式期权的 Black - Scholes 模型后，考克斯（Cox）、罗斯（Ross）、鲁宾斯坦（Rubinstein）和夏普（Sharpe）等人提出了一种二叉树模型，该模型可以用于计算欧式以及美式期权的价值。

二叉树模型假设股价波动只有向上和向下两个方向，且假设在整个考察期内，股价每次向上（或向下）波动的概率和幅度不变。模型将考察的存续期分为若干阶段，根据股价的历史波动率模拟出正股在整个存续期内所有可能的发展路径，并对每一路径上的每一节点计算权证行权收益和用贴现法计算出的权证价格。对于美式权证，由于可以提前行权，每一节点上权证的理论价格应为权证行权收益和贴现计算出的权证价格两者中较大者。

假设将 T 分为很多小的时间间隔 Δt，而在每一个 Δt，股票价格变化由 S 到 S_u或 S_d。如果价格上扬概率为 p，那么下跌的概率为 1 - p；同时可以假定市场为风险中性，即股票预期收益率 μ 等于无风险利率 r①。

$u = e^{\sigma\sqrt{\delta t}}$

$d = e^{-\sigma\sqrt{\delta t}}$

$p = \frac{a-d}{u-d}$

其中：$a = e^{r\delta t}$。

2. 二叉树模型的实际运用案例

我们将结合案例，分步描述对强制性赎回权的优先股（Mandatorily redeemable preferred shares）公允价值的评估，对二叉树模型进行进一步的描述。

（1）案例基本情况。

假设某工业公司 A 在 2008 年 9 月 1 日发行了 5 年期的强制性赎回权的优先股，该优先股面值为 1 000 万美元，并且包含两个强制赎回权，评估日为 2008 年 9 月 1 日：

赎回权 I：有效期限为 2012 年 9 月 1 日到 2013 年 2 月 28 日，投资者可以自行选择是否行权，根据面值按年复利率 8% 赎回；

赎回权 II：有效期为 2013 年 3 月 1 日至 2013 年 8 月 31 日，投资者可以自行选择是否行权，根据面值按年复利率 18% 赎回。

（2）案例分析步骤。

①确认所发优先股的性质。根据相关的会计准则，强制性赎回权的优先股应该根据其公允价值记入负债科目。因此，考虑用金融负债的有关评估方法，例如未来现金流量折现法。

②二叉树模型思路。根据利益最大化原则，如果持有该优先股获得的收

---

① 风险中性理论（又称风险中性定价方法 Risk Neutral Pricing Theory）表达了资本市场中这样一个结论：即在市场不存在任何套利可能性的条件下，如果衍生证券的价格依然依赖于可交易的基础证券，那么这个衍生证券的价格是与投资者的风险态度无关的。这个结论在数学上表现为衍生证券定价的微分方程中并不包含有受投资者风险态度影响的变量，尤其是期望收益率。

益比提前行使赎回权的收益更大，那么，投资者将会继续持有该优先股；如果持有该优先股获得的收益比提前行使赎回权的收益小，那么，投资者将会行权。

如果将发行日到到期日分成100个时点，那么在时刻t，应该将行权后的收益与继续持有的收益进行比较，从而决定投资者是否行权。如果行权，赎回收益应该为面值与相应利率（8%或18%）复利计算；如果继续持有，在t时刻的价值应该由下一时点t+5/100时刻的价值以及t折现率的时刻折现率确定。因此，可以考虑去建立一个折现率的二叉树。

③建立折现率（利率）二叉树。利率二叉树，主要是将利率期限结构引入到二叉树理论中，通过给定的条件和参数，通过倒推（Roll back）的方法推导二叉树各个时点的利率。

（3）具体计量过程

①确定对该优先股的评级。由于采用未来现金流量折现的方法来计算该优先股价值，因此，首先要确定该优先股的评级。通过前面所介绍到的评级模型，假定该公司的评级为BB。需要注意的是，该评级为公司普通金融负债的评级，而普通金融负债享有比优先股的优先清偿权。因此，假设该优先股的评级为B。

②建立利率二叉树。对于建立利率二叉树，正如前面提到的，需要采用倒推的方法。在评估日当天，美国工业行业B评级债券的收益率以及调整后的收益率如附表4－1所示。

附表4－1

到期期限（年数）	0.25	0.50	1	2	3	4	5
到期收益率（美国）	7.4574%	7.6739%	7.3659%	7.5259%	8.0368%	8.5095%	8.9252%
国家违约风险溢价	0.7000%	0.7000%	0.7000%	0.7000%	0.7000%	0.7000%	0.7000%
调整后收益率（中国）	8.1574%	8.3739%	8.0659%	8.2259%	8.7368%	9.2095%	9.6252%

其中，到期收益率来源于彭博网站美国工业行业B评级债券的收益曲线；国家违约风险溢价根据纽约大学商学院埃斯瓦斯·达莫达兰（Aswath Damodaran）教授2008年最新的国家违约风险溢价数据取得。

为了建立利率二叉树，还需要确定有关二叉树的两个变量：t和波动率σ。假设将该优先股5年的期限分为100个时点，那么t为0.05年；波动率最活跃的债券市场（例如本案例中的美国债券市场）中可比债券收益率的波动率作为参考，在本案例中，假设为10%。在得到上述参数后，就可以开始建立利率二叉树。我们将首先介绍两期利率二叉树，如附图4－1所示。

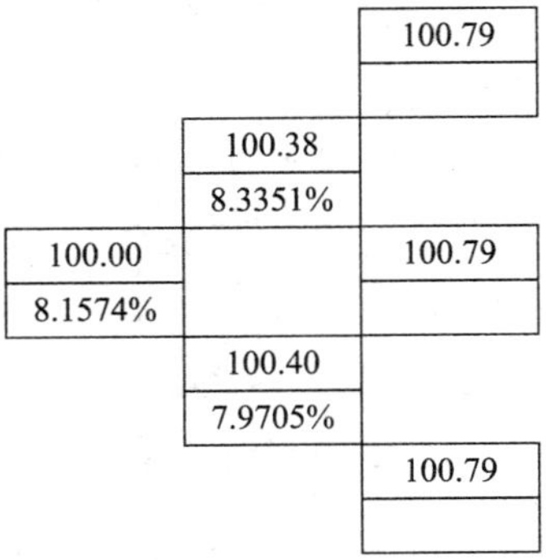

附图4－1　两期利率二叉树

两期利率二叉树，顾名思义，是推导 $t=0$（R_0）以及 $t=0.05$（R_u和R_d）时的利率。在 $t=0$ 时，根据上述调整后的收益率，可以得到 R_0 为8.1574%。而对于 $t=0.05$ 时的利率，则需要采用倒推的方法：

假设投入100元在评级为B零利率债券，根据调整的收益率，在期限 $t=0.1$ 的时候，收益率应为8.1574%（因为期限 $0<t<0.25$），所以不管在时刻 $t=0.05$ 时利率如何变化，在时刻 $t=0.1$ 时，本息收入均为100.79元［100×（1+8.1574%）0.1］。在时刻 $t=0.05$ 时，债券的价值由 $t=0.1$ 时刻的现金流决定，因此，如果利率上升，债券价值①为 $V_u=0.5\times100.79/(1+R_u)^{0.05}+0.5\times100.79/(1+R_u)^{0.05}$；利率下降时，债券价值为 $V_d=0.5\times100.79/(1+R_d)^{0.05}+0.5\times100.79/(1+R_d)^{0.05}$；在 $t=0$ 时，债券价值为100，同时 $V_0=0.5\times V_u/(1+8.1574\%)^{C.05}+0.5\times V_d/(1+8.1574\%)^{0.05}$。因此，只需要在Excel建立如上的公式关系，以及 $R_u=R_d e^{r\delta}\sqrt{t}$（波动率为10%），就可以得到唯一变量 R_d 的二叉树。通过Excel的变量求解（Goal seek）功能，为了保证 $t=0$ 时刻债券价值为100，R_u 和 R_d 的值分别为8.3351%以及7.9705%。由此类推，可构建三期利率二叉树，见附图4－2。

---

① 在利率二叉树中，通常采用 $p=0.5$，而无须通过公式来计算。

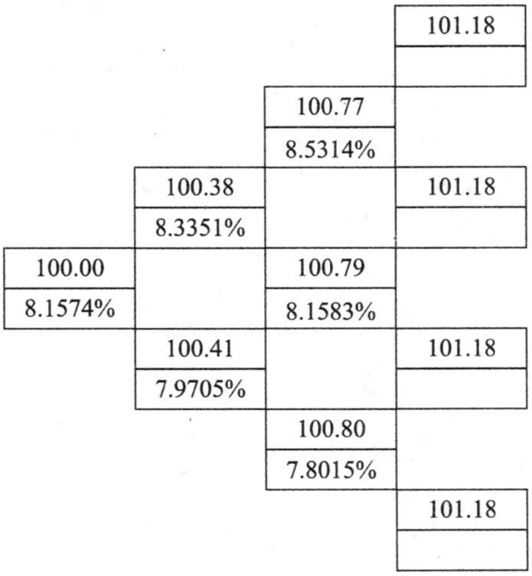

附图 4－2　三期利率二叉树

同两期利率二叉树的原理一致，我们也可以倒推 t＝0. 10 时的利率。需要注意的是，在三期利率二叉树中，t＝0. 05 时刻的 R_u 和 R_d 为两期利率二叉树所推导出来。同样的方法可以用来推导任何 t 时刻的利率。

③建立优先股价值二叉树。该优先股在 t 时点上的价值为 t＋5/100 时刻的现金流以 t 时刻的折现率折现后的价值。由上述利率二叉树模型可以得到任何时点的折现率，因此，仍然需要确定的是各个时点优先股的价值。

我们将优先股的 5 年有效期分为四个阶段：

阶段 I：2008 年 9 月 1 日至 2012 年 8 月 31 日，由于没有赎回权以及其他权利，处于该阶段的时点 t 优先股的价值取决于 t＋0. 05 时刻优先股的价值。

阶段 II：2012 年 9 月 1 日至 2013 年 2 月 28 日，该阶段拥有赎回权 I，可以以面值以及年复利率 8% 要求赎回。处于该阶段时点 t 优先股的价值取决于 t＋0. 05 时刻优先股的价值以及 t 时刻赎回价值孰大。如果 t＋0. 05 时刻的价值折现后大于赎回价值，那么投资者继续持有该优先股，否则就会行使赎回权。

阶段 III：2013 年 3 月 1 日至 2013 年 8 月 31 日，该阶段拥有赎回权 II，可以以面值以及年复利率 18% 要求赎回。处于该阶段时点 t 优先股的价值取决于 t＋0. 05 时刻优先股的价值以及 t 时刻赎回价值孰大。如果 t＋0. 05 时刻的价值折现后大于赎回价值，那么投资者继续持有该优先股，否则就会行使赎回权。

阶段Ⅳ：2013年8月31日，处于该时点的优先股将以而且只能以年复利率18%要求赎回，因此，该时点的价值也是二叉树最后一个时点的价值。也是二叉树倒推评估法的起点。

其中，赎回价值 = 10 000 000 × （1 + r）^{t}，t = 8%或18%

二叉树倒推价值 $V_t = 0.5 \times V_{u,t+0.05} / (1+R_t)^{0.05} + 0.5 \times V_{d,t+0.05} / (1+R_t)^{0.05}$

其中：V_t为t时刻优先股价值；$V_{u,t+0.05}$为对于时刻t，如果t+0.05时刻利率上升，优先股在t+0.05时刻的价值；$V_{d,t+0.05}$为对于时刻t，如果t+0.05时刻利率下降，优先股在t+0.05时刻的价值。

根据上述不同的阶段，优先股价值的二叉树就可以建立起来，从最后一个时点的价值一步一步倒推至时刻0就可以计算得到该优先股的公允价值。

二、员工持股计划（ESOP）评估案例

由于不存在员工持股计划的活跃交易市场，员工持股计划评估主要通过期权定价模型完成。在评估实践中，评估师通常采用的期权定价模型包括布莱克－斯科尔斯（Black－Scholes）模型和二项式（Binominal）模型。

（一）评估模型的选取

两种期权定价模型的适用条件略有不同，在评估时应当根据员工持股计划的具体条款选择应用期权定价模型。

首先，应当判断该员工持股计划是否为最简单的期权形式，即plain vanilla期权。满足以下标准的员工持股计划即为plain vanilla期权，评估师应当选择Black-Scholes期权定价模型评估其公允价值：

（1）该期权授予时，其对应的股票市价与行权价一致；

（2）满足服务条件后，员工在可行权期内可以选择是否行权；

（3）在等待期满之前离职的员工即丧失该期权；

（4）在等待期满之后离职的员工被准许在限定期间内（一般为30～90天）行权；

（5）该股票期权不可转让且不可对冲交易。

一般认为，设定具体业绩条件的股权激励不能认定为plain vanilla期权。然而，如果基于控制权的变更或首次公开发行股票（IPO）而导致该股权激励的等待期缩短，则该股权激励可以被认定为plain vanilla期权。

其次，如果该员工持股计划不是 plain vanilla 期权，需要判断 Black - Scholes 模型一般参数以外的特殊假定是否可以合理地估计。如果无法合理估计，则选择二项式（Binominal）模型评估该员工持股计划的公允价值。以下是 Binominal 模型的四个特殊假定：

（1）动态假定。即假定波动率、无风险利率以及股息收益率在期权的合约期内并非保持不变。

（2）市场条件假定（Options with market conditions）。即假定在预定的时间内股票或股东整体回报达到预定的水平，才允许在 Binominal 模型中特定的节点行权，因而该模型又称为路径依赖模型。

（3）收益上限假定。假定股权激励条款为员工可以实现的行权收益设定一个约定上限，比如，收益上限可以设定为授予日股票价格的两倍。Binominal 模型被用来评估这类期权，这是因为这类期权提前行权的时点通常比普通期权更加受到股票价格上涨的影响。受此影响，设定收益上限的期权的公允价值要明显低于普通期权。

（4）提前行权假定。相关的假定包括行权时点与股票价格相联系、等待期后离职强制提前行权，以及期权有效期内其他因素导致的行权可能性等。

如果以上的这些假定能够合理地估计，评估师应当采用 Binominal 模型评估员工持股计划的公允价值。

（二）Black-Scholes 期权定价模型

评估师在采用 Black - Scholes 模型评估员工持股计划公允价值时，所需要确定的一般参数包括：

· 标的股份的现行价格

· 员工持股计划的行权价格

· 员工持股计划的预计期限

· 股价预计波动率

· 股份的预计股利

· 期权有效期内的无风险利率

对于上市公司而言，标的股份的现行价格即市场价格；对于非上市公司而言，标的股份的现行价格可以通过评估公司的企业价值后除以股份总数得到。而行权价格通常在员工持股计划的相关条款中予以规定。其余四个参数的确定则需要评估师实施专业判断。

（1）预计期限。由于员工可以在很长的一段可行权期间选择行权，因此确定员工持股计划的预计期限具有一定的主观判断性。期权的预计期限介于等待期和期权有效期之间，在评估实践中，评估师可以采用加权平均法确定员工持股计划的预计期限。对于 plain vanilla 期权，这里提供一个简化的方法用于计算预计期限：预计期限 =（加权平均等待期 + 合约期限）/2。比如，一个股权激励计划合约期限为 10 年，等待期为 4 年（即员工获得每年 25% 部分的期权），则股权激励计划的预计期限为 6.25 年，即 [（1 + 2 + 3 + 4）/4 + 10]/2。一般而言，预计期限越长，期权的公允价值越高。

（2）预计波动率。标的股票价格的预计波动率是所有期权定价模型的一个重要参数。在 Black - Scholes 模型中，预计波动率是股权激励预计期限内的年化波动率，是股票价格在一定期限内预计变动的一项统计参数。对于上市公司而言，评估师可以参考其股票历史波动率或其上市交易股票期权的内涵波动率来确定预计波动率，历史波动率的计算公式为：$\sigma = \sqrt{\frac{\sum (r_i - \bar{r})^2}{n-1}}$，其中 $r_i = \ln (P_i / P_{i-1})$，即 i 期间的回报率；对于非上市公司而言，评估师可以选取若干同行业的上市公司作为可比公司，参考这些可比公司的历史波动率或上市交易股票期权的内涵波动率来确定预计波动率。

在期权定价模型中，预计波动率反映了期权持有人从股票价格上涨中可能得到的利益。相比较而言，波动率高的股票价格将在一个较大的价格区间内变动，因而其预期的最大收益要比波动率低的股票更高，期权的公允价值也高。

（3）预计股利。预计股利可以通过考察企业历史的股利情况，再根据企业对未来股利政策的预期变动加以调整而取得。通常，股权激励计划的参与者并不会收到股利，因此较高的预计股利会降低员工持股计划的公允价值。

（4）无风险利率。基于员工持股计划的预计期限，评估师需要确定相应的无风险利率。无风险利率一般可以参考相同期限的国债回报率。无风险利率越高，期权的公允价值也越高。

附表 4 - 2 总结了上述四个参数对期权公允价值的影响，预计期限和预计波动率是其中对期权公允价值影响最大的两个参数。

附表 4-2

Black - Scholes 模型中各项主要参数对期权公允价值的影响			
参数	参数值提高导致公允价值变动	参数值提高对公允价值的影响	
		逐渐降低	逐渐提高
预计期限	提高		X
预计波动率	提高		X
预期股利	降低	X	
无风险利率	提高	X	

（5）Black - Scholes 模型的具体应用。Black - Scholes 模型的公式为：

$$C = S \cdot e^{-\gamma T} \cdot N(d_1) - K \cdot e^{-rT} \cdot N(d_2)$$

其中：$d_1 = \frac{\ln(S/K) + (r - \gamma + \sigma^2/2)T}{\sigma\sqrt{T}}$；$d_2 = d_1 - \sigma\sqrt{T}$；S 为标的股份的现行价格；K 为行权价格；T 为预计期限；σ 为预计波动率；γ 为预计股利；r 为无风险利率。

若一员工持股计划的各项参数如下：

标的股份的现行价格	100 元
员工持股计划的行权价格	100 元
等待期	3 年
员工持股计划的有效期	10 年
预计期限	6 年
预计波动率	30%
预计股利	0%
无风险利率	3%

代入模型公式后，评估师得到期权的公允价值为每单位 36 元。

（三）Binominal 模型

在 Black - Scholes 模型中，员工提前行权的可能性、放弃行权以及其他可能对期权期限的影响都被简单地包含在预计期限参数中；而股票价格波动率、股利和无风险利率则被假定为在预计期限内保持不变。这些假定都是对现实情况的简化处理，Binominal 模型可以在进一步细化这些参数的基础上，得出更加准确的期权公允价值。

下面我们借用 Black - Scholes 模型的案例来说明 Binominal 模型是如何计算期权的公允价值的。首先，Binominal 模型根据预计波动率和无风险利率计算出标的股份可能的各期末市场价格，如附图 4 －3 的点阵所示。

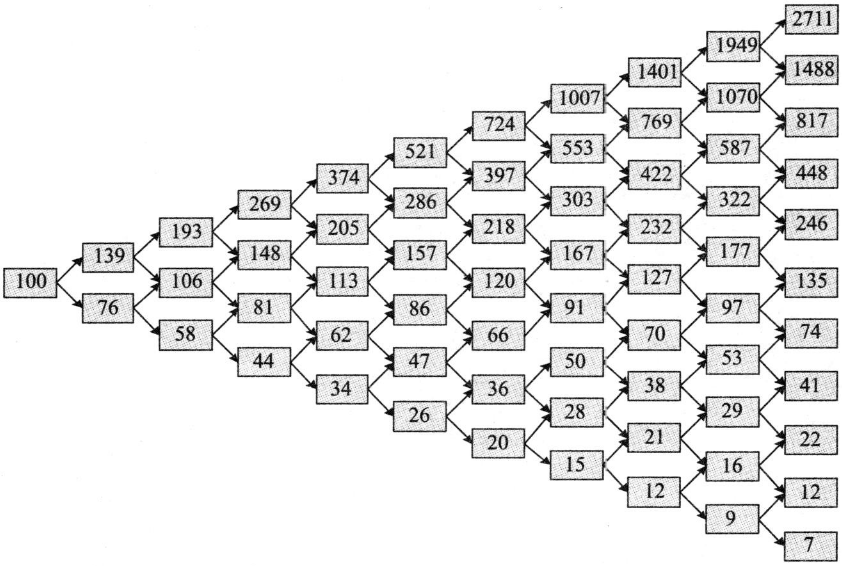

附图 4 －3

员工持股计划的预计期限为 6 年，因此只需要关注第 6 年底的股票价格；同时，行权价格为 100 元，则实际行权收益为股票价格扣除行权价格，但实际收益不能为负。再将各种可能的行权收益折现，即得到期权的公允价值，具体如附图 4 －4 的点阵所示。

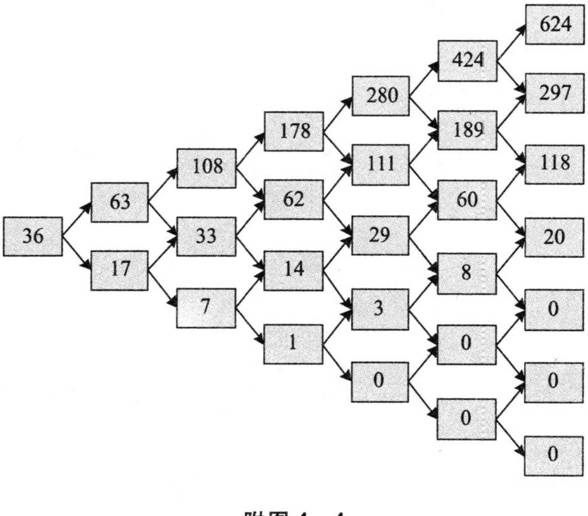

附图 4 －4

Binominal 模型可以比较容易地反映一些特殊的参数假定对期权公允价值的影响，比如，提前行权假定可以设定股票价格超过 200 元时，员工将提前行权。此时，Binominal 模型估计的可能收益点阵如附图 4 -5 所示，期权的公允价值为 42 元。

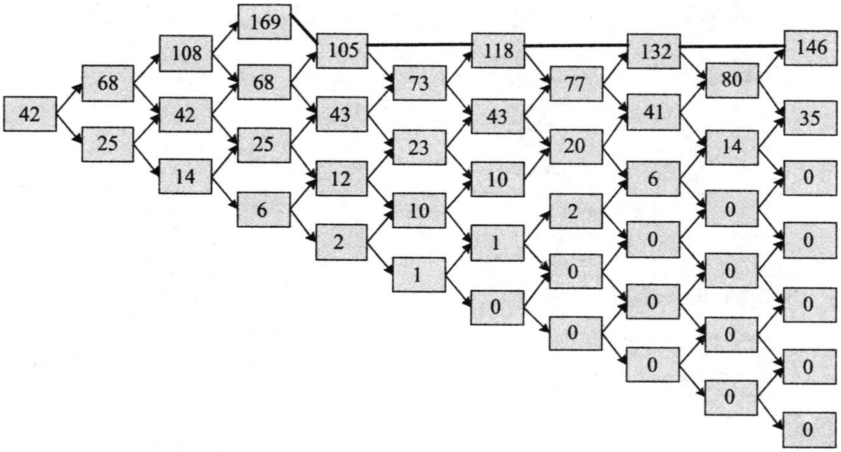

附图 4 -5

对于员工持股计划中其他的特殊参数假定，同样可以在 Binominal 模型中得到反映，但是会导致计算过程更加复杂。尽管能够估计得出更加优化的公允价值结果，评估师在评估普通的员工持股计划时，仍然不应当优先考虑选用 Binominal 模型。比如对于仅仅设定服务条件的期权，采用 Binominal 模型所得到的结果与采用 Black - Scholes 模型所得到的结果差异很小。

需要说明的是，对于大多数的常见员工持股计划而言，两种期权定价模型中合理、可靠地确定各项参数要比模型本身更加重要。

附件5　英文全称简称中文对照表

英文简称	中文名称
US GAAP，US Generally Accepted Accounting Principles	美国公认会计原则
ASC，Codification of Accounting Standards	美国会计准则汇编
SFAC，Satements of Financial Accounting Concepts	美国财务会计概念公告
SFAS，Statement of Financial Accounting Standards	美国财务会计准则公告
ASU，Accounting Standards Update	美国会计准则更新
AICPA，American Institute of Certified Public Accountants	美国注册会计师协会
APB，Accounting Principles Board	美国会计原则委员会（FASB前身）
FASB，Financial Accounting Standards Board	美国财务会计准则委员会
SEC，Securities and Exchange Commission	美国证券交易委员会
IFRS，International Financial Reporting Standards	国际财务报告准则
IAS，International Accounting Standards	国际会计准则
IASC，International Accounting Standards Committee	国际会计准则委员会（IASB前身）
IASB，International Accounting Standards Board	国际会计准则理事会
TIAVSC，International Assets Valuation Standards Committee	国际资产评估准则委员会（国际评估准则理事会前身，1981～1994年）
IVSC，International Valuation Standards Committee	国际评估准则委员会（国际评估准则理事会前身，1994～2008年）
IVSC，International Valuation Standards Council	国际评估准则理事会
IVS，International Valuation Standards	国际评估准则
MPEEM，Multi－Period Excess Earnings Method	多期超额收益折现法
PPA，Purchase Price Allocation	合并对价分摊
WACC，Weighted Average Cost of Capital	加权平均资本成本
ERP，Equity Risk Premium	股权风险溢价
CAPM，Capital Asset Pricing Model	资本资产定价模型

主要参考文献

[1] 财政部会计司编写组编：《企业会计准则讲解2010》，人民出版社2010年版。

[2] 企业会计准则编审委员会编：《企业会计准则案例讲解（2013年版）》，立信会计出版社2013年。

[3] 财政部会计准则委员会组织翻译：《美国证券交易委员会关于市值会计研究的报告》中文翻译版，中国财政经济出版社2009年版。

[4] 中国资产评估协会编：《资产评估准则2010》，经济科学出版社2010年版。

[5] 中国资产评估协会编：《以财务报告为目的的评估指南（试行）讲解》，经济科学出版社2008年版。

[6] 刘玉廷："关于中国企业会计准则与国际财务报告准则持续全面趋同问题"，《会计研究》，2009年第9期。

[7] 葛家澍、徐跃："会计计量属性的探讨——市场价格、历史成本、现行成本与公允价值"，《会计研究》，2006年第9期。

[8] 葛家澍、陈箭深："略论金融工具创新及其对财务会计的影响"，《会计研究》，2005年第8期。

[9] 葛家澍、陈秧秧："美国SEC关于调到市价会计的研究报告评介（一）"，《财会通讯》，2009年第3期。

[10] 葛家澍、陈秧秧："美国SEC关于调到市价会计的研究报告评介（八）"，《财会通讯》，2009年第10期。

[11] 葛家澍：《公允价值会计研究》，大连出版社2011年版。

[12] 黄世忠："公允价值会计：面向21世纪的会计模式"，《会计研

究》，1997 年第 12 期。

[13] 黄世忠："次贷危机引发的公允价值论战"，《财会通讯》，2008 年第 11 期。

[14] 汪祥耀："我国会计准则与国际会计准则差异分析及对策思考"，《四川会计》，2003 年第 12 期。

[15] 常勋："公允价值计量研究"，《财会月刊》，2004 年第 1 期。

[16] 谢诗芬：《公允价值：国际会计前沿问题研究》，湖南人民出版社 2004 年版。

[17] 路晓燕："公允价值会计的国际应用"，《会计研究》，2006 年第 4 期。

[18] 于永生著：《IASB 与 FASB 公允价值计量项目研究》，立信会计出版社 2007 年版。

[19] 李红霞："公允价值计量问题的国际进展及其在中国应用的思考"，《会计研究》，2008 年第 10 期。

[20] 路晓燕著：《公允价值会计——基本理论分析与我国的初步实证证据》，经济科学出版社 2008 年版。

[21] 张华："刍议金融危机中公允价值计量差影响与启示"，《会计之友》，2009 年第 3 期。

[22] 张荣武、伍中信："产权保护、公允价值与会计稳健性"，《会计研究》，2010 年第 1 期。

[23] 徐玉德著：《公允价值计量理论与实务》，商务印书馆 2011 年版。

[24] 方强、望婷婷："公允价值会计的历史演变及其在我国的应用研究"，《财会通讯》，2011 年第 3 期。

[25] 陈亚楠、杨鹏："毁誉参半的'公允价值'——基于'公允价值'发展史的视角"，《国际商务财会》，2010 年第 5 期。

[26] 国际财务报告准则实务指南之公允价值计量——统一"公允价值"概念，普华永道，2012 年 1 月。

[27] Guide to Accounting for Fair Value Measurments Incorporating ASU 2011 - 04，普华永道，2012 年。

后　　记

为促进会计界和评估界的专业互动，共同探讨公允价值计量面临的问题，进而完善我国公允价值计量的会计准则框架，不断丰富公允价值计量评估的理论体系，财政部会计司将2009年重点科研课题《公允价值计量——评估方法与实践》委托中国资产评估协会承担。中国资产评估协会邀请政府部门、科研院校、评估行业的专家组成课题组，深入细致地开展课题研究工作。在研究过程中，课题组成员进行了大量的理论探讨和实践调研，从理论和实践两个层面，对公允价值计量国际发展以及国内实践进行了全面梳理和分析，系统研究了国内公允价值计量评估中亟待解决的关键输入值的选择问题，提出了完善公允价值计量的建议。

本书集国内公允价值计量评估领域研究之大成，倾注了评估界和会计界人士的心血。在课题研究过程中，课题组得到了来自政府部门、科研院校、大型企业、评估机构的各方人士的大力支持。正是他们的积极参与，本书才得以日臻完善，更能适应国内的公允价值计量的实践需求。感谢时任财政部会计司司长刘玉廷对本课题的指导和支持。感谢所有在百忙之中为本书提供宝贵意见的各位专家。他们是：中国人民大学戴德明教授、东北财经大学姜楠教授、中国工商银行财务部副总经理吴茜、中国中材股份有限公司财务总监于凯军、浙江新湖控股集团副总裁陆德明、中联资产评估集团有限公司副董事长胡智、北京中企华资产评估有限责任公司高级副总裁刘登清、副总裁阮咏华、天健兴业资产评估公司执行董事崔劲、中和资产评估有限公司副总经理朱军。

公允价值计量评估专业性较强，涉及范围很广，拘于时间的限制，本书也不能穷尽所有公允价值计量评估所面临的问题。未来我们将继续紧跟国内公允价值计量准则体系的建设，结合监管者以及财务报告使用者对公允价值的具体需求，着重对金融资产的公允价值计量、不活跃市场状况下的公允价值计量以及具体行业的公允价值计量的难点进行研究，为资产评估行业的发展开辟新的发展空间，也为国内会计准则和资本市场提供可靠的计量工具。

作为国内第一本全面介绍公允价值计量评估的专业书籍，本书针对会计准则制定者、监管者、相关从业人员以及理论工作者关心和关注的问题提出了一些有益的解决思路和方法。我们希望此书的出版能对今后国内公允价值计量的发展提供有益的参考，并为资本市场健康发展做出评估界应有的贡献。

刘萍

2013 年 11 月